U0658546

Simone de Beauvoir

Le deuxième sexe

I

Simone de Beauvoir

Le deuxième sexe I

第二性 Ⅰ

事实与神话

Les faits et les mythes

[法] 西蒙娜·德·波伏瓦 著

郑克鲁 译

上海译文出版社

目 录

献给雅克·博斯特

有一个产生了秩序、光明和男人的好
本原和一个产生了混乱、黑暗和女人的坏
本原。

毕达哥拉斯①

但凡男人写女人的东西都是值得怀疑
的，因为男人既是法官又是当事人。

普兰·德·拉巴尔②

———————
① Pythagoras（约前 580—前 500），古希腊哲学家、数学家。
② François Poulain de La Barre（1647—1725），法国哲学家。

导言

长时间以来我犹豫不定，是否写一本关于女人的书。这个主题，尤其对女人来说，是不快的，而且不是全新的。关于女性主义的争论，已经费过不少笔墨，当下争论几乎偃旗息鼓：我们不再谈论这个话题吧。可是，还是有人在谈论。看来，上个世纪连篇累牍、废话连篇的著述，并没有对这个问题澄清多少。再者，存在这个问题吗？这是个什么问题？甚至，有没有女人呢？当然，永恒女性的理论还拥有信徒，他们悄声细语地说："即使在俄国，elles（她们）仍然指女人"；但是另外一些非常了解内情的人士——有时就是这些人——叹息说："女人正在完蛋，女人已经完蛋。"当下人们不太清楚，女人是否还存在，是否将来会始终存在，是否应该希望她们存在，女人在这个世界上占据什么位置，女人本应在世界上占据什么位置。"女人在哪里？"最近，一本断断续续出版的杂志①这样问道。但首先要问：女人是什么？"Tota mulier in utero：是子宫。"有人说。然而，那些行家谈到某些女人时断言："她们不是女人"，虽然她们像别的女人那样也有子宫。人们一致承认，人类之中有女性；今日同过去一样，她们几乎构成人类的一半；不过，有人对我们说"女性处在危险中"；有人勉励我们：

5

"做女人吧，始终做女人，成为女人吧。"因此，并非一切女性必定是女人；她必须具有这种神秘的、受到威胁的实在，也即女性气质。女性气质是由卵巢分泌出来的吗？还是凝结在柏拉图学派的天地里？只消穿一件窸窣响的衬裙，就可以让它降落到人间吗？尽管有些女人殚精竭虑地要表现出女性气质，却从来没有树立确证的典范。有人想用模糊的、闪光的词汇去描绘它，这些词汇似乎是从女占卜者的词汇中借用来的。在托马斯·阿奎那②时代，女性气质仿佛是罂粟的安眠功效那样确定无疑的本质。但是，概念论已失去了地盘：生物学和社会科学不再相信存在固定不变的实体，能确定诸如女人、犹太人或者黑人的特性，生物学和社会科学将特性看作对处境的次要反应。今日之所以不再有女性气质，是因为从来就没有女性气质。这就意味着，"女人"这个词没有任何含义吗？这正是启蒙哲学、唯理论、唯名论的拥护者所竭力断言的：女人在人类中仅仅是"女人"这个词随意指定的那一部分人；特别是美国女人认为，女人再也不存在了；倘若一个智力迟钝的女人仍然将自己看做一个女人，她的女友们就会建议她去做精神分析，以便摆脱这种困扰。多萝西·帕克③在评论一部非常令人不快的、名叫《现代妇女：失去性别的人》的书时写道："那些将女人当做女人来对待的书，我不敢苟同……我的观点是，所有人，无论男人还是女人，不论我们是谁，我们都应该被看做是人。"但是唯名论是一种有点昙花一现的学说，而反女性主义者振振有词地指出，女人不是人。女人肯定像男人一样也是人，但这样一种论断是抽象的；事实是，凡是具体的人总是单独被确定的。拒绝永恒女性、黑人灵魂、犹太人

---

① 如今这本杂志已经寿终正寝，杂志名为《坦率》。——原注
② Saint Thomas Aquinas (1225—1274)，意大利神学家、哲学家。
③ Dorothy Parker (1893—1967)，美国女作家。

性格的概念，并非否认今日有犹太人、黑人、女人：这种否定对上述几种人并不代表一种解放，而是代表一种非本真的回避态度。显而易见，任何女人都不能真诚地自认为置身于自己的性别之外。几年前，有个著名的女作家拒绝让自己的肖像出现在专门刊登女作家照片的照片集里：她想厕身男人中间；可是，为了获得这个特权，她利用了丈夫的影响。认为自己是男人的女人，仍然要求得到男性的尊重和敬意。我记起那个年轻的女托洛茨基分子，她站在喧声雷动的会场的讲台上，尽管她明显弱不禁风，却准备挥舞拳头；她否认女性的柔弱；但她是出于对一个战斗者的热爱，想与男人比肩。美国女人剑拔弩张的挑战姿态表明，她们受到女性气质的纠缠。事实上，只要睁眼一扫就可以看到，人类分成两类个体，其衣着、面貌、躯体、微笑、举止、兴趣、消遣，都迥然有别：也许这些差异是表面的，也许它们注定要消失。可以肯定的是，眼下差异的存在是显而易见的。

即令女人的职责不足以界定女人，纵然我们也拒绝以"永恒女性"去解释女人，即令我们承认，哪怕是暂时的，世间存在女人，我们依然要提出这个问题：什么是女人？

这个问题的提出本身，马上启发了我做出第一个回答。我提出这个问题是意味深长的。一个男人不会想到去写一本男性在人类中占据的特殊位置的书。[①] 如果我想做界定，那么我不得不首先声明："我是一个女人"；这个事实构成一个基础，任何其他的论断都建立在这个基础之上。男人永远不会一开始就自称是某种性别的人：他就是男人，这是毫无疑问的。像在区政府的登记簿和身份申报表上对称出现的两项：男性、女性，这纯属形式。两性的关系不

---

① 比如，金西的报告只限于界定美国男人的性特征，这是完全不同的。——原注

是正负电流、两极的关系：男人同时代表阳性和中性，在法文中，"les hommes"用来指人，即"vir"这个词的特殊含义吸取了"homo"① 这个词的一般含义。女人是作为负极出现的，凡是限定词对女人来说都是限制，没有互逆性。有时候，我在抽象概念的讨论中听到男人对我说："您这样理解，因为您是一个女人"，我感到很恼火；我知道，我唯一的捍卫方法就是这样回答："我这样理解，因为事实如此"，这句话取消了我的主体性；我不能这样反驳："您意见相反，因为您是一个男人"；显而易见，作为一个男人的事实没有特殊性；一个人作为男人，拥有属于他的权利，而做女人则是她的错。实际上，正如古人那样，先有一条绝对的垂直线，才能界定斜线，先有绝对的人，也即男人。女人有卵巢、子宫；这就是把她封闭在她的主体性中的特殊条件；人们常说，女人是带着腺体去思索的。男人傲慢地忘却了，解剖学表明他也有激素、睾丸。男人把他的身体把握为与世界有直接的和正常的关系，他认为自己能客观地理解世界，而男人把女人的身体看做受到一切限定它的东西的拖累：一种障碍，一个监牢。"女性之为女性，是由于缺乏某些品质，"亚里士多德② 这样说。"我们应该把女人的特性看做要忍受天生的不完善。"随后，托马斯·阿奎那也断定，女人是"有缺失的人"、"意外的"存在。《创世记》的故事所象征的意义也是如此：按波舒哀③ 的说法，夏娃是从亚当"多余的骨头"中抽取出来的。人类是男性的，男人不是从女人本身，而是从相对男人而言来界定女人的，女人不被看做一个自主的存在。"女人，

---

① vir、homo，均为拉丁文，人、男人。
② Aristotle（前384—前322），古希腊自然科学家、哲学家、文艺理论家，著有《诗学》、《修辞学》等。
③ Jacques-Bénigne Bossuet（1627—1704），法国作家、主教，著有《诔词》、《世界史讲话》等。

相对的存在……"米什莱①这样写道。邦达②先生正是在《于里埃尔的关系》中断言："男人的身体通过自身而具有意义，可以撇开女人的身体不谈，而如果不提男性，女人的身体看来就缺乏意义……没有女人，男人能独立思想。没有男人，女人不能独立思想。"女人是由男人决定的，除此之外，她什么也不是；因此，人们把女人称为"le sexe"③，意思是说，在男性看来，女性本质上是有性别的、生殖的人：对男性而言，女人是 sexe，因此，女人绝对如此。女人相较男人而言，而不是男人相较女人而言确定下来并且区别开来；女人面对本质是非本质。男人是主体，是绝对：女人是他者。④

他者的范畴像意识本身一样原始。在最原始的社会中，在最古老的神话中，总是可以找到自我和他者的二元论；这种区分开始并没有置于性别区分的情势中，它不取决于任何经验论的论据：其中可以举出葛兰言⑤论述中国思想的著作、杜梅齐尔⑥论述印度和罗

---

① Jules Michelet (1798—1874)，法国史学家、散文家，著有《法国史》、《法国大革命史》、《鸟》、《昆虫》、《大海》、《大山》等。

② Julien Benda (1867—1956)，法国作家，他的小说和随笔偏重哲理。

③ 法文，有女性、性、性器官、性欲等意。

④ 这种观点是埃·莱维纳斯在他的随笔《时间和他者》中以最明确的形式表达的。他这样表述："难道不是有一种情况，他性会作为本质，通过一个存在从而获得一个积极的称号吗？未能不折不扣地进入同类的两个物种对抗中的他性，会是什么呢？我认为，绝对相反的对立物，其对立丝毫不受对立物和关联者之间建立的关系的影响，允许处于绝对他者含义的对立就是女性。性别不是一种特殊的差异……性别差异也不是一种矛盾……（它）也不是两个互补词汇的二元论，因为两个互补词汇是以一个完整的预先存在作为前提的……他性在女性中得以完成。这是同一类的词汇，但含义与意识相反。"
　　我设想，莱维纳斯没有忘记，女人对自身而言也是意识。但是，令人印象深刻的是，他故意采用一种男人的观点，而没有标明主体和客体的相互关系。当他写道，女人是神秘的时候，他的言外之意是，女人对男人而言是神秘的。这种力图显得客观的描述，事实上是对男性特权的一种肯定。——原注

⑤ Marcel Granet (1884—1940)，法国汉学家，高等研究学院附属中国研究学院的创建者，以社会学方法研究中国的人种志材料，著有《中国的节日和歌曲》、《中国文明》、《中国思想》等。

⑥ Georges Dumézil(1898—1986)，法国语文学家，著有《从神话到小说》、《神话与史诗》等。

马的著作。在伐楼拿—密多罗①、乌拉诺斯—宙斯、太阳—月亮、白天—黑夜的对偶中，没有牵涉到任何女性的元素；在善与恶、吉祥与不祥的本原、右与左、上帝与魔王的对立中也没有；他性是人类思维的一个基本范畴。任何群体都绝不会不直接面对自身提出他者而将自身确定为一个群体。只消偶然聚集在同一火车隔间里的三个旅行者，就可以让其他旅行者成为隐约敌对的"他者"。对于乡下人来说，凡是不属于他村子的人都是可疑的"他者"；对于在一个地方土生土长的人来说，非本地居民就像是"异邦人"；犹太人对反犹主义者来说，黑人对美国的种族主义者来说，土著人对殖民者来说，无产者对有产者来说，都是"他者"。列维-斯特劳斯在一本对原始社会不同面貌进行深入研究的著作结尾，这样下结论："从自然状态到文明状态的过渡，是通过人用一系列对立的形式去设想生物学关系的能力来确定的：这些关系以确定或者模糊的形式所呈现的二元论、互相交替、对立和对称，与其说构成需要解释的现象，不如说是构成社会现实基本的和直接的材料。"② 倘若人类社会的现实毫无例外地是建立在团结和友谊基础之上的 mitsein③，这些现象就无法理解。相反，要是根据黑格尔的观点，人们在意识本身发现一种对任何其他意识完全敌对的态度，这些现象就明白如画了；主体只有在对立中才呈现出来；它力图作为本质得以确立，而将他者构成非本质，构成客体。

---

① Varuna，吠陀印度教神话中的神灵、象征神权，维持宇宙法则和道德律法。Mitra，吠陀印度教信奉的宇宙起源神之一，体现友谊、忠诚、和善以及为维持人间秩序而不可少的其他美德。
② 参阅列维-斯特劳斯《亲属的基本结构》。
　　我感谢列维-斯特劳斯很乐意将他论文的校样送给我看，其中，我在第二部第90—108页广泛采用他的论述。——原注
③ 德文，共在。

只不过他者的意识会回敬以相同的对待：在旅行中，一个地方的人愤慨地发现，轮到邻乡人把他看做外乡人；在村庄、部落、民族、阶级中，存在战争、交换礼物的节日、市场、条约、斗争，使他者的概念失去绝对意义，显现其中的相对性；个体和群体不管愿意与否，都不得不承认他们之间关系的相互性。在男女之间，这种相互性怎么会没有出现呢？其中的一个性别怎么会作为唯一的本质得以确立，同时否认它的相关者的一切相对性，并将这相关者界定为纯粹的他性呢？为什么女人不质疑男人的主宰地位呢？任何主体不会一下子和同时确定为非本质，他者并非将自我界定为他者来界定主体：他者是因为主体将自己确认为主体，才成为他者的。但是，为了不致使他者反过来成为主体，就必须屈从于这种被看成异邦人的观点。女人身上这种屈从是怎么来的呢？

　　存在另外一些情况：在一个较长的时期内，一种范畴成功地绝对主宰了另一种范畴。往往是数量上的不等造成了这种特权：多数人将律令强加于少数人，或者迫害少数人。但是女人不像美国的黑人、犹太人，她们不是少数人：地球上女人和男人一样多。往往是，彼此相对的两部分人先是独立的：以往他们互不知晓，或者其中一部分人承认另一部分人的自主；是一次历史事件使弱者屈服于强者：犹太人散居各国、奴隶制引入美洲、殖民者的征服，都是有重大意义的事实。在这些情况下，对受压迫者来说，有过一个前史：他们共同拥有一个过去、一个传统，有时是一种宗教、一种文明。在这方面，倍倍尔①在女人和无产者之间所做的比较，得到最有力的佐证：无产者在数量上也不处于劣势，他们从来没有构成彼

────────────

① August Ferdinand Bebel（1840—1913），德国政治家，车工出身，1866年加入第一国际，1869年与李卜克内西建立社会民主党，因反对普法战争而入狱，著有《基督教和社会主义》、《妇女和社会主义》等。

此分离的群体。然而如果缺乏一个事件，就应根据历史的发展解释他们作为阶级而存在，并了解这个阶级中这些个体的分布。不是从来就有无产者的，女人却始终存在；她们因生理结构而成为女人；在历史可追溯的年代，她们就一直从属于男人：她们的从属地位不是一个事件或者一次变化的结果，这不是应运而至的。部分是因为她们的从属地位不是出于历史事件的偶然性，所以他性就像一种绝对。处境随着时间发展，在另一个时代会自行解体，例如，海地的黑人证实了这一点；相反，自然条件似乎不容许改变。确实，同历史现实一样，自然不是不可变更的。女人之所以变成非本质，再也回不到本质，是因为女人不会自动进行这种返回。无产者说"我们"。黑人也这样说。他们自我确定为主体，把资产者、白人变成"他者"。女人——除了在某些抽象示威的代表大会上——不说"我们"；男人说"女人"，她们重复这个词，以表明自身；可是她们并没有本真地自我确定为主体。无产者在俄国闹革命，黑人在海地闹革命，印度支那人在印度支那打仗：女人的行动从来只不过是象征性的骚动；她们只挣到男人肯让给她们的东西；她们什么也没有夺取到：她们接受①。这是因为她们没有具体的方法汇聚成一个整体，这个整体只可能在对抗中自我确立。她们没有过去、历史、适合她们的宗教；她们不像无产者那样在劳动和利益上是一致的；她们甚至不混杂居住，而混杂居住使美国的黑人、犹太人区的犹太人、圣但尼或者雷诺汽车厂的工人结成一个团体。她们分散地生活在男人中间，通过居所、工作、经济利益、社会条件和某些男人——父亲或者丈夫——联结起来，比和其他女人联结得更紧密。资产阶级妇女与资产者而不是与无产阶级妇女联结起来；白种女人

---

① 参阅第二部第五节。——原注

同白种男人而不是同黑种女人联结起来。无产者会提出屠杀统治阶级；一个狂热的犹太人、一个狂热的黑人会梦想夺取原子弹的秘密，将人类全变成犹太人或黑人，但即使在梦中女人也不会消灭男人。将女人同她的压迫者联结起来的纽带，是任何别的纽带不可比拟的。性别的区分实际上是一种生理上的既定，而不是人类史上的一个重要时刻。在原始的共在内部，已形成他们的对立，但对立并没有使这共在破灭。夫妻是一个基本单位，这两个一半彼此是并列的：通过性别对社会进行任何划分都是不可能的。女人的基本特征就在这里：她是整体中的他者，这两者互相必不可少。

可以想象，这种互相依存有助于女人的解放；当赫拉克勒斯①在翁法勒的脚边纺羊毛时，他的欲望把他缚住了：为什么翁法勒没有成功获得永久的权力呢？为了向伊阿宋复仇，美狄亚杀死了她的两个孩子②：这个野蛮的传说表明，女人从把她与孩子联结起来的纽带中，可以汲取可怕的巨大影响。阿里斯托芬③在《吕西斯忒拉忒》中有趣地想象出一场妇女集会，她们为了社会的目的，力图共同利用男人对她们的需要，但这只是一出喜剧。有一则传说，说是快活的萨宾④女人坚持不生育来对付她们的劫持者，还叙述男人用皮带抽打她们，神奇地战胜了她们的反抗。生理需要——性欲和延续后代的愿望——使男性处于女性的支配之下，却没有从社会上解放妇女。主奴双方因互相的经济需要而团结来，这种需要却没有

① Heracles，希腊神话中的英雄，宙斯的儿子，做出了十二件奇迹，曾是吕底亚女王翁法勒的奴隶、情人。
② 古希腊戏剧家欧里庇得斯（Euripides，前480—前406）的悲剧《美狄亚》中，女巫美狄亚的丈夫伊阿宋变了心，要把她赶走，激起她的愤怒，她杀死两个儿子，以绝伊阿宋的后嗣。
③ Aristophanes（约前445—前380），古希腊喜剧家，《吕西斯忒拉忒》的同名女主人公集合了雅典和希腊主要城邦的妇女，迫使她们的丈夫接受和平，最后取得胜利。
④ Sabine，古代意大利中部一民族，公元前三世纪被罗马征服。

解放奴隶。这是因为在主奴关系中，主人没有提出他对另一方的需要；他掌握满足这种需要的权力，但没有从属于这种权力；相反，处在附属地位的奴隶，出于期望或恐惧，将对主人的需要内化；虽然这种需要对双方都是一样的，却总是有利于压迫者而不利于被压迫者：这就解释了，比如，为什么工人阶级的解放会如此缓慢。然而，女人如果不是男人的奴隶，至少始终是他的附庸；两性从来没有平分过世界；今日仍然如此，虽然女人的状况正在变化，但仍是处于严重不平等的地位。几乎在任何国家里，女人的合法地位与男人不一样，男人往往让女人处于极为不利的处境。即便女人的权利得到抽象的承认，但长期养成的习惯也妨碍这些权利在风俗中获得具体表现。在经济上，男女几乎构成两个阶层；凡事都一样，男人拥有更有利的处境，工资更高，成功的机会比他们新近遇到的女竞争对手更多；男人在实业、政治等等方面占据多得多的位置，正是男人掌握最重要的岗位。他们除了握有具体的权力以外，还拥有这样一种威信，孩子的全部教育都维持着这种威信的传统：现今包含着往昔，过去的全部历史是由男性创造的。当女人开始参与规划世界时，这个世界仍然是属于男人的世界：男人并没有觉察到这一点，而女人也几乎觉察不到。拒绝成为他者，拒绝与男人合谋，对女人来说，就等于放弃与高等阶层联合给她们带来的一切好处。男人—君王在物质上保护女人—忠君者，前者负责保证后者的生存：女人在回避经济上的危险的同时，也回避自由带来的形而上学的危险：这种自由要孤立无援地创造目的。凡是个体都力图确定自身是主体，这是一种伦理上的抱负，事实上，除此之外，人身上还有逃避自由和成为物的意图：这是一条险恶的道路，因为人被动、异化、迷失，就会成为外来意志的牺牲品，与其超越性分离了，被剥夺了一切价值。不过，这是一条容易走的路：这样就避免了本真地承担生存所带来的焦虑和紧张。这样，将女人确定为他者的男人，会发现女人扮演了同谋的角色。这样，女人并不要求成为主体，因为女人没有成为主体的具体办法，因为女人感受到与男人相连的必要联系，而不再提出相互依存，还因为女人往往乐于担当他者的角色。

但随即提出了一个问题：这整部历史是怎样开始的？人们明白，性别的二元论就像一切二元论一样，是由一个冲突体现出来的。人们明白，倘若两者之一成功地确立了优势，这种优势就应该作为绝对优势得到确立。剩下要解释的是，为什么开始是男人取胜。女人似乎本来可以取得胜利，或者斗争会永远得不到解决。这个世界怎么会总是属于男人呢？怎么会仅仅到今日事情才开始改变呢？这种改变是好事吗？它会不会使得男女之间平分世界呢？

这些问题远非新提出来的，人们已经做过不胜枚举的回答，但恰恰女人是他者这个唯一的事实，对男人可能做出的一切辩解提出了异议：显而易见，这些辩解是由他们的利益决定的。不太为人所知的女性主义者普兰·德·拉巴尔在十七世纪说过："但凡男人写女人的东西都是值得怀疑的，因为男人既是法官又是当事人。"在所有地方，在任何时代，男人都炫耀他感到自己是创造之王的满足心情。犹太男人在他们的晨祷中说："感谢我主和宇宙之主上帝没有让我成为女人。"而他们的妻子忍气吞声地低语："感谢我主按照他的意愿创造了我。"在柏拉图感谢神祇的恩惠中，第一个恩惠是，神祇创造的他是自由人，而不是奴隶，第二个恩惠是，创造了他是个男人，而不是女人。但是，如果男人不将这个特权看做是绝对和永恒地确立的，他们就不能充分地享受它：由于拥有至高无上的地位，男人竭力编制一部法律。普兰·德·拉巴尔还说："那些制订和编纂法律的人，作为男人，使他们的性别有利，法学家又把法律变成准则。"立法者、教士、哲学家、作家、学者，热衷于表明，女人的从属状况是上天安排的，有利于人间。男人炮制的宗教反映了这种统治意愿：他们从夏娃和潘朵拉①的传说中，汲取了武器。他们使哲学、神学为他们所用，如同上述亚里士多德、托马斯·阿奎那的句子中所见到的那样。自古以来，讽刺作家和道德学家乐于勾画出女性弱小的图画。众所周知，整部法国文学史对女人提出了多么激烈的指控：蒙泰朗②重拾让·德·默恩③笔下的传说，虽然没有那么激烈。这种敌对有时看来振振有词，往往是毫无根据的；实际上，这种敌对掩盖了一种多少巧妙地隐藏起来的自我辩解的意愿。蒙田④说："指责一个性别比原谅另一性别更容易。"在某些情况下，这个发展过程十分明显。例如，给人深刻印象的是，当家庭走向衰败，女人要成为男性继承者的威胁时，罗马法为了限制女性权利提醒人注意"女性的愚蠢和脆弱"。令人注目的是，在十六世纪，为了将已婚妇女置于受监督的地位，人们援引圣奥古斯丁⑤的权威，宣称"女人是既不坚定又不稳定的畜生"，而单身女人被认为能够管理她的财产。蒙田非常明白落在妇女身上的命运是专横和不公平的："女人拒绝接受传入人间的法规一点儿也没错，因为这是男人撇开她们制定的。在她们和我们之间，自然

---

① Pandora，希腊神话中的第一个女人，宙斯给她一个盒子，一旦打开这盒子，各种祸害便会散布人间。

② Henry Millon de Montherlant（1896—1972），法国小说家、戏剧家，著有《斗兽者》、《少女们》、《圣地亚哥的主人》、《波尔罗亚尔修道院》等。本书第三部对此作者有详细评论。

③ Jean de Meung（约1235—1280），法国作家，《玫瑰传奇》第二部分的作者，约写了一万八千行。

④ Michel Eyquem de Montaigne（1533—1592），法国人文主义者，著有《随笔集》等。

⑤ Saint Angustin（354—430），非洲主教、神学家，著有《忏悔录》等。

存在阴谋和不公",但是他没有发展到成为她们的捍卫者。直到十八世纪,极为主张民主的男人才客观地考虑问题。其中,狄德罗竭力表明,女人同男人一样都是人。稍后,斯图亚特·穆勒①热情地捍卫妇女。这些哲学家异乎寻常地不偏不倚。十九世纪,关于女性主义的争论重新带有偏见;工业革命的后果之一,是女性参加生产劳动:当时,女性主义的要求在理论领域产生,女人找到了经济基础;其对手因此变得特别咄咄逼人;虽然土地所有制部分失势,但是资产阶级抓住一种古老的道德,这种道德视家庭的牢固结合为私有制的保证:由于女性的解放变成真正的威胁,它便更为严厉地要求女性待在家中;在工人阶级内部,男人力图阻止这种解放,因为在他们看来,女人是危险的竞争对手,尤其因为她们习惯于拿低工资干活②。为了证明女人低人一等,反女性主义者于是像不久以前那样,不仅求助于宗教、哲学、神学,而且求助于科学,如生物学、实验心理学等等。他们至多同意给予另一性别"有差别的平等"。这种很有市场的说法是很能说明问题的:这正是 Jim Crow③法规对美国黑人所运用的说法;然而,这种所谓平等的隔离法只用来引进最极端的种族歧视。这丝毫不是出于偶合:无论关系到的是被迫处于低层的种族、阶层、阶级,还是性别,辩解的过程都是一样的。"永恒的女性",就是"黑人灵魂"和"犹太人性格"的对等物。犹太人问题在总体上截然不同于其他两个问题:对反犹主义者来说,犹太人与其说是低等民族,不如说是敌人,他们不承认犹太人在这个世界上有任何属于他们的位置;更确切地说,是想消灭

---

① Stuart Mill (1806—1873),英国哲学家、经济学家,著有《政治经济学原理》、《自由》、《论女人的屈辱》等。
② 参阅第二部第 169 页。——原注
③ 英文,种族隔离。

他们。可是，在女人的处境和黑人的处境之间有着极大的相似：两者今日都从相同的家长统治中解放出来，不久以前还是主宰者的阶层，企图把他们保持在"原来的位置"，就是说保持在它为他们选择的位置；在这两种情况下，这个阶层对头脑不清的、幼稚的、笑容满面的"好黑人"，对逆来顺受的黑人，以及对"真正是女人"的女人，也就是肤浅的、幼稚的、轻率的女人，屈从于男人的女人的品德，散布或多或少真诚的赞美。在这两种情况下，这个阶层以它制造的事实状态为论据。大家知道萧伯纳①的这句俏皮话："美国白种人大体上把黑人降低到擦皮鞋的一类人中，由此可以得出，黑人只能擦皮鞋。"可以在各种各样相似的情况中找到这种恶性循环：当一个个体或者一群个体被控制在低人一等的处境中，事实是他或他们就是低人一等的；但是必须理解就是这个词的含义；从自欺出发，会给它实质的含义，而它有着黑格尔式的鲜活意义：就是即变成，也即成为显现出来那样；是的，大体上，女人今日就是低男人一等，换句话说，她们的处境给她们展现的可能性很小：问题在于要知道这种状态是否应该持续不变。

许多男人希望这样，并非所有人都放下了武器。保守的资产阶级继续在妇女解放中看到威胁其道德和利益的危险。某些男人害怕女性的竞争。在《拉丁周刊》中，一个大学生最近宣称："凡是要选择医生或律师职业的女大学生，都窃取了我们的一个位置"；这个大学生并没有对他在这个世界上的权利提出质疑。不仅仅经济利益在起作用。压迫者实行压榨，取得的利益之一是，他们之中最平庸的人也感到自己高人一等：美国南方一个"贫穷的白人"会欣慰

---

① George Bernard Shaw（1856—1950），英国戏剧家，著有《华伦夫人的职业》、《巴巴拉少校》等。

地想，他不是一个"肮脏的黑人"；更富有的白人巧妙地利用这种自豪感。同样，最平庸的男性面对女人也自以为是半神。蒙泰朗先生在同女人（自然是处心积虑地选择的女人）接触时，比起在男人中间要扮演男人角色，更容易自认为是一个英雄，而其实许多女人比他更出色地履行这个角色。正因此，一九四八年九月，克洛德·莫里亚克①——人人都赞赏他的独具一格——在《费加罗文学周刊》上发表的一篇文章中，关于女人竟能②这样写道："我们以彬彬有礼的、无动于衷的口吻（原文如此！）倾听……她们之中最光辉夺目的人说话，深知她的头脑以或多或少出色的方式反映来自我们的思想。"由于女发言者并不了解克洛德·莫里亚克先生的任何思想，显然，她反映的不是他个人的思想；她反映来自男人的思想，这是可能的：甚至在男人中间，也有不止一人把不是自己创造的见解当做自己的见解；人们会想，克洛德·莫里亚克先生是不是没有兴趣谈论笛卡儿③、马克思、纪德④的好想法，而是更喜欢同自己交谈；令人注目的是，通过我们一词的模糊含义，他和圣保罗⑤、黑格尔、列宁、尼采并列，他从他们的崇高地位出发，轻蔑地俯视这群女人，她们竟敢跟他平等地对话；说实话，我知道不止一个女人不会耐心给予莫里亚克先生"彬彬有礼的、无动于衷的口吻"。

　　我之所以强调这个例子，是因为其中表现出来的男人的天真令

---

① Claude Mauriac（1914—1996），法国评论家、小说家，著有《普鲁斯特自评》、《现代反文学》等。
② 或者至少他认为有能力。——原注
③ René Descartes（1596—1650），法国数学家、科学家、哲学家，唯理论的倡导者，著有《方法论》等。
④ André Gide（1869—1951），法国作家，著有《窄门》、《梵蒂冈地窖》、《田园交响曲》、《伪币制造者》等。
⑤ Saint Paul（约5—62），基督教使徒。

人无法生气。还有其他许多更妙的方式，男人以此利用女人的他性。对于那些忍受着自卑情结的人来说，这里有一种具有奇效的涂擦剂：没有什么比一个要表现男子气概的男人对待女人时更狂妄、更咄咄逼人、更目空一切的了。那些不被同类气焰压倒的人，反倒更乐意把女人看作同类；甚至对这些人来说，女人的神话、他者的神话，出于许多理由是值得重视的①；人们不会责备他们不肯自愿放弃从女人神话中得到的所有好处：他们知道放弃自己所梦想的女人会失去什么，他们不知道明天出现的女人会带给他们什么。必须克己忘我才能拒绝把自己确立为唯一的和绝对的主体。再说，绝大多数男人都不能明确地接受这种想法。他们不把女人确立为低一等：今日他们头脑里过分渗进民主思想，以至不会不承认所有人都是平等的。在家庭内部，在孩子和年轻男人看来，女人具有同成年男子一样的社会尊严；随后，男人在欲望和爱情中感受到自己所爱的女人的反抗和独立精神；结婚后，男人尊重他的女人是妻子、母亲，而在夫妇生活的具体体验中，她面对他作为一种自由确立。于是他说服自己，在两性之间再也没有社会等级，尽管有差别，女人大体是一个平等的人。但是，由于他察觉到某些劣势——其中最重要的是工作能力稍逊一筹——他视之为天性使然。当他对女人采取合作和善待的态度时，他看重的是抽象平等的原则；至于他察觉到的具体的能力不相等，他没有提出来。但一旦他同她发生冲突，处境就翻转过来了：他会看重具体的能力不相等，甚至放纵自己去否

---

① 米歇尔·卡鲁日发表在《南方手册》第292期上关于这个问题的文章是意义深远的。他愤怒地写道："人们一点不希望有女人的神话，而是希望只有一群厨娘、接生婆、妓女、女才子，她们的作用是给人取乐或者能派用场！"就是说，据他看来，女人没有自为的存在；他只在男性的世界中看到女人的职责。女人的目的在男人身上；于是，实际上，可以更看重女人的诗意"作用"，而不是其他作用。问题正在于要知道为什么要相对男人而言来界定女人的作用。——原注

认抽象的平等①。正因此，许多男人几乎真诚地断言，女人同男人是平等的，她们没有什么可要求的，同时又说，女人永远不会同男人一样，她们的要求是没有意义的。这是因为男人很难衡量社会歧视的极大分量，从表面看来，社会歧视微不足道，其伦理、智力的反响在女人身上极为深远，以至社会歧视的根源仿佛在原初的自然状态中②。对女人最有同情心的男人，却根本不了解女人的具体处境。因此，当男人尽力捍卫特权——他们甚至衡量不出这些特权有多大时，是没有必要相信男人的。因而我们不会被男人对女人发动攻击的次数和激烈程度所吓倒；也不会被给予"真正的女性"的有利害关系的赞美所迷惑；也不会被女人的命运在男人身上激起的热情所征服，其实这些男人根本不想同女人共命运。

然而，我们仍然应该怀疑女性主义者的论断：出于论战需要，人们往往把它们的价值一扫而光。"妇女问题"的争论之所以如此被人视为废话连篇，是因为男性出于狂妄，把它变成一场"争吵"；争吵时是不再讲理的。人们坚持不懈地力求证明的是，女人究竟高于、低于男人，还是与男人一样：女人在亚当之后被创造出来，显然是次等的人，有些人这样说；正相反，另外一些人说，亚当只是一个泥团，上帝创造出夏娃以后，才完美地创造出人类；亚当的脑袋较小，但他身材相对更高；耶稣让自己成为男人，这也许是出于谦卑。每个论据立即招来反驳的意见，往往两种论据都失之偏颇。如果试图明察秋毫，那就必须摆脱这些尺牍；必须拒绝高等、低等、相等这些模糊的概念，这些概念搅乱了所有的讨论，必

---

① 譬如，男人声称他丝毫没有因为妻子没有职业而感到她地位降低：家务事同样崇高，等等。然而，在第一次争吵时，他就喊道："没有我，你就无法生活。"——原注
② 描绘这个过程将是《第二性 II》的内容。——原注

须重新开始探讨。

那么，我们怎样提出问题呢？首先，我们以什么身份提出问题？男人是法官和当事人，女人也是。哪儿能找到天使？实际上，天使并不能胜任，天使并不知道这个问题的各种论据；至于阴阳人，这是非常特殊的个案：这种人并非雌雄同体，更确切地说，既不是男人，也不是女人。我相信，要廓清女性的处境，仍然是某些女人更合适。企图将埃庇米尼得斯①封闭在克里特人的概念里，又把克里特人封闭在说谎者的概念里，那是一种诡辩：促使男人和女人要真诚或者自欺的不是一种神秘的本质；是他们的处境多少促使他们去寻找真理。今日，许多女人有机会为自己恢复人类的一切特权，能够让自己显得不偏不倚：我们甚至感到这种需要。我们不再像比我们年长的女斗士；大体上我们是获胜了；在最近关于女性地位的讨论中，联合国从未停止过迫切要求性别平等最终实现，我们当中的许多人已经不必要感到女性身份是一种困惑或者障碍；许多问题对我们而言，显得比跟我们切身有关的问题更为本质：这种超脱本身使我们期待，我们的态度将变得客观。但我们比男人更深入了解女性世界，因为我们扎根其中；我们能更直接把握，作为女人的事实对人类来说意味着什么；我们更加关切地要知道这一点。我说过，有更为本质的问题；这并不妨碍在我们看来这个问题保留一定重要性：成为女人的事实会影响我们的生活吗？准确地说，这给予我们什么机会？又拒绝给我们什么机会？什么样的命运等待着我们的妹妹们呢？必须引导她们朝什么方向走呢？引人瞩目的是，今日整个女性文学远远不是受到要求权利的意愿的激励，而是受到获

---

① Epimenides，克里特的祭司、先知和诗人，约生活在公元前六世纪。传说他幼年时，父亲让他到山上找羊，中午太阳晒得火热，他躲到一个山洞里睡觉，一觉睡了五十七年。

得辨明是非的努力的激励；本书写作处于混乱笔战时代的结束时刻，其中一个意图就是加以总结。

但是，毫无疑问，没有一定之见是不可能谈论任何人类问题的：提出问题的方式本身，所采纳的角度，已经设定了关注问题的级别；凡是优点都包含着价值；所谓客观的描述，不会不突现于一个伦理学的背景上。我们不会力图掩藏原则，多少总要明显地暗示出来，不如最好还是首先提出这些原则；这样，我们不必在每一页定义每个词是什么意思：高等的、低等的、更好的、更差的、进步、退步，等等。如果我们查阅一下某些研究女性的著作，我们就会看到，最常采用的观点之一，就是公益、普遍利益的观点：实际上，人人都是将这些概念理解为社会的利益，就像希望保持它或者安排好它。而我们认为，除了保证公民的私有财产以外，没有其他公益；我们正是从给予个体具体机会的观点来评判制度。但是我们也不混淆私人利益的概念与幸福的概念，这正是人们常常遇到的另一个观点，闺房中的女人难道不比一个女选民更幸福吗？家庭主妇难道不比一个女工更幸福吗？幸福一词的涵义还不太清楚，更不清楚的是它包含哪些真正的价值；决不可能衡量他人的幸福，而且宣称别人强加于他的处境是幸福的，这总是很容易的事：特别是那些被束缚于困境中的人，有人以幸福是静止不动为借口认为他们是幸福的。我们不会参照这种概念。我们采用的观点是存在主义的道德观。一切主体都是通过计划，作为超越性具体地确立自己的；它只有通过不断地超越，朝向其他自由，才能实现自由；除了向无限开放的未来扩张，没有其他为当下存在辩解的方法。每当超越性重新回到内在性，存在会贬抑为"自在"、自由贬抑为人为性；如果这种堕落为主体所赞同，那么它就是一种道德错误；如果它是被强加的，它就会采取侵占和压迫的形象；在这两种情况下，它都是绝对的恶。凡是处心积虑要为自身存在辩解的人，都感到他的存在是一种自我超越的不确定需要。然而，以特殊的方式去界定女性处境的是，她作为整体的人，作为一种自主的自由，是在男人逼迫她自认为他者的世界中展露自己和自我选择的：人们企图把她凝固为客体，把她推至内在性，因为她的超越性不断被另一种本质的和主宰的意识所超越。女人的悲剧，就是这两者之间的冲突：总是作为本质确立自我的主体的基本要求与将她构成非本质的处境的要求。一个人在女性的条件下怎样才能自我实现呢？向她打开的是什么样的道路呢？什么样的道路会导致死胡同呢？怎样在附庸的状态中重新获得独立呢？什么状况限制了女性的自由呢？她能超越这些状况吗？这就是我们想澄清的主要问题。就是说，我们对个体的机遇感兴趣，将不用幸福这个词，而是用自由这个词去界定这些机遇。

毋庸置疑，如果我们假设，有种生理、心理或经济的命运压在女人身上，这个问题就会毫无意义。因此，我们将以讨论生物学、精神分析学、历史唯物主义关于女人的观点开始。随后我们将力图从正面指出，"女性实在"是怎样形成的，为什么女人被界定为他者，按男人的观点看，其后果是怎样的。我们将按女人的观点描绘她们固有的世界①；这样我们才能明白，女人竭力摆脱至今给她们划定的范围，尽力参与到人类的共在中遇到怎样的问题。

---

① 这是《第二性 II》的内容。——原注

第一部　命运

第一章　生物学论据

　　女人吗？这很简单，喜欢简化公式的人这样说：女人是一个子宫、一个卵巢；她是雌的：这个词足以界定她。在男人嘴里，形容词"雌的"像侮辱一样震响；然而，他对自己的动物性并不感到羞耻，相反，如果有人谈到他时说："这是雄性！"他会很骄傲。"雌的"一词是贬义的，并非因为它把女人植根于自然中，而是因为它把女人禁锢在她的性别中；如果男人觉得这性别是可鄙的，甚至在无辜的动物身上也是有敌意的，显然是由于女人在男人身上引起不安和敌意；可是，男人想在生物学中为这种感觉找到辩解。"雌的"这个词在男人身上产生纷至沓来的意象：一个巨大的圆形卵子突然咬住和阉割灵活的精子；可怕的白蚁蚁后，给填得饱饱的，统治着受奴役的雄性；雌螳螂、发情期的雌蜘蛛要嚼碎其同伴，吞吃掉；发情的母狗在小巷中奔跑，身后留下反常气味的轨迹；雌猴无耻地展露自己，怀着伪善的献媚躲在一边；那些最健美的雌性猛兽，母虎、牝狮、雌豹，在雄兽威严的挤压下柔顺地躺着。无生气的、不耐烦的、狡猾的、愚蠢的、不敏感的、淫荡的、凶狠的、卑下的，男人把一切雌性动物同时投射到女人身上。事实是，女人是雌的。但是，如果考虑这个问题时不再老生常谈，那么有两个问题立马摆在面前：在动物界，雌性代表着什么？在女人身上，表现的是何种特殊类型的雌性？

雄性和雌性是一个物种中出于繁殖目的彼此相异的两类个体，人们只能相应地界定它们。不过，首先必须指出，两性的物种分科意义本身并不明晰。

在自然界中，分科没有普遍实现。仅以动物来说，众所周知，单细胞生物，如纤毛虫、变形虫、杆菌等，其繁殖与有性生殖完全不同，细胞靠自身分裂和再分裂进行繁殖。某些后生动物是通过裂配生殖，就是说分段进行繁殖的，这种个体其起源也是无性的，或者是通过芽生的，就是说，个体分段繁殖是通过无性生殖现象自动产生的：在淡水水螅、腔肠动物、海绵动物、蠕虫、被囊动物那里观察到的芽生和分裂现象，都是非常有名的例子。在单性生殖的现象中，卵细胞是在没有雄性的参与下在胚胎中发育的，雄性不起任何作用，或者仅仅起次要作用：蜜蜂没有受精的卵子自动分裂，产生雄蜂；如果蚜虫有好几代缺乏雄性，没有受精的卵子产生雌性。人们用海胆、海星、蟾蜍进行人工无性生殖。但是，原生动物会出现两个细胞融合，形成所谓的合子；蜜蜂的卵子要产生雌性、蚜虫的卵子要产生雄性，则必须受精。某些生物学家得出结论，即使在能够单方面延续的物种中，通过外来染色体的杂交再生种质①，对后代的更新和注入活力仍大有裨益；因此，人们明白，在生命最复杂的形式中，性起着不可或缺

---

① germ plasm，根据德国生物学家魏斯曼（August Weismann, 1834—1914）的理论，种质为载有遗传性状的种细胞（性细胞）及其前体。按现代观念，与脱氧核糖核酸（DNA）相等同。后文提到的本质（soma）指动植物体内除生殖细胞外的所有生命活动的物质。

的作用；唯有最初级的机体才会无性繁殖，而且这样还会穷尽其生命力。但这个假设今日被看做属于伪科学；观察证明，无性繁殖可以没完没了地进行，而不会发生任何退化；在杆菌中观察到的事实令人印象特别深刻；单性生殖的实验越来越多，越来越大胆，许多物种的雄性看来根本是无用的。再者，即使细胞间的交换被证明是有用的，但这种有用本身却显得像是无根据的纯粹事实。生物学注意到性别的划分，但即使它有目的性，还是既不能从细胞的结构中、不能从细胞繁殖的规律中，也不能从任何基本现象中得出这种划分的原因。

异质的配子①的存在不足以界定两性；事实上，往往会发生这样的情况：生殖细胞的分化并不导致物种分裂成两种类型，生殖细胞分成的两者可以属于同一个体。这是雌雄同体物种的情况，雌雄同体在植物中非常多，在大量低等动物中也可以遇到，其中有环节动物和软体动物。繁殖要么是通过自体受精进行，要么通过异体受精进行。关于这一点，有些生物学家仍然认为现有的分类是合理的。他们把雌雄异体，也就是不同的生殖腺②属于不同个体的系统，看作雌雄同体通过进化实现的较完善的形态；但相反，另外一些生物学家把雌雄异体看做原始形态，雌雄同体则是其退化。无论如何，一个系统高于另一系统的概念，牵涉到进化论，便导致最不可靠的理论。能够信心十足地断定的是，这两种繁殖方式在自然界中共存，两者实现了物种的延续，就像配子的异质性一样，有生殖腺的机体的异质性也像是偶然的。因此，个体分成雌雄两性，表现为不可变更的、偶然的事实。

---

① 人们把融合以后构成受精卵的生殖细胞称为配子。——原注
② 人们把产生配子的腺称为生殖腺。——原注

大部分哲学把分成雌雄两性看成既定，却不想加以解释。人们知道柏拉图学派的哲学比喻：开始，有男人、女人和两性人；每个个体有两张脸、四条手臂、四条腿和相连的两个身躯；有一天，他们分裂成两个人，"就像切开一只蛋一样"，自此以后，每一半都竭力找到互补的另一半：天神随后决定，新的人类将由这不同的两半交配后产生。但是，这个故事只是力图解释爱情：性别的区分首先被看做既定事实。亚里士多德没有对此做更多的阐述：因为，如果说一切行为都要求内容和形式的配合，那么将积极的和被动的本原用于两种异性的个体则是没有必要的。因此，托马斯·阿奎那宣称，女人是一个"偶然出现的"人，这是从男性的观点提出性别偶然产生的特点。如果黑格尔力图从逻辑上建立性别论，那么他就不忠实于自己的理性迷狂说。据他看来，性别代表一种中介，通过它，主体作为类属，具体地得到实现。"类属在其中像结果一样产生，以抗拒其个体实在性的不相称，又像这样一种欲望，即通过与其物种的另一个体相结合，在这另一个体中重新找到自我感觉，并由此将类属包裹在其本质中，将类属引导到存在。这就是交配。"（《自然哲学》第三篇，§369）下文又说："过程就在于此，即：他们处于自在的东西，就是唯一的类属，唯一的和同一的主体生命，他们也如实地提了出来。"随后，黑格尔宣称，为了实现这个接近的过程，首先必须有两性的区别。但是他的证明并不令人信服：人们感到其中有过多条条框框要在整个过程中寻找三段论的三个项。个体和物种通过个体对物种的超越，在它们的真实性中得到实现，没有第三项也可以在生殖者与孩子的简单关系中进行：繁殖可以是无性的。或者，这两者的关系可以是两个同类的关系，差异在于同类个体的特殊性，就像在雌雄同体生物中常见的那样。黑格尔的描绘得出性别的一个十分重要的意义，但他的错误总是在于将意义当作理由。男人正是在性活动中确定两性和两性之间的关系，正如他们在完成一切职责中创造其意义和价值，但是性不一定包含在人的本质中。在《感知现象学》里，梅洛-庞蒂[①]指出，人的存在迫使我们修正必然性和偶然性的概念。他说："存在没有偶然的属性，没有能有助赋予它形式的内容，它不接受自身具有纯粹事实，因为它是运动，事实通过这运动得以承受。"这很正确。但是，同样正确的是，没有某些条件，存在的事实本身也显得像是不可能。在世上的在场，势必牵涉到一个身体的位置：它既是世界的一个事物，又是对这个世界的一个观点，但这个身体不一定非要具有这样或那样的特殊结构。在《存在与虚无》中，萨特讨论了海德格尔[②]的论断，海德格尔认为，人的实在性，由于它的有限，注定了死亡；他确认，已结束的和暂时不受限制的存在是可以想象的；然而，如果死亡不占据人生，人与世界以及与自身的关系就会彻底被推翻，以至"人总是要死的"这个定义就不是一个经验真理，而表现为别的东西：一个生存者如果是不朽的，就不再是我们所说的人。他的命运的本质特点之一，是他的暂时生命之运动，在他之后和在他之前创造出过去和将来的无限性：物种的延续于是就关系到个体的局限；因此，可以将繁殖现象看作建立在本体论之上。但是，必须到此为止；物种的延续不带来性别的区分。性别区分要由生存者来承担，以至反过来这种区分进入存在的具体定义中，这是不错的。一个没有身体的意识，一个不朽的人，毕竟是不可想象的，但却能想象一个社会通过无性生殖来繁殖，或者由雌

---

① Maurice Merleau-Ponty（1908—1961），法国哲学家，发展了德国哲学家胡塞尔的理论，著有《行为的结构》、《感知现象学》、《辩证法的历险》、《符号》等。
② Martin Heidegger（1889—1976），德国哲学家，胡塞尔的门徒，著有《存在与时间》、《康德和形而上问题》、《真理的本质》、《论人道主义的信》、《形而上导论》等。

雄同体的生物来组成。

　　至于两性的各自作用，这一方面众说纷纭；这些说法首先缺乏任何科学根据，它们仅仅反映了社会传说。人们长期认为，至今仍然认为，在某些母系原始社会，父亲与受孕绝对没有关系：祖先的亡灵以活萌芽形式潜入到母体中。在父系制到来时，男性坚决要求传宗接代；人们不得不仍然在生育中给予母亲一个位置，但人们认为，她只不过携带和孕育活的种子：唯有父亲才是创造者。亚里士多德设想，胎儿是通过精液和月经相遇而产生的：在这种共生之中，女人仅仅提供被动的物质，男性的本原才是力量、主动性、运动、生命。这也是希波克拉底①的理论，他承认有两种体液，一种是弱的或者说雌的，还有一种是强的，即雄性的。亚里士多德的理论在整个中世纪得到延续，直到现代。十七世纪末，哈维②在母鹿交配后不久即宰杀它们，在子宫的角质中找到一些水泡，他以为是卵子，其实是胚胎。丹麦人斯蒂诺③命名雌性生殖腺为卵巢，之前人们称之为"女性睾丸"，他还注意到在卵巢上面存在一些水泡，格拉夫④在一六七七年错误地将之与卵子等同起来，以自己的名字来命名。人们继续将卵巢看作雄性生殖腺的同类物。同一年，发现了"精子微生物"，并了解到它们渗入雌性动物的子宫；但是人们以为，它们不断在里面吸取养料，并且个体在它们之中早就成形；荷兰人哈特萨克在一六九四年描画了隐藏在精子里的小精灵的形象，一六九九年，另外一个学者宣称，他看到了精子脱落一种壳，从中出现了一个小人，他也描画出这个小人。女人被局限于这些假

---

① Hippocrates（约前460—前377），古希腊医生，已会做外科手术。
② William Harvey（1578—1657），英国医生，从事解剖与外科，研究过胚胎的形成。
③ Niels Stensen（1638—1686），丹麦解剖学家和地质学家，创立了地层学。
④ Reinier de Graaf（1641—1673），荷兰医生，做哺乳类动物生殖研究。

设，培育一种活生生的、主动的、已经完美形成的本原。这些理论没有被普遍接受，讨论一直继续到十九世纪；只有发明了显微镜，才能够研究动物的卵子；一八二七年，贝尔①辨认出哺乳类动物的卵子：这是包含在格拉夫氏泡中的一部分；不久，可以分割开来研究；一八三五年，发现了肌粒，也就是说原生质，然后是细胞；一八七七年，观察到精子进入海星卵子内；从这时起，建立了两个配子的细胞核对称之说；一八八三年，一个比利时动物学家第一次分析了它们结合的细节。

但是，亚里士多德的观点并没有完全失去影响。黑格尔认为，两性应该不同：一个是主动的，另一个是被动的，当然，被动性是属于雌性的。"因此，男人由于这种区别成为主动的本原，而女人是被动的本原，因为她处于未发展的统一体中。"②甚至即使卵子被确认为是积极的本原，男人仍力图将其无活力与精子的活跃相对照。今日，出现了一种相反的倾向：单性生殖的发现使某些学者将雄性的作用约减为单纯的物理—化学作用。在某些物种中显示，某种酸的作用或者机械的刺激，足以促使卵子分裂和胚胎发育；由此出发，人们大胆地假设，雄性配子对繁殖不是必不可少的，它最多只是一个因素；也许男人在生殖中的作用有朝一日会消失：看来这正是一大批女人的愿望。可是，没有什么能使这样大胆的预测成为现实，因为没有什么能允许生命产生的特定过程普遍化。无性生殖和单性生殖的现象，和有性生殖现象同样基本。我们说过，有性生殖现象不是先验地更优选的，但没有任何事实表明，有性生殖要降低到更初级的机制。

----

① Karl Ernst von Baer (1792—1876)，德裔俄国解剖学家和胚胎学家，对卵子有深入研究。
② 黑格尔《自然哲学》第三篇，§369。——原注

因此，我们否认一切先验的理论、一切冒险的理论，同时面对这样的事实：人们既不能提供这个事实的本体论的根据，也不能提供经验论的解释，人们无法先验地明白这个事实的影响。正是在具体的现实中去观察它，我们才能期待得出它的意义："雌性"一词的内涵也许才会显示出来。

我们并不打算在这里提出一种生命哲学，也不想匆忙地参与到目的论和机械论的争论中。然而，值得注意的是，所有生理学家和生物学家都运用多少有点目的论的语言，依据的唯一事实是，他们给予生命现象某种意义，我们接受他们的词汇。在涉及到生命和意识之间的关系时，虽然什么也没有论定，但可以说，一切有生命的事实都表明一种超越性，计划在一切功能中孕育壮大：我们的描绘也不再需要暗示什么了。

在大多数物种中，雌性和雄性的机体进行合作是为了繁殖。它们基本上是由它们产生的配子确定的。在某些藻类和某些菌类中，那些融合起来以产生受精卵的细胞是相同的；这些同配生殖的例子，显现出两者提供的配子基础相同，是能说明问题的；一般来说，配子是不同的，它们相同则很令人注目。精子和卵子是由原始阶段相同的细胞发展而来的：卵原细胞发展成卵母细胞，在原生质层面上区别于精子的形成，但是细胞核中发生的现象明显是相同的。生物学家安塞尔[1]在一九〇三年发表的观点，至今仍然被认为是有效的："一个未分化的原生殖细胞，会根据它出现时在生殖腺内遇到的环境，变成雄性或雌性；这些环境由一定数量的上皮细胞变成提供营养的成分，即特殊物质的制造者而加以调节。"这种起

---

[1] Paul Ancel（1873—1961），法国生物学家，研究畸胎的性内分泌学。

源时的亲属关系，通过两个配子的结构来表现，在每一个物种内，这两个配子承载着同样数量的染色体；在繁殖时，两个细胞核混合它们的物质，每一个细胞核的染色体减少到原来的一半：这种减少以相同方式发生在两个细胞核中；卵子的最后两次分裂形成极体，相当于精子的最后几次分裂。今日，人们认为，不同的物种中，决定性别的是雄性或雌性的配子：哺乳类动物的精子具有一个与其他精子异质的染色体，这染色体有时呈现为雄性，有时呈现为雌性。至于遗传特征的传递，根据孟德尔[①]的统计学法则，可以通过父亲也可以通过母亲进行。重要的是要指出，在相遇时配子中的任何一个对另一个都没有特权：两者都要牺牲它们的个性，卵子吸收了它们的全部物质。有两种十分流行的偏见——至少在基础生物学的水平上——其实是错误的：第一种是雌性的被动性，在这两个配子的任何一个中，都不包含活跃的闪光，它们相遇时这闪光才显现出来；卵子的细胞核是同精子的细胞核极其对称的生命本原。第二种偏见反驳第一种偏见，这并不妨碍它们往往能共处，这是因为物种的延续是由雌性保证的，雄性本原一触即发，存在时间短暂。实际上，胚胎延续父亲的种质，同延续母亲的种质一样，并将父母的种质一起传送给后代，有时是雄性形式，有时是雌性形式。可以说这是雌雄同序的种质，代代相传，在体质的个体变化中存在下去。

至此，卵子和精子之间，可以观察到令人感兴趣的次等的差异现象。卵子本质上的特殊性在于，卵子充满了用于供养和保护胚胎的物质；它积累了营养储备，胎儿用来建造它的组织，这不是活生生的实质，而是不活动的物质；因此，卵子呈现出实心的、球体的或者椭圆形的形式，而且相对来说体积很大；人们知道鸟蛋达到多

① Gregor Mendel (1822—1884)，奥地利植物学家，创立遗传学。

大的体积；女人的卵子直径0.13毫米；而在男人的精液中，每立方毫米有六万个精子：精子的个体极小，有一条丝状的尾巴，一个小小的狭长的头，没有任何异质加重它，它整个是生命；这样的结构使它异常灵动；相反，胎儿的未来储存在卵子中，是固定的成分：卵子封闭在女性机体中，或者悬挂在外面，被动地等待受精；是雄性配子去寻找它；精子总是赤裸裸的细胞，而卵子根据物种不同受到或者不受薄膜保护；无论如何，一旦精子同卵子接触，就挤撞卵子，摇晃它，并潜入卵子中：雄性配子失去它的尾巴，它的头胀大了，迂回地到达细胞核，卵子随即形成一层薄膜，将自己与其他精子隔开。棘皮动物是在体外受精的，在它们身上可以很容易观察到，在不活动地漂浮的卵子周围，成光晕状围在卵子四周蓄势待发的精子蜂拥而上。这种竞争也是一个重要现象，在大多数物种中都可以看到；精子比卵子小得多，一般说来，数量多得多，每个卵子有许多追求者。

因此，卵子的细胞核，即其本原是主动的，卵子的被动性只在表面上；它自我封闭、自身供给营养的实体，令人想到茫茫黑夜和休养生息：古人正是把封闭世界和不透明的原子想象成球状的；卵子一动不动地等待着；相反，精子是开放的、细小的、灵活的，显现出存在的不耐烦和不安。不应该流连于这种比喻的乐趣：有时人们把卵子看做是内在性，而把精子看做是超越性；精子正是放弃了超越性和灵活性，潜入雌性的成分中：它被不活动的实体抓住和去势，后者割断了它的尾巴，吸收了它；这是魔术般的令人不安的行动，就像一切被动的行动一样；而雄性配子的主动性是理性的，就时间和空间而言，这是可以测量的活动。实际上，这几乎只是乱说一气。雄性和雌性配子一起融合在卵子中；它们一起在整体中互相消灭。这样认为是错误的：卵子贪婪地吸收了雄性配子；这样说也是错误的：雄性配子胜利地将雌细胞的储存归并于自身，因为在混合的行动中，彼此的个性丧失了。毫无疑问，在机械论看来，这个活动尤其像理性现象；但对现代物理学来说，这种观点同远距作用的观点一样不明晰；再说，人们不知道完成受精的物理—化学活动的细节。但从这个接触中可以得到有价值的迹象。在生命中有着互相结合的两个动作；生命只有超越自身才能得到维持，只有在得到维持的条件下生命才能超越自身；这两个时刻总是一起完成的，企图分开它们是空想：有时是这一个，有时是另一个占据主导地位。两个配子在结合中同时超越自身和延续自身，但卵子的结构本身预见了未来的需要，它的构成得以供养在它内部唤醒的生命；相反，精子绝对没有配备齐全，足以保证被它激发生长的萌芽的发展。反过来，卵子不能产生引起生命新爆发的变化，精子却能移动。没有卵子的预见，精子的行动会是徒劳的；而没有精子的主动性，卵子也实现不了它孕育生命的可能性。因此，我们可以下结论，从根本上来说，两个配子的作用是一致的；它们一起创造一个有生命的存在，两者消失其中，又超越自身。在制约繁殖的次要和表面的现象中，正是通过雄性因素，新生命的诞生所必需的处境多样性才能起作用；正是通过雌性因素，这种诞生才凝聚在一个稳定的机体中。

从这样的论述得出女人的位置是在家庭里的结论未免太大胆了，但确实有大胆的人。阿尔弗雷德·富耶[1]在《气质和性格》一书中，企图从卵子出发给女人整体做界定，而从精子出发给男人做界定；许多所谓深刻的理论建立在这种可疑的玩弄类比上。人们不太清楚这些虚假概念参考何种自然哲学。按照遗传法则来看，男人

---

[1] Alfred Fouillé (1838—1912)，法国哲学家，著有《思想—力量的进化主义》、《思想—力量的心理学》、《思想—力量的伦理学》等。

和女人同样来自一个精子和一个卵子。我设想，更确切地说，在这些人朦胧不清的头脑中，飘浮着中世纪古老哲学的残余，根据这种哲学，宇宙是一个微观世界的准确反映：人们想象，卵子是一个雌性的小精灵，女人是一个巨大的卵子。从炼金术的时代以来被抛弃的这些梦想，与同时形成的具有科学准确性的描绘构成古怪的对照：现代生物学难以与中世纪的象征说法相调和；但我们有些人没有进行精确的观察。如果审慎一些，就能认识到：从卵子到女人，有一段漫长的道路。在卵子中，雌性的概念还没有包含在内。黑格尔正确地指出，两性关系不应归结于两个配子的关系。因此，我们必须研究雌性的整个机体。

有人已经说过，在很多植物和某些低等动物，例如软体动物中，配子的特殊性并不导致个体的特殊性，它们每一个同时产生卵子和精子。即使两性分离，两性之间也不存在隔绝的界限，就像将物种分隔开来的界限；与配子是通过同质的原始组织被界定的一样，雄性和雌性更确切地说就像是同一个基础上的变种。在有些动物身上——最典型的例子是后嗌——胚胎先是无性的，它的发育的偶然性随后才决定它的性别。今日人们承认，在大多数物种中，性别由卵子的基因结构决定。通过单性生殖繁殖的蜜蜂未受精的卵子，只会产生雄性；在同样条件下获得的蚜虫卵子，只会产生雌性。当卵子受精时，值得注意的是——也许除了某些蜘蛛——出生的雌雄个体的数量明显相等；性别区分来自两种配子之一的异质：在哺乳动物中，精子要么具有一种雄性可能性，要么具有雌性可能性；人们不太清楚，精子形成或卵子形成过程中，是什么决定异质配子的特殊性；无论如何，孟德尔的统计学法则足以解释这种雌雄有规则的分配。对两性而言，开始的授精过程和胚胎发育是以同样方式进行的；后来发育成生殖腺的上皮组织开始是未分化的；睾丸是在成熟的一定阶段形成的，而卵巢是在更晚阶段成形的。这就解释了在雌雄同体和雌雄异体之间，存在大量的中间类型；往往两性之一具有互补性别的某些特殊性器官：最惊人的例子是蟾蜍；人们观察到在雄性蟾蜍身上有一个萎缩的卵巢，名叫"比德器官"，人们可以用人工方法使其产生卵子。在哺乳动物身上，还有这种性的双重能力的残余：其中，带根的和无根的水生物、雄性化的子宫、雄性身上的乳腺和雌性身上的"加特纳管"①、阴蒂。即使在性别区分最明显的物种中，也有雄性和雌性集于一身的个体：在动物和人身上，雌雄间性的情况是很多的；在蝴蝶、甲壳动物中，可以看到雌雄嵌性的例子，雄性和雌性特征排列成镶嵌画似的。这是由于基因型一旦确定，胚胎就深受它从中吸取营养的环境影响：众所周知，在蚂蚁、蜜蜂、白蚁中，正是吸取营养的方式使幼虫变成了雌的，或者控制性的成熟，迫使它处于工蚁、工蜂的行列；在这种情况下，影响波及整个机体：昆虫的体质从性别上来说是在十分早的阶段确定的，并不取决于生殖腺。在脊椎动物中，基本上是源于生殖腺的激素起着调节作用。人们通过大量的实验证明，用改变内分泌腺环境的方法，可以对性别的确定起作用；在成年动物身上进行的移植和切除生殖腺的其他实验，促使了性别的现代理论的诞生：雌雄脊椎动物的体质是一样的，可以把它看做中性因素；是生殖腺起作用给予它性别特点；某些分泌的激素起到刺激作用，另外一些激素起到抑制作用；生殖道本身是体质性的，胚胎学指出，它是在激素的影响下从双性的原初状态出发确定下来的。一旦激素达不到平衡，两种性别中的任何一种都不能清晰地形成，就会产生雌雄间性。

---

① 雌性肾管末端的残余部分。

雌雄机体均匀分布在物种中，从相同的根基出发、以相同方式进化，一旦完成了成长过程，便极其对称地出现。雌雄两性的特点是存在配子生殖腺，即卵巢或睾丸，人们已经看到，精子和卵子生成的过程是相同的；这些生殖腺在根据该物种的等级其复杂程度不一的管道中释放出分泌物：雌性直接通过输卵管排卵，或者把卵子留在泄殖腔中，或者在排出它之前留在子宫里；雄性将精液释放在外，或者拥有一个交媾器官，使精液进入雌性体内。从统计学上看，雄性和雌性像互补的两种类型一样出现。因此，必须从功能角度去看待它们，才能把握它们的特殊性。

很难由雌性的概念做出有普遍价值的描绘；把它界定为卵子的携带者，而把雄性界定为精子的携带者是远远不够的，因为机体与生殖腺的关系极端多变；反过来，配子的分化并不直接影响整个机体：有时人们认为，个体更大的卵子比精子消耗更多的活力；但分泌出的精子数量无比庞大，以至在两性中消耗趋于平衡。人们在精子中看到浪费的例证，而在卵子的生成中看到节约的典范，但是，在这个现象中也有不合逻辑的挥霍，绝大多数卵子并未受精。无论如何，配子和生殖腺并不给我们提供整个机体的微观世界。必须直接研究的是这个机体。

通观动物进化的程度，最令人注目的特点之一，是从低级到高级，生命逐渐个体化；在低级阶段，生命耗费于物种的维持，在高级阶段，生命通过特殊的个体来消耗。在最初级的物种那里，机体几乎约减为繁殖工具；在这种情况下，卵子是至高无上的，也就是雌性占优势，因为卵子的职责是纯粹再现生命；但卵子不是别的，只是一个腹腔，它的存在完全被可怕的排卵工作所吞噬。相比雄性，卵子达到巨人的规模；但它的肢体往往只是残肢，它的躯体则是一个不成形的囊袋，所有的器官因卵子而退化。事实上，尽管雄性和雌性构成两个不同的机体，有时它们几乎不能被看做个体，而只构成具有牢牢地结合在一起的多种成分的一个整体：这正是雌雄同体和雌雄异体之间的中间例子。因此，寄生在蟹身上的甲壳纲动物，其雌性是一种灰白色的螺旋体，包裹着孵卵的薄层，含有成千上万的卵；其中有极小的雄性物体和用于代替雄性的幼虫。微小的雄性的顺从在 edriolydnus 身上更加彻底：它附着于雌性的厣下，没有自身的消化管，它的作用仅仅是繁殖。但在所有这些例子中，雌性也像雄性一样顺从：雌性受物种的控制；如果雄性受它的配偶束缚，它的配偶也同样受束缚，要么是束缚于寄生状态中吸取养料的活机体，要么是束缚于一个养料底层；雌性以产生卵子来自我消耗，而微小的雄性给卵子授精。生命呈现出更复杂一些的面貌时，个体自主初具规模，把两性结合在一起的联系松懈了；但在昆虫中，两性还紧紧附属于卵子。结合的一对雌雄往往就像蜉蝣那样，在交配和产卵以后立即死亡；有时，像轮虫类动物和蚊虫那样，缺乏消化器官的雄性在授精之后便死亡，而雌性能够吸取养料，生存下去，这是因为卵子的形成和产卵要求多一点时间；一旦后代的命运得以确定，母体便消亡。在大多数昆虫那里，雌性具有特权是因为授精一般来说是一个很快的过程，而排卵和卵子孵化要求长时间的工作。在白蚁中，填满糊状物的巨大蚁后，每秒产下一卵，直到产完卵，被无情地杀死，和那些附着于它的腹部，随着卵子排出给卵子授精的微小雄性一样，也是奴隶。在蚁巢和蜂巢构成的母权制中，雄性是讨厌鬼，每一季都要被杀死：所有雄性蚂蚁在交配飞行时都离开蚁巢，飞向雌性；如果它们找到雌性，并进行授精，便精疲力竭，马上死去；否则，雌性工蚁不让它们返回，在巢前把它们杀死，或者让它们饿死；但受精以后的雌性有一个不妙的命运：它孤独地幽居地下，往往在产下第一批卵后便精疲力竭地死去；如果它成功地重建一个蚁巢，就要在其中封闭地不停产卵十二年；性能力萎缩了的雌性工蚁能活四年，其生命完全用于抚养幼虫。蜜蜂也是一样：在交配飞行中赶上蜂后的雄蜂肚子穿裂，跌落地上；其他雄蜂在返回蜂巢时受到迎接，在蜂巢过着悠闲而拥挤的生活；在冬季来临时，它们被处死。流产的雌性工蜂以不停地工作来换取生存的权利；蜂后事实上是蜂巢的奴隶，它不停地产卵；老蜂后死后，好几只幼虫获得充足养料，以便能够继位，第一只孵出的雌蜂杀死在摇篮中的其他幼虫。雌性大蜘蛛在囊里携带着卵子，直至卵子成熟；它比雄性大得多，也强壮得多，在交配后，它有时把雄性吞噬掉；可以观察到螳螂也有同样的习惯，雌性的吃人神话凝结在螳螂周围：卵子将精子去势，螳螂杀死它的配偶，这些事实也许预示着雌性去势的梦想。但实际上，螳螂是在囚禁的状态才表现得如此残忍的：在食物相当丰富的自由状态，它很少将雄性当饭餐；它吃雄性，就像孤独状态的蚂蚁常常吃掉它的几只卵那样：为了获得产卵和延续物种的力气。在这些事实中看到"性别斗争"的预示，将如此这般的个体置于互相争斗之中，这是胡言乱语。无论在蚂蚁、蜜蜂、白蚁中，还是在蜘蛛或螳螂中，都不能说雌性奴役和吞噬雄性：是物种通过不同的途径吞噬两者。雌性活得更长，似乎更为重要，但它并不具有任何自主性；产卵、孵卵、照料幼虫，组成了它的整个命运；它的其他作用完全或者部分退化了。雄性则相反，开始形成个体的生存。它往往在授精时比雌性表现出更多的主动性；正是它去追求雌性，攻击雌性，触摸雌性，抓住雌性，硬要与雌性交配；有时，它必须同其他雄性搏斗。相应地，行动、触觉、攫取的器官往往在雄性身上更加发达；许多雌蝶是无翅的，而雄蝶是有翅的；雄性色彩多样，有鞘翅，有爪子，有更发达的刺；有时，这种丰富性伴随着无用的过分色彩缤纷。在短暂的交媾之外，雄性的生命一无所用，无理由存在下去：与雌蜂的勤奋相比，雄蜂的懒散是令人注目的特权。但这种特权是不合常规的；雄性往往以自己的生命去偿付这种无所事事，而独立在其中开始形成。将雌性当做奴隶的物种要处罚雄性，雄性想逃避物种，便被物种残暴地消灭。

在生命更加高级的形式中，繁殖变成异质机体的生产；它具有双重的面貌：维系物种的同时，它也创造新的个体；这革新的一面，随着个体的特殊性确定下来而确立。令人注目的是，延续物种和创造新个体分为两个时刻；这种分化在卵子受精时已经显示出来，出现在整个生殖现象中。并非卵子的结构本身要求这种分化；雌性和雄性一样，具有一定的自主性，它同卵子的联系松懈了；雌性的鱼类、两栖类、鸟类不是只有一个腹腔而已；母体与卵子的联系越是不紧密，动物生育就越不需要全神贯注，双亲与后代的关系就越有不确定性。有可能是父亲担负起维持新孕育的生命，在鱼类中这是常见的。水是能够承载卵子和精液并保证两者相遇的因素；水栖动物的授精几乎总是在体外进行的；鱼类不交配：至多某些鱼漂浮着互相摩擦，以便互相刺激。母亲排出卵子，父亲排出精液：它们的作用是相同的。没有理由让母亲而不是父亲承认受精卵是属于自己的。在某些物种中，受精卵被双亲抛弃，孤立无助地发育；有时母亲为它们准备好一个巢；有时它在受精后还监护它们；但往往是父亲负责照料它们：它一让卵子受精，便把企图吞噬卵子的雌性驱赶得远远的，它捍卫受精卵，粗暴地驱赶一切接近的东西；可以举出例子，有些雄性放出一些包裹一层起隔绝外界作用的气泡，构成一种保护巢；雄性还往往在嘴里孵化受精卵，或者像海马在肚子的皱褶里孵化受精卵。在两栖类中可以观察到相同的现象：它们没有真正交媾，雄性抱住雌性，通过搂抱激发产卵：随着卵子从泄殖腔逸出，雄性排出精液。往往——特别是所谓的"产婆蟾"——

是父亲用爪子缠住一串受精卵，把它们带走，并保证孵化。在鸟类中，雌性体内卵子的形成相当缓慢，卵子相对较大，排出相当困难；卵子同母亲的关系远胜过同父亲的关系，父亲在迅速交媾时让卵子受精；一般来说是雌性孵化受精卵，随后守护幼雏；但父亲常常参与筑巢、保护和养育幼雏；有些相当罕见的情况——比如麻雀——是雄性孵化和养育幼雏。雄鸽和雌鸽在它们的嗉囊中分泌出一种奶来养育幼雏。引人注目的是，在父亲起养育作用的所有情况下，当雄性致力于养育后代时，精子停止产生；雄性关注于维持生命时，便不再有激起生命新形式的动力。

正是在哺乳动物中，生命具有最复杂的形式，最具体地个体化。于是两个生命时刻分开了：维持与创造，以确定的形式在性别中分工。正是在这种分门别类中——只考虑脊椎动物的话——母亲与后代保持最紧密的关系，而父亲更加不关心后代；雌性的整个机体顺从生育，被生育所控制，而雄性在性方面采取主动。雌性是物种的猎物；按照不同的情况，在一两个季节中，雌性的整个生命受到性周期，即发情周期的制约，它的延续时间和间隔的节奏，每个物种都不尽相同；这个周期分成两个阶段：在第一个阶段，卵子成熟（物种不同，数量也不一样），子宫里有一个"筑巢"过程；在第二阶段，脂肪质坏死，导致如此形成的结构消失，有微白色物质流出。雌性发情与发情期相对应；但在雌性身上，发情具有被动特点；雌性准备好接受雄性，等待着雄性；有时在哺乳动物中也会发生——就像在某些鸟类中一样——雌性撩拨雄性的情况，但是雌性只限于用叫声、求偶炫耀行为或者展示向雄性发出召唤，不会强迫交媾。终究，决定权是在雄性身上。可以看到，即便在昆虫中，雌性愿意为物种做出完全的牺牲，才获得如此大的特权，也通常是雄性挑起授精；在鱼类中，往往是雄性通过出现或接触，刺激雌性产卵；在两栖类动物中，雄性作为激发者行动。但尤其是在鸟类和哺乳动物中，雄性强加于雌性。雌性往往无所谓地接受雄性，或者甚至抗拒雄性。不管雌性是挑起者还是顺从者，无论如何是雄性占有雌性：雌性被占有。这个词往往含义准确，要么因为雄性拥有适用的器官，要么因为雄性更强有力，抓住了雌性，使之一动不动，是雄性主动地进行交媾。在许多昆虫中，在鸟类和哺乳动物中，雄性侵入雌性体内。这样，雌性像体内受到侵犯。雄性并非施暴于物种，因为物种只有通过自我更新才会延续，如果卵子和精子不会合，物种就要消亡；只不过，负责保护卵子的雌性在体内包藏着卵子，对卵子构成庇护所的身体要使卵子避免雄性的授精行动；因此雄性要粉碎抵抗，雄性要侵入雌性体内才能作为主动性实现自我。雄性的主导优势通过交媾的姿态表现出来：在几乎所有的动物中，雄性都是骑在雌性身上的。毫无疑问，雄性使用的器官也是物质的，但是这器官以有活力的面貌出现：这是一个工具；而在这个过程中，雌性的器官只是一个不活动的接受器。雄性将精液存放其中，雌性接受下来。因此，虽然在生殖中雌性起着根本主动的作用，但还是要忍受通过侵入和体内受精使本身异化的交媾；虽然雌性感受到性的需要，如同个体的需要一样，因为在交媾时雌性有时会追求雄性，可是，性爱却是被雌性直接感受到的，就像一件内部的麻烦事，而不是像与世界和他人的一种关系。不过，在哺乳动物的雄性和雌性之间的根本区别是，在迅速掠过的同一时刻，雄性的生命通过精子在他者身上超越自己，精子变成与之不相干，脱离其身体；因此，正当雄性超越自身个体性时，却重新封闭在其中。相反，卵子成熟时脱离了滤泡，落入输卵管内，开始与雌性分离；而被一个外来配子侵入的卵子安顿在子宫里：雌性先是被侵犯，随后被异化；雌性在肚子里承载着胎儿，直到按不同的物种达到不同的成熟阶段：豚鼠一出生就几乎成熟，狗却仍然接近胚胎状态；雌性体内有一个他者吸取其营养，在整个孕育期间，雌性既是自身，又是异于自身的他者；生育以后，雌性用母乳抚育新生儿。以至于人们不太清楚，什么时候新生儿能够被看成有自主性：是在授精时、出生时还是断奶时？值得注意的是，雌性越是像一个分离的个体，生命的延续就越是在分离之外威严地确立下来；鱼类和鸟类排出未受孕的卵子或者受精卵，不如雌性哺乳动物那样受生育后代的折磨。雌性哺乳动物在生育后恢复自主性：在雌性与幼仔之间于是出现距离；正是从分离开始，雌性投身于幼仔；带着主动性和创造性照料它们，为捍卫它们、驱逐其他动物而搏斗，甚至变得有攻击性。但一般雌性并不寻求肯定自身的个体性；它们并不与雄性或其他雌性为敌；没有好斗的本能[1]；尽管达尔文[2]有过论断（今日看来值得商榷），但是雌性不经仔细选择便接受出现在眼前的雄性。并非雌性不具备个体优点，恰恰相反；在雌性摆脱母性制约的时期，有时能同雄性并驾齐驱：母马同种公马跑得一样快，母猎狗同公狗嗅觉一样灵敏，雌猴在接受试验时，表现出同雄猴一样聪明。只不过这种个体性没有得到表现机会：雌性由于物种要求让位而让位。

雄性的命运截然不同；上文指出，在雄性的超越过程中，它也在自我分裂和自我确定。从昆虫到高级动物，这个特点是持之以恒的。即便是成群生活、从容不迫地融合在群体中的鱼类和鲸目类，在发情时也摆脱群体；它们离群索居，对其他雄性变得很凶恶。性

---

① 某些母鸡在饲养场争夺最好的位置，用嘴来啄，在彼此之间建立等级。在没有公牛的情况下，有些母牛以力量来夺取牛群的头领地位。——原注
② Charles Darwin (1809—1882)，英国博物学家，提出进化论，著有《从物种起源到自然选择》、《论动物变种和家养植物》、《植物界直接和交叉受精的效果》等。

在雌性身上是直接的，在雄性身上则需要媒介：雄性要主动地填补欲望和顺从之间的距离；它活动、寻找、抚摸雌性，温存雌性，在侵入雌性体内前使之保持不动；用于联系、行动和攫取作用的器官，往往在雄性身上发育得更好。值得注意的是，在雄性身上促使精子繁殖的活跃推动力，也表现为闪光羽毛、闪亮甲壳、角、鬃毛，表现为啼鸣，表现为精力旺盛；人们不再认为，雄性在发情时身披的"新婚服"，它诱惑性的求偶炫耀行为，具有选择的目的；但这些现象表现出生命活力，在雄性身上以非理性的、华美的丰盛展现出来。这种生命力的慷慨表露，为了交配而展示出来的主动性，甚至在交媾时它对雌性的主宰能力的显示，一切都有助于在个体超越时将之以其原样确立。正是在这一点上，黑格尔看到雄性身上有主体因素，而雌性被囊括在物种之中，这是对的。主体性和分离马上意味着冲突。攻击性是雄性在发情时的特点之一，它不能通过竞争来解释，因为雌性数目显然与雄性相等；更确切地说，竞争可以由这种战斗意志来解释。可以说，在交配之前，雄性将延续物种的行为看做专属于自己的行为，在它与同类的斗争中，确认它的个体性。物种居于雌性身上，吸取它大部分的个体生命；相反，雄性将特定的活力与它个体的生命结合起来。毫无疑问，它也要受到超越自身的法则的制约，在它身上有精子产生和周期性的发情；但这些过程远远不如雌性发情周期那样影响到整个机体；产生精子不太疲劳，所谓的卵子生成同样不太疲劳，而一个成年动物身上受精卵的发育，对雌性来说，则是一项需要全神贯注的工作。交媾是一种迅速的活动，它不减少雄性的活力。它差不多不表现父性的任何本能。往往在交配后雌性便被抛弃。当雄性在雌性身边成为族群（一夫一妻制、妻妾制或群体）的首领时，它对整个群体起着保护和养育的作用，它很少直接关心孩子们。在那些关注个体生命繁荣的物种中，雄性趋向于通过自主的努力——在低级动物中要造成其毁灭——获得成功。一般说它比雌性更高大、更强壮、更迅捷、更爱冒险；它过着更加独立的生活，其主动性更加无需代价；它更有征服欲望，更加威严：在动物界中，总是它起主宰作用。

在大自然中，这再清楚不过了：雌雄两性并不总是清晰地区分开来；有时可以观察到两者之间的二形性——毛色、斑点的分布等等——似乎是绝对偶然的；相反，它们有时难以辨别，它们的职能几乎难以区别，就像鱼类那样。但总体说来，尤其在高等级动物中，两性代表物种生命的两种不同面貌。它们的对比不像人们以为的那样在于主动性和被动性的不同：卵子的细胞核不仅是主动的，而且胚胎的发育是一个活生生的过程，并不是一个机械的进程。把两性界定为变化和不变是太简单了：精子只因为它的生命力在卵子中维持才创造生命；卵子只有在超越自我时才能维持自己，否则它要退化和变质。不过，在这些活动中，两性都是主动的，只不过维持和创造这两者的合成不是以同样的方式实现的。维持是否认时间的分散，是在进射的时候确定延续性；创造是在时间的统一中让难以压缩的、分离的现时爆发；确实，在雌性中，生命不顾分离寻求延续；而形成个体化的新力量的分离，是由雄性主动引起的；因此，雄性可以在自主中确立自身；它把特殊的能量结合到自己的生命中；相反，雌性的个体性受到物种利益的攻击；它表现为受到外力的占有：被异化了。因此，当机体的个体性进一步确立时，性别的对抗并不减弱：恰恰相反。雄性找到越来越多种多样的道路，以便消耗它掌握的力量；雌性则越来越感到受到奴役；在它自身的利益和植根于它身上的生殖力的利益之间的冲突加剧了。母牛、母马的生育要比雌鼠、雌兔的生育困难得多和危险得多。女人在雌性中是最个性化的，也是最脆弱的，女人更具戏剧性地体验自身的命运，更深刻地体会到与男性不同。

在人类和大多数物种中，几乎产生同样多的两性个体（一百个女孩比一百零四个男孩）；胚胎的发育是相同的；但原始的上皮在女胎中保持中性状态的时间更长；由此，女胎更久地受到激素的影响，它的发育往往是顺序打乱的；大多数雌雄同体从基因上说是雌性的，后来才会有雄性特征：可以说，雄性机体一下子确定自己的性别，而雌性胚胎踌躇着接受雌性身份；但胚胎生命的起始还不太为人类了解，以至不能确定其意义。生殖器官一旦形成，在两性中是对称的；两者的激素属于同一化学属类，即固醇类，归根结蒂都是从胆固醇派生出来的；正是固醇决定体质的次要分化。无论其形式、其生理特点都不能确定如此这般的女人。正是官能的发育使女人区别于男人。相对而言，男人的发育很简单。从出生到青春期，男性差不多是有规律地生长；将近十五六岁时，开始出现精子，一直持续到晚年；激素伴随精子的出现产生，确定男性体质的形成。此后，男性有性生活，通常能与个体生存相结合：在欲望来临时，在性交时，他对物种的超越与对自身超越的主体时刻合而为一：他是他的身体。女人的历史则复杂得多。在胚胎阶段，卵母细胞的储备就确立了，卵巢大约有五万个卵子，每一个都包裹在一个滤泡中，其中大约有四百个会达到成熟阶段；从她出生开始，物种便掌握她，力图确立：女人来到世上，经过某种第一次青春期；卵母细胞突然增大；然后卵巢缩小五分之一左右：可以说孩子有一个暂息时期；孩子的机体在发育，其生殖系统差不多是停滞的：有些滤泡增大，但未达到成熟；小姑娘的成长与男孩子相同：在同样年龄，她甚至往往比男孩更高大、身体更重。但在青春期，物种重新确认它的权力：受卵巢分泌物的影响，正在长大的滤泡数目增加了，卵巢充血、增大，终于有一个卵子成熟，月经周期开始了；生殖系统的体积和形状最终确定，体质女性化，内分泌腺的平衡建立了。值得注意的是，这个过程采取了骤变的形式；女人的身体让物种入驻不是没有抵抗的；这场搏斗削弱了她，使她处于危险中，在青春期之前死去的男孩大约跟女孩差不多：十四到十八岁死去的人中，一百二十八个姑娘比一百个小伙子，而十八到二十二岁死去的人中，一百零五个姑娘比一百个小伙子。往往是在这时出现萎黄病、肺病、脊柱侧凸、骨髓炎，等等。在某些人身上，青春期反常地早到：青春期约在四五岁时出现。相反，在另外一些人身上，青春期不会产生：出现性幼稚症症状，忍受闭经或者痛经。有些女人出现男性化现象：肾上腺的过度分泌使她们具有男性特点。这些反常现象绝对不代表个体对物种制约的胜利：没有任何方法逃避物种制约，因为它在使个体生命屈服的同时，也维持个体生命；这种二重性在卵巢的职能上表现出来；女人的生命力扎根在卵巢中，正如男人的生命力扎根于睾丸中：在这两种情况下，被阉割的人不仅仅不能生育，他也退化和变质了；机体没有"形成"，或形成得不好，会完全贫乏和失去平衡；只有在生殖系统充分发展的条件下，机体才能充分发展；但许多生殖现象并不关心主体的特殊生命，甚至使之处于危险中。青春期已发育的乳腺，在女人的个体经济中不起任何作用：在她一生的任何时期，都可以切除乳腺。卵巢的许多分泌活动在卵巢，在它的成熟，在子宫适应它的需要中起到作用：对整个机体来说，这些分泌活动与其说是一个调节的因素，还不如说是一个导致失衡的因素；女人与其说适应自身，还不如说适应卵子的需要。从青春期到绝经，女人体内经历的是一个麻烦，这个麻烦却与她个人无关。盎格鲁一撒克逊人把月经说成"诅咒"，事实上，在月经周期中没有任何个人的目的。在亚里士多德的时代，人们认为每个月流出在受精时要形成孩子的血和肉的血，这个古老的理论在于说明女人不停歇地进行妊娠。在其他哺乳动物中，发情周期只发生在一个季节中，并不伴随着流血：仅仅在高级的猴子身上和在女人身上才每个月在痛苦和流血中完成①。大约在十四天内，包裹卵子的格拉夫氏滤泡中的一个增大体积，达到成熟，而卵巢在滤泡表面分泌激素，被称为卵泡素。第十四天，进行排卵：滤泡的薄膜破裂（有时引起轻度出血），卵子落在管道中，而伤口扩大，形成黄色的物体。第二阶段由此开始，或称为黄体期，特点是分泌对子宫起作用的黄体激素。子宫出现变化：子宫壁的毛细管系统充血，打褶，呈现凹凸，形成花边状；这样，在子宫中形成一个用于接受受精卵的摇篮。这些细胞的变化是不可逆转的，在没有受精的情况下，这个摇篮不会消失：也许在其他哺乳动物中，无用的残余物被淋巴管带走。但在女人身上，当子宫内膜的褶皱溃散时，黏膜脱落，毛细管打开了，大量血水渗透出来。然后，黄体变化时，黏膜重新形成，开始了滤泡的新阶段。这个过程复杂，细节还处在相当神秘的状态，它使整个机体开始行动，因为它伴随着激素的分泌，激素调控着甲状腺和垂体、中枢神经系统和植物神经系统，因此，也调控着内脏。几乎所有的女人——百分之八十五以上——在这个时期都呈现出紊乱。血压在开始流血之前升高，然后降低；脉搏加快，往往体温升高：发烧是常见的；腹部疼痛；常常观察到便秘的倾向，然后是腹泻；也往往出现肝肿大、尿滞留、蛋白尿；许多人呈现出鼻黏膜充血（咽喉痛）的症状，有些人听力和视力出现紊乱；出汗增加，而且开始时伴随着 sui generis② 气味，这气味可能非常强烈，在

---

① 近年来，通过将女人身上发生的现象与在高级猴子，特别是恒河猴身上观察到的现象相对照，推进了对这些现象的分析。路易·加利安在《性》中写道："很明显，在后面这些动物身上更容易进行实验。"——原注

② 拉丁文，独有。

整个经期内持续不散。基础代谢增加了。红血球数减少；但是血液传送着一般储备在组织中的物质，特别是钙盐；这类盐的出现对卵巢、变肥大的甲状腺、主宰子宫内膜变形和变得活跃的垂体起作用；这种腺体的不稳定导致神经极其脆弱；中枢神经系统受到损害，往往会头痛，植物神经系统有激烈的反应；中枢神经系统的自动控制减弱了，这就产生生理反射和痉挛的复杂症状，并通过脾气的极度不稳定表现出来；女人比平时更易激动，更神经质，更喜怒无常，会表现出严重的心理紊乱。正是在这个时期，女人感到自己的身体像异化的不透明物体一样极其难受；它受到执着的、外来的、每个月都要在她身上制造和摧毁一个摇篮的生命的折磨；每个月有个孩子准备出生，又在红色花边状物质的溃灭中流产；女人像男人一样，是她的身体①，但她的身体是不同于她的东西。

当受精卵在子宫中着床，并在其中发育时，女人经历更为深刻的异化；怀孕是一种正常现象，如果是在身体和营养正常的条件下怀孕的，那就对母亲没有损害；在她和胎儿之间甚至建立起某些对她有利的相互作用；有种乐观的理论过于明显地注重社会效用，然而事实上，怀孕是累人的事，对女人来说，对个人没有好处②，相反，要求她做出沉重的牺牲。怀孕往往在开头几个月内伴随着缺乏胃口和呕吐，在其他雌性家畜身上观察不到这些现象，表现了机体对占据它的物种的反抗；机体在磷、钙、铁等方面都贫乏了，铁的缺失难以填补；新陈代谢过快刺激了内分泌系统；神经系统处于亢奋状态；至于血液，它的比重减小了，患了贫血，就像"守斋者、

---

① "因此，我是我的身体，至少在我的经验的全部范围内，反之亦然，我的身体就像一个自然主体，就像我整个人的临时雏形。"（梅洛-庞蒂《感知现象学》）——原注

② 我在此只考虑生理学的观点。很明显，从心理学来说，生育对女人可以是十分有利的，也可能是一个灾难。——原注

禁食者、一再放血者、康复病人"①。一个健康和营养很好的女人所能希望的一切，是在分娩后不太费劲便可挽回这些耗费；但往往在怀孕过程中会出现严重的事故或者至少是危险的紊乱；如果女人不够强壮，如果她的卫生照顾不周，她就会由于多次生育过早变样和衰老：众所周知，这种情况在农村是常见的。分娩本身是痛苦的，而且很危险。正是在这种突发的危险中，人们极为明显地看到，身体不是总能同时满足物种和个体的需要；有时孩子死了，也有的时候孩子出生致母亲于死命，或者孩子的出生在母亲身上引起一种慢性病。哺乳也是一种累人的奴役；所有的因素——主要的无疑是激素的出现，即孕激素——使乳腺分泌乳汁；奶水上涨是痛苦的，常常伴随着发烧，乳母正是在损耗自我活力中抚养新生儿。物种—个体的冲突在生产中有时以戏剧性的面貌出现，使女性身体令人不安地脆弱。人们常说，女人"肚里有病"；女人体内包含了一种敌对因素，这倒是真的：是物种在蚕食她们。她们的许多疾病不是来自外界的传染，而是来自体内的失常：假性子宫炎是子宫内膜对反常的卵巢刺激产生的反应引起的；如果黄体持续存在，而不是在月经之后自行吸收掉，它就会引起输卵管炎和子宫内膜炎，等等。

女人还得通过一次难以忍受的危机，才得以逃过物种的控制；在四十五至五十岁之间，出现与青春期相对的更年期。卵巢活动减少了，甚至消失了：这种消失使个体生命力变贫乏。人们设想，分解代谢的腺体——甲状腺和垂体——竭力弥补卵巢功能的不足；因此，人们在青春活力消退的同时观察到突发现象：阵热、高血压、神经质，有时性本能再次爆发。有些女人在身体组织中积存脂肪，

---

① 参阅罗歇和比奈主编的丛书中 H·维涅的《论生理学》第十一卷。——原注

另外一些女人男性化。在许多女人身上，内分泌的平衡重新建立。于是女人从女性的奴役中解放出来；她和阉奴不同，因为她的生命力不变；然而，她不再受到满溢而出的力量的折磨：她同自身相一致。有时人们说，上年纪的女人构成"第三性"；事实上，她们不是男性，但也不再是女性；尤其这种生理上的自主性是通过一种她们以前并不拥有的健康、平衡、活力表现出来的。

在女人身上，叠加于所谓性别的区别之上的，是或多或少直接成为其后果的特殊性；正是激素的作用决定女人的体质。一般说来，女人比男人矮小，体轻，女人的骨骼更纤弱，骨盆更宽大，适合于怀孕和分娩的职能；女人的结缔组织固定脂肪，其形态比男人更圆润；总的体态——形态、皮肤、毛发系统等等，在两性之间明显不同。男人的力量比女人要大很多：女人的力量大约是男人的三分之二；女人的肺活量要弱一些：女人的肺、气管和喉咙要小些；喉咙的不同也带来声音的不同。血液比重在女人身上小些：血红蛋白的合成能力差些；因此，女人不那么强壮，更易得贫血。她们的脉搏更快，血管系统更加不稳定：她们容易脸红。一般说来不稳定是她们的机体的显著特点；比如，在男人身上，钙的新陈代谢稳定；而女人留在体内的钙盐要少得多，在来月经和怀孕时，女人排出钙盐；看来，卵巢接触到钙时会产生分解代谢；这种不稳定性在卵巢和甲状腺中带来混乱，女人的甲状腺比男人发达：内分泌的不规则对植物神经系统产生作用；神经和肌肉的控制不能得到完全的保证。这种缺乏稳定性和控制力使女人情绪起伏，直接与血管的差异有关：容易心跳、脸红等等；由此容易有痉挛的表现：流泪、狂笑、神经质。

可以看到，这些特点中有许多源于女人对物种的附属性。这一考察最引人瞩目的结论就在于此：在所有雌性哺乳动物中，女人是受到异化程度最高的，并且最激烈地拒绝这种异化；任何雌性哺乳动物，机体对生殖职能的从属都没有如此迫切，接受起来也没有如此困难：青春期和更年期的危机，每月的"诅咒"，长时间而困难的妊娠，痛苦的、有时危险的分娩，疾病，事故，是女人的特点；可以说，因为她要确定自身为个体，要起来反抗命运，所以她的命运显得更为悲苦。如果将女人与男人相比较，男人便显得无比地具有特权：男人的生殖力不与他的个人生存相冲突；这是以持续的方式进行的，没有危机，一般来说没有事故。总体而言，女人同男人活得一样长；但女人生病的时候多得多，有不少时期，女人不能支配自己。

这些生物学论据极为重要，它们在女人的历史中起着头等重要的作用，是女人处境的一个本质的因素，在我们以后的所有描述中，还要加以参考。因为身体是我们控制世界的工具，世界根据这样或那样的方式来理解而有不同的呈现。因此，我们这样长时间地研究这些论据；它们是一把钥匙，能够让人理解女人。但我们拒绝这种观点：它们对女人而言构成固定不变的命运。它们不足以确定性别的等级；它们不能解释为什么女人是他者；它们不能将女人判定为永远扮演从属的角色。

人们经常认为，只有生理学能回答这些问题：两性个体具有同样的机会成功吗？哪一性别在物种中起着更重要的作用？第一个问题对女人和对其他雌性生物来说是以完全不同的方式提出来的，因为动物构成特定的物种，能够对这些物种提供静止的描述：只消通过观察，便能认定，母马是不是比种公马跑得更快，雄性黑猩猩是不是与雌性黑猩猩相比在智力测试中更胜一筹；而人类无时不在变化。有些唯物主义的学者曾经企图以纯粹静止的方式提出问题；他们满脑子是心理—生理的平行论，力图建立雄性和雌性机体之间的数字比较：他们设想，这些测量结果能直接确定它们的职能大小。我想举出这种方法引起的无益讨论的一个例子。他们认为，大脑以某种神秘的方式分泌出思想，看来确定女人脑子的平均重量是否小于男人脑子的平均重量至关重要。他们发现，前者平均重 1 220 克，后者重 1 360 克，女人脑子重量从 1 000 克至 1 500 克不等，而男人脑子重量从 1 150 克至 1 700 克不等。可是，绝对重量是没有意义的；因此，他们决意考虑相对重量。他们发现，在男人身上是 1/48.4，而女人是 1/44.2。[①] 因此，女人占据优势。不，还必须加以修正：在这样的对比中，较小的机体总是占优势；在比较两组个体，不考虑身体时，如果它们属于同一物种，那么必须将身体重量取 0.56 次幂来除脑子的重量。他们认为，男女代表两种不同类型。因此，得出如下的结果：

对男人而言：身体重量的 0.56 次幂 =498 $\quad \dfrac{1\,360}{498}=2.73$

对女人而言：身体重量的 0.56 次幂 =446 $\quad \dfrac{1\,220}{446}=2.74$

结果几乎是相等的。这些细致的讨论并不引起许多关注，因为在脑子重量和智力发育之间建立不了任何关系。他们无法进一步给确定雌性和雄性激素的化学式做出心理解释。至于我们，我们毫不含糊地抛弃心理—生理的平行论观点，这种理论的基础早就被彻底摧毁了。如果我举出这种观点，是因为在哲学上和在科学上，虽然它已经完蛋，但仍然纠缠着许多人的思想：可以看到，在有些人的头脑中还保留着更古老的残余。我们也拒绝一切暗示存在一种价值

---

① 这里指脑子重量与身体重量之比。

的自然等级的参照体系，比如，进化的等级；要想知道女人是否不如男人成熟，是否更接近高级灵长类动物，等等，那是无益的。所有这些将一种模糊的自然论与一种更加模糊的伦理学或美学相混同的论述，只不过是纯粹的废话。只有从人的观点出发，才能将女人与男人做比较。但人的定义是，人不是一种既定的生物，而是生来如此这般。正如梅洛-庞蒂非常正确地指出，人不是一种自然物种，而是一种历史观点。女人不是一种固定的实在，而是一种变化；正是必须在变化中把她与男人相对照，就是说，必须给她的可能性下定义：使那么多的争论走样的是，人们企图将女人约减到她以往那样，约减到今日那样，然而人们提出的是她的能力问题；事实是，能力只有在实现的情况下才明显地表现出来；但事实同样是，当审察超越性和超越的存在时，永远无法理清这笔账。

但可以说，在我采取的观点——海德格尔、萨特、梅洛-庞蒂的观点——中，如果身体不是一件东西，它就是一种处境：它是我们对世界的掌握和我们的计划的草图。女人比男人弱小；她的肌肉拥有的力量小，红血球少，肺活量也小；她跑得慢些，抬得动的东西轻些，几乎没有哪一种运动她可以同男人竞争；她不能同男人搏斗。这种弱点之外，还要加上不稳定性、缺乏控制力和上文我们已经谈过的脆弱：这些情况是事实。她对世界的掌握因此要更受限制；她的毅力差些，制定计划时少些坚持，执行计划的能力也同样差些。就是说，她的个体生命没有男人那样丰富。

实际上，这些事实不会被抹杀，但是它们本身没有什么意义。一旦我们接受从人的角度，从存在出发去界定身体，生物学就变成一种抽象科学；生理学论据（肌肉不够发达）具有的意义从属于整个环境；只有根据人给自身提出的目的、人所掌握的工具和人制定的法则，"弱点"才显现为弱点。如果人不想理解世界，那么，掌握事物这个观念本身也就没有意义；在这种理解中，并不要求充分使用人体力量，在可利用的最小限度之上，差异被抵消；在风俗禁止暴力的地方，肌肉的力量不会建立统治地位：必须有存在、经济和道德的参照，弱的概念才能具体地界定。有人说过，人类是一种反自然；这种说法不完全准确，因为人无法悖逆既定；但正是通过接受既定的方式，人才建立既定的真相；自然只有被人的行动重新掌握，对人才有实在性：人自身的本性也不例外。同人对世界的掌握一样，不可能在抽象中衡量生殖职能对女人构成的负担：生育与个体生命的关系，在动物身上是通过发情周期和交尾季节自然而然调节的；在女人身上这种关系并不确定；只有社会才能决定这种关系；根据社会要求出生的多寡，根据怀孕和生育过程中的卫生条件，女人对物种的屈从或多或少更加严重。因此，如果可以说，在高等动物中，个体生存对雄性比对雌性限制更严，那么，在人类中，个体"可能性"则取决于经济和社会状况。

无论如何，雄性的个体特权并不会一直赋予其在物种中的优势；雌性在生育中重新获得另一种自主。有时，雄性将自身的统治地位强加于雌性：例如朱克曼研究的猴子的情况就是这样；但往往配对的两性分开生活；雄狮和雌狮平均分配照顾家庭。这一点上，人类的情况仍然与任何一个物种不同；人首先不是作为个体确定自身的；男人和女人从来不在一对一的格斗中互相挑战，夫妇是一个原始的共在；而且总是作为一个更广大的集体或固定或过渡的因素出现；在这些群体中，男性和女性，谁对物种更加重要呢？从配子、从交媾和怀孕的生物职能来看，男性本原是为了维持才创造，女性本原是为了创造而维持：在社会生活中，这种区分变成什么？对于寄居于外来机体或底物基础上的物种，对于自然界大量提供食物、无需费力捕食的物种，雄性的作用只限于授精；当必须寻找、驱逐、搏斗，以便保证幼仔有必需的食物时，雄性往往参与抚养；在母亲不再喂奶之后很久，孩子们都不能自我供给需要的物种中，这种积极参与是必不可少的，于是雄性的工作极为重要；没有雄性，其激发的生命便不能维持下去。只要一个雄性，每年就能给许多雌性授精，而为了让孩子们出生后能生存下去，保护它们，抗拒敌人，从自然界获得它们所需要的一切，雄性是必不可少的。生产力和生殖力的平衡，在人类历史的不同经济时期实现的情况不同，这些不同时期决定了男性和女性与子女的关系，因而是两性之间的关系。于是我们走出生物学领域：只根据这一点，不能得出是哪个性别在延续物种中起更重要的作用。

一个社会毕竟不是一个物种：物种在社会中是作为生存实现自己的；物种的自我超越是朝向世界和朝向未来的，其习惯不是从生物学得出的；个体从来不交付于自然，而是服从习惯这第二自然，表达其本体态度的愿望和恐惧反映在其中。人不是作为身体，而是作为受禁忌和法律制约的身体，才意识到自身，自我完善：正是以某些价值的名义，人自提身价。再一次，生理学并不能建立价值；更确切地说，生物学论据具有生存者赋予它的价值。如果女人引起的尊敬或恐惧不允许对她使用暴力，男性的力量优势就不是权力的源泉。如果风俗确定——就像在某些印第安人部落中——由姑娘来选择丈夫，或者如果是父亲决定婚姻，男性的性方面的主动性也就不能提供任何主动性和任何特权。母亲和孩子的紧密关系，根据给予孩子的不同价值，对她将是尊严或卑鄙的源泉；这种关系本身，会根据社会偏见得到承认或否认。

因此，我们要根据本体论的、经济的、社会的和心理的观点，来阐明生物学的论述。女人对物种的屈从，她的个人能力的局限，是极其重要的事实；女人的身体是她在世界上所占处境的基本因素之一。但并非只此一点就足以界定女人；这个因素只有通过行动和在一个社会内部被意识承担起来，才具有体验过的实在；生物学不足以对我们关注的问题提供答案：为什么女人是他者？要知道的是，在女人身上，在历史的过程中，自然怎样被攫取了；要知道的是，人类把女性变成了什么。

第二章　精神分析观点

　　精神分析给心理—生理学带来的巨大进步表现在，它认为如果被赋予人的意义，任何因素都介入不了心理生活；并非学者们描绘的身体—客体，而是主体体验过的身体才是具体地存在的。女性这样感受自我，因此女性是一个女人。有些论据在生物学上很重要，但不适用于女人体验过的处境：卵子的结构在其中就没有得到反映；相反，一个没有重要生物学意义的器官，比如阴蒂，却在其中起着头等重要的作用。并非自然确定女人，而是女人在其情感生活中使自然重新为其所用才得以自我确定。

　　从这种观点出发，整个体系建立起来：这里，我们不想从整体评价这个体系，而是仅仅审察它对研究女人的贡献。讨论精神分析不是易事。正如一切宗教——基督教、马克思主义——那样，精神分析在严格的概念的背景上，表现出令人困惑的灵活性。有时，它所采用的字词含义极为狭隘，比如，phallus 一词十分准确地指雄性生殖器这块增生肉；有时字词不确定地扩大了，具有象征意义：phallus 表达男性全部特点和处境。有人抨击这个理论的字面意思，精神分析学家断言人们没有理解它的内容；如果赞同它的内容，它马上要把你封闭在字面意思中。有人说，这个理论没有意义：精神分析是一种方法；但方法的成功，加强了理论家的信念。再说，除了在精神分析学家那里，还有哪儿能见到精神分析的真实面目呢？但在这些人中，就像在基督徒和马克思主义者中间一样，存在异端分子；不止一个精神分析学家宣称，"精神分析最恶毒的敌人，就是精神分析学家"。尽管具有往往是学究式的准确性，许多用语仍然模棱两可。如同萨特和梅洛-庞蒂所指出的那样，"性是与存在同外延的"这个句子，可以用迥然不同的两种方式来理解；可以说成生存者的一切变化有性的含义，或者可以说成一切性的现象具有存在的含义：对这两种论断加以调和是可能的；但往往人们局限于从一种论断滑到另一种论断。再说，一旦区分出"性的"和"生殖的"，性的概念便含糊不清了。达尔比耶说："在弗洛伊德那里，性是产生生殖的固有能力。"可是，没有什么比"能力"，也就是"可能"这个概念更加混乱的了：唯有现实能不容置疑地证明可能性。弗洛伊德不是哲学家，拒绝从哲学上为他的体系辩解；他的门徒认为，他由此而回避了所有来自形而上方面的攻击。然而，在他的所有论断后面，却有着形而上的假设：运用他的语言，就是接受一种哲学。这种混乱本身虽然使得批评很困难，却使批评变得更必要。

弗洛伊德不太关注女人的命运；很明显，他根据对男人命运的描绘来描绘女人的命运，只修改了其中某些特点。在他之前，性学家马拉尼翁①宣称："作为已分化的精力，里比多②可以说是一种雄性的力量。我们对性欲高潮也持同样看法。"据他看来，达到性欲高潮的女人是"男性化"的女人；性冲动是"单向的"，女人只

---

① Gregorio Marañón（1887—1960），西班牙医生、内分泌学家、作家。
② Libido，即性欲。

在半路上。[1] 弗洛伊德没有走到这一步；他承认，女人的性欲同男人的性欲一样发达；但是他几乎不研究女性的性欲。他写道："里比多持久和有规律地属于男性的本质，而不管它出现在男人还是女人身上。"他拒绝承认女性里比多的特点：在他看来，女性里比多必然作为一般而言人的里比多的复杂偏离。他认为，人的性欲首先在两性中以相同的方式发展：所有的孩子都经历一个口唇期，将孩子固定在母亲怀里，然后经历一个肛门期，最后他们到达生殖期；这时他们才互相区分开来。弗洛伊德阐明了一个事实，在他之前，没有人承认这个事实的重要性：男性的性敏感最终局限在阴茎中；而在女人身上，有两个不同的性敏感系统：一个是在童年阶段发育的阴蒂，另一个是只在青春期之后才发育的阴道；当小伙子达到生殖期时，他的发育完成了；他必须从快感以主体性为目的的自体性行为，过渡到将快感和一个对象、正常情况下是和女人联结起来的他体性行为；这个过渡在青春期经过一个自恋阶段后产生，但是，阴茎就像在童年时那样，将仍然是享有特权的性器官。女人也要越过自恋阶段将性欲对准男人；不过这个过程要复杂得多，因为她需要从阴蒂快感过渡到阴道快感。对男人来说，只有一个生殖期，而在女人身上却有两个；她很有可能达不到性发育的终点，停留在童年阶段，因而发展成神经官能症。

孩子在自体性行为阶段已经多少与一个对象联结起来：男孩子迷恋母亲，想与父亲等同；他对这种意图感到害怕，担心他的父亲为此惩罚他，把他变成残废；从"俄狄浦斯[2] 情结"（恋母情结）

---

① 有趣的是，在戴·赫·劳伦斯的作品中也可找到这种理论。在《羽蛇》中，西普里亚诺关注的是，永远不让他的情妇达到性欲高潮：她应当同男人一起颤动，而不是在快感中个体化。——原注
② Oedipus，希腊神话中无意间杀死生父拉伊俄斯并娶生母伊俄卡斯忒为妻的第比斯国王。

产生"去势情结";于是他发展出对父亲的侵犯性,但同时他把父亲的权威内化:这样构建了约束乱伦倾向的"超我";这种倾向受到抑制,情结被清除了,儿子摆脱了父亲,事实上将父亲以道德规范的面目安置在自己心中。"超我"由于恋母情结获得更明晰的确定,并受到更严厉的排斥而格外强有力了。弗洛伊德先是以完全对称的方式描绘了女孩的历史;继而他给予童年情结的女性形式"厄勒克特拉① 情结"(恋父情结)的名称;但很明显,他更多是从男性形象出发,而不是从情结本身来定义的;他同意两者之间有十分重要的区别:小姑娘先是迷恋母亲,而男孩子任何时候在性方面都没有受到父亲的吸引;小姑娘的这种迷恋是口唇期的残余;孩子这时想等同于父亲;但将近五岁时,她发现两性生理结构上的不同,用去势情结解释缺乏阴茎:她想象自己曾被阉割,并为此感到痛苦;于是她只得放弃雄性企图,与母亲等同,竭力吸引父亲。去势情结和恋父情结彼此加强,小女孩的失望感,由于爱父亲、想与他等同而更加强烈;反过来,这种遗憾加强了她的爱:正是通过温情,她使父亲感到,她能够弥补她的劣势。姑娘对她的母亲感到一种对抗和敌意的情绪。随后在她身上也建立起超我,乱伦倾向被压抑了;而超我稍弱一些:恋父情结不如恋母情结清晰,因为第一次迷恋的对象是母亲,既然父亲是它谴责的那种爱的对象,相对于与父亲竞争的儿子,其禁忌力量就要弱一些。像生殖系统的发育一样,可以看到整个性别这出戏剧对小女孩比对她的兄弟们来说更加复杂:她会企图对去势情结做出反应,拒绝她的女性身份,执着地觊觎阴茎,想等同于她的父亲;这种态度导致她停留在阴蒂阶段,变成性

---

① Electra,希腊神话中阿伽门农和克吕泰涅斯特拉之次女,协助兄弟为父(被克吕泰涅斯特拉与其情夫埃吉斯托斯所害)报仇。

冷淡或者转向同性恋。

　　人们可能对这种描述提出的两种指责，来自于这个事实：弗洛伊德是仿照男性的例子加以描述的。他设想，女人感到自己是一个残废的男人，但是残废的观点牵涉到比较和评价；今日，许多精神分析学家承认，小女孩惋惜没有阴茎，却并不以为被剥夺了阴茎；这种惋惜甚至并不普遍；它不会来自简单的解剖学上的对照；许多小女孩很晚才发现男子的身体结构；即使她们发现了，也只是看到而已；男孩子对他的阴茎有生动的体验，这使他获得自豪感，但这种自豪感并不与他的姐妹们的屈辱直接有关联，因为她们只从外表了解男性器官：这突出的肉，这脆弱的肉茎，只能使她们产生无所谓、甚至厌恶的感觉；小女孩的觊觎之出现，是来自于对男子特征做出的预先评价：到了必须加以解释的时候，弗洛伊德把男子特征看做是被赋予的[①]。另外，由于没有从女性性欲的特点出发，所以恋父情结的概念是十分模糊的。再说，男孩子身上真正与生殖相联的恋母情结，远非是普遍存在的；除了十分罕见的例外，人们不会承认，父亲对他的女儿来说是生殖刺激的源泉；女性性欲的重大问题之一是，阴蒂快感是孤立存在的：仅仅在接近青春期，同阴道快感相联时，在女人身上才发展起大量的能激起性欲的部位；在一个十岁的女孩子身上，父亲的亲吻和温存具有掀起阴蒂快感的"固有能力"是少有的事，这种说法在大多数情况下没有任何意义。如果承认"恋父情结"只有十分模糊的感情性质，那么就可以提出关于情感的全部问题：一旦将情感与性欲区分开来，弗洛伊德主义便无法给我们界定它的方法。无论如何，并不是女性的性欲使父亲神圣化：母亲也没有被她在儿子身上激起的欲望神圣化；女性欲望投向一个至高存在的事

[①] 这个内容将在《第二性 II》第一章再加以详细讨论。——原注

实，使之与众不同；但她不是构成她的对象的部分，她接受他。父亲的至高权威是一个社会层面的事实；弗洛伊德没有能够意识到这一点；他本人也承认，不可能知道在一个特定的历史时刻，是什么权威决定父亲胜过母亲；据他看来，这个决定代表了一种进步，但是人们不知道其原因。他在最后一本著作中写道："也许不是父亲的权威决定的，因为这种权威准确说来只是通过进步给予父亲的。"①

　　正是理解到将人类生活的发展建立在唯一的性欲之上这种体系的不足，阿德勒②才与弗洛伊德分道扬镳；他将性欲重新归入完整的个性中；在弗洛伊德看来，一切行为都是由欲望，也就是由追求快感引起的，在阿德勒看来，人追求某些目的；他以动机、目的、计划代替动力；他给智力非常重要的位置，以至在他看来，性往往只有象征价值。按照他的理论，人生这出戏分为三个时刻：在所有人身上，有一个强权意愿，但它伴随着一种自卑情结；这个冲突使人运用千百种诡计，以避免现实的考验，他担心不会战胜这考验；主体在他和他惧怕的社会之间设立一段距离；神经官能症由此而来，这是一种社会意义上的紊乱。至于女人，她的自卑情结采取对女性身份羞耻地加以拒绝的形式；并非缺少阴茎，而是整个处境引起这种情结；小女孩羡慕男性生殖器，只是把它作为男孩子所拥有特权的象征；父亲在家庭中占据的位置，男性普遍的优势，教育，一切都向她证实男性占优势的观念。后来，在发生性关系的过程中，性交将女人置于男人身下的姿势本身，是一种新的屈辱。她以"男性的抗议"做出反应；要么她寻求变得男性化，要么她以女性

---

① 参阅《摩西和他的人民》，A·贝尔曼译，第177页。——原注
② Alfred Adler（1870—1937），奥地利医生、心理学家，弗洛伊德的学生、合作者，1911年两人分道扬镳。阿德勒是个体心理学的创始人，著有《神经症性格》、《理解人生》、《个体心理学的实践与理论》等。

的武器同男人作斗争。正是通过怀孕，她重新在孩子身上找到阴茎的对等物。但这就假设她以全盘接受做女人为开始，也就是接受她的低下。她与自身分裂，远远比男人厉害。

这里没有必要强调使阿德勒和弗洛伊德分道扬镳的理论分歧，以及调和两种理论的可能性：无论是通过动力，还是通过动机来解释，都永远不够：凡是动力都有一个动机，但是动机只有通过动力才能理解；因此，阿德勒主义和弗洛伊德主义的综合似乎能实现。事实上，阿德勒在引进因果概念的同时，完整地保留了精神因果关系的观点；他与弗洛伊德，有点像能量论对机械论：不管关系到冲击还是吸力，物理学家总是赞同决定论。这正是所有精神分析学家的共同公设：据他们看来，人类史可以通过特定因素的作用来解释。他们都给女人指定同样的命运。女人的戏剧拉回到"男性化"和"女性化"这两种倾向的冲突中；第一种倾向在阴蒂体系中实现，第二种倾向在阴道冲动中实现；童年时代，她要等同于父亲；然后她对男人有一种自卑感，她面对这种非此即彼的选择：要么维持自主和变得男性化——这在自卑情结背景上引起一种紧张，这种紧张会有带来神经官能症的危险；要么在爱情的顺从中找到自身幸福的归宿，这是通过她对至高无上的父亲抱有的爱才顺利解决的；她在情人或丈夫身上追求的正是父亲，在她身上，性爱伴随着被主宰的愿望。怀孕给她补偿，交还她一种新的自主。这出戏剧看来就像有一种固有的活力；即使遭到各种意外的扭曲，它仍坚持前进，每个女人都被动地忍受这出戏剧。

精神分析学家徒劳地要从他们的理论中找到经验论的论断：我们知道，通过相当灵巧地将托勒密①的体系复杂化，人们长时间确

① Claudius Ptolemy（约90—168），希腊天文学家、数学家、地理学家，从127至141年在埃及亚历山大做观察，著有《星球假设》、《固定星星的位相》等。

信他准确地指出了行星的位置；人们将一个颠倒的恋母情结叠加在恋母情结之上，指出在各种焦虑中存在一种欲望，成功地将违背弗洛伊德主义的事实归入弗洛伊德主义中。人们只能从内容出发去把握形式，而理解形式的方式在形式后面将这内容切割成实在的一段又一段；所以，如果坚持要以弗洛伊德的观点去描绘一段特殊的历史，就会在它背后看到弗洛伊德的纲要；只不过在一种理论迫使人以不确定和抽象的方式将次要的解释复杂化时，在通过观察发现正常情况和反常情况同样多时，最好还是放弃旧的框架。因此，今日每个精神分析学家竭力要以自己的方式使弗洛伊德的概念变得灵活一些，企图加以调和；比如，一个现代精神分析学家写道："既然有情结，通过定义就会得到几种组成成分……情结就在这些分散成分的组合中，而不是在其他成分对其中之一的反映中。"[①] 不过，各种成分简单组合的观点是不能接受的：精神生活不是一种杂凑；在它的每一个时刻，它都是完整的，必须尊重这种统一。只有在通过分散的事实重新找到存在原有的意向性时，才能做到这一点。如果不能上溯到这个根源，人就像处在同样缺乏意义的、偶然的冲动和禁忌之间的战场。一切精神分析学家都偏执地拒绝选择的观点和与此相关的价值概念，这就构成这个体系的固有弱点。由于将冲动和禁忌与存在的选择分割开来，弗洛伊德便无法向我们解释它们的根源：他把它们看做是既定的。他企图用权威概念来代替价值概念；不过，在《摩西和他的人民》中，他承认，他没有任何方法解释这种权威。比如，乱伦是被禁止的，因为父亲禁止它，但是，为什么禁止呢？这是一个谜。超我把专横跋扈的命令与禁忌加以内化；本能倾向就在这里，人们不知道为什么；这两种实在性是异质的，因

---

① 博杜安《童年心灵和精神分析》。——原注

为人们把伦理看做外在于性欲；人的统一性看来被粉碎了，没有从个体到社会的过渡：弗洛伊德为了把两者汇合起来，不得不创造奇特的故事①。阿德勒看得很清楚，去势情结只能在社会环境中得到解释；他谈到价值的问题，但他没有上溯到被社会承认的价值的本体论根源，他不明白价值介入性欲本身，这就导致他不认识性欲的重要性。

　　无疑，性在人的生活中起着巨大的作用：可以说，它整个儿介入人的生活；生理学已经向我们指出，睾丸和卵巢的生命同体质的生命相混同。生存者是一个有性欲的身体；其他生存者也是有性欲的身体，因而性总是介入两者的关系中；然而，身体和性是存在的具体表现，人们也正是从存在出发，才能发现其意义：由于不具备这种观点，精神分析将有待解释的事实看做被赋予的。比如，有人对我们说，小女孩对蹲下来小便，露出屁股感到羞耻，但羞耻是什么？同样，在思考男性是否因为有阴茎而感到自豪，或者他的自豪是否表现在他的阴茎中之前，必须知道自豪是什么，主体的意图怎样才能体现在客体中。不应该把性看做不可少的论据；在生存者中，有一种更加原始的"对存在的追求"；性只是其中一个方面。这就是萨特在《存在与虚无》中所指出的；这也是巴什拉在他关于地球、空气、水的著作中所说的：精神分析学家认为，人的首要事实，就是他同自己的身体以及社会内部他的同类身体的关系；但是人对周围自然界的实质投以头等重要的关注，人力图在工作、娱乐，在"能动的想象"的所有经验中发现自然界；人认为能通过以各种各样方式理解的整个世界，具体地汇合存在。耕作土地，挖掘洞穴，这是像拥抱、性交一样原始的活动，若在其中只看到性的象征，那是搞错了；洞，黏液，切口，坚硬，完整，这是首要的实在

---

① 弗洛伊德《图腾与禁忌》。——原注

性；人赋予它们的关注不是由性决定的，更确切地说，性欲是由这些实在性展现的方式使之生色的。并非因为完整性象征着处女的贞洁，它才吸引男人，而是对完整性的偏爱使处女贞洁变得宝贵。工作、战争、娱乐、艺术，确定世上的存在方式，这些方式决不任自己约减成任何其他方式；它们发现一些与性揭示的品质相互影响的品质；正是同时通过它们和通过这些性体验，个体才进行自我选择。但只有本体论的观点才能恢复这种选择的统一性。

精神分析学家以决定论和"集体无意识"的名义最激烈地拒斥的正是这种选择的概念；这种无意识给人提供现成的形象和具有普遍性的象征主义；正是它解释梦、失败的行为、狂乱、寓意和人的命运的相同性；谈论自由，就无法解释这些使人困惑的和谐。但自由的想法并非不能与某些常数的存在共存的。如果说，尽管理论上有错误，精神分析方法往往仍是有成果的，这是因为在一切特殊历史中有一些论据，其普遍性是无法否认的：处境和行为重复出现；采取决定的时刻是在普遍性和重复中迸发出来的。弗洛伊德说过："人体结构是命运。"梅洛-庞蒂对这句话作出回应："身体是普遍性。"存在通过生存者的分离形成一体：它体现在相同的机体中；因此，在本体论和性的联系中会有常数。在特定的时代，一个群体的技术和经济、社会结构向它所有的成员展现一个相同的世界：性欲和社会形式也会有一种恒常的关系；处于相同条件下的相同个体，在既定中会把握相同的意义；这种相同不形成严格的普遍性，但是却使得在个人的历史中存在普遍的类型。在我们看来，象征不像是由一种神秘的无意识形成的寓意，而是通过能指客体的类同物对某种意义的理解；由于一切生存者的存在处境和生存者要面对的人为性之同一性，意义是以同样的方式向大量个体展现的；各种象征不是从天而降，也不从地底深处冒出来：它们完全像语言一样，通过与分离同时产生的人类现实即共在制作出来；这就解释了特殊想象在其中也有它的位置：在实践上，精神分析方法不得不承认这种特殊想象，而不管理论上接受与否。例如，这种观点使我们能理解通常给以阴茎的价值①。不从存在的事实出发，不可能阐明这一点：主体的异化倾向；主体对它的自由感到焦虑，便在事物中寻找自身，这构成一种逃避的方式；这是一种非常根本的倾向，以至一旦断奶后，孩子便与一切分离，他竭力在镜子中，在他双亲的目光中把握他异化的存在。原始人在超自然力、在图腾中异化；文明人在他们个体的心灵、在他们的自我、在他们的名字、在他们的财产、在他们的作品中异化：这是非本真性的第一次诱惑：阴茎特别适于对小男孩起到这种"分身"的作用：对他来说，这是外于他的客体，同时这就是自己；这是一个玩具、一个玩偶，也是他的肉体；双亲和乳母把它看做一个小人儿。于是人们设想，对孩子来说，阴茎变成"一个 alter ego②，通常比他更加狡猾、更加聪明、更加灵活"③；由于小便功能和稍后的阴茎勃起介于有意识的过程和本能发生的过程之间，由于阴茎是一个多变的、几乎是外来的、主观感受到的快感的源泉，因而被主体确立为自身又异于自身；特定的超越性以可以把握的方式体现在阴茎中，它是自豪的源泉；因为男性生殖器是分开的，男人可以把满溢而出的生命汇合到他的个体性中。于是人们设想，阴茎的长度，小便喷射、勃起、射精有力与否，对他来说变成衡量自身价值的尺度④。因此，毫无例外，男

①在《第二性Ⅱ》第一章，我们还要详细谈及这个问题。——原注
②拉丁文，他我。
③爱丽斯·巴林特《孩子的内心生活》，第101页。——原注
④有人给我举出农民孩子以比赛大便来取乐的例子：那个大便最多、最硬的人获得一种威信，在游戏、甚至在搏斗中任何别的成功都不能与其相比。粪便在这里起着同阴茎一样的作用：同样有异化。——原注

性生殖器在肉体上体现了超越性；也因此，孩子感到自己被超越，就是说，其超越性被父亲侵占了，于是再现了弗洛伊德的"去势情结"的观点。小女孩缺乏这"他我"，没有在一件可以把握的东西中异化，没有得到补偿，由此导致她使自身完全成为客体，导致将自我确立为他者；她是否曾与男孩子做过比较的问题退居次要地位；重要的是，即使她没有意识到，缺乏阴茎还是妨碍她展示自己的性别；由此产生许多后果。但我们指出的这些常数并没有确定一种命运：男性生殖器拥有那么多的价值，因为它象征在其他方面实现的最高权力。如果女人成功地确定自身是主体，她便会创造出男性生殖器的对等物：体现女孩子的希望的玩偶，能够变成比阴茎更宝贵的一种占有物①。在一些母系血缘的社会中，女人掌握这个群体得以异化的面具；于是阴茎大大失去了它的荣耀。只有在从整体上被把握的处境中，生理特权才建立起真正的人与人关系的特权。精神分析只能在历史环境中找到真理。

说女人是雌性是不够的，同样不能通过女人对自身具有女性特点的意识来定义女人：女人在她所属的社会中意识到这一点。精神分析的语言本身，将无意识和全部精神生活都内化，设想个体的戏剧在内部进行：情结、倾向等等用词，都牵涉到这出戏剧。但生命是与世界的一种关系；正是通过世界进行自我选择，个体才得以自我确定；我们必须转向世界，才能回答纠缠着我们的问题。特别是精神分析无法解释为什么女人是他者。因为弗洛伊德也承认，阴茎的威信通过父亲的至高无上来解释，他承认不知道男性优势的根源。

我们没有一古脑儿抛弃精神分析的贡献，其中某些观点是有成

---

① 我们将在第二部再讨论这些想法，这里我们仅仅初步提一下。——原注

果的，我们拒绝的是它的方法。首先，我们不限于把性欲看做一种论据：不管这种态度多么短视，这正是对女性性欲的描绘的贫乏所揭示的；我已经说过，精神分析学家从来没有从正面，而仅仅从男性性欲出发研究它；他们似乎不知道男性对女性具有的吸引力的基本矛盾。弗洛伊德主义者和阿德勒主义者把女人面对男性感受到的焦虑解释为就像一种被剥夺的欲望的反面。施特克尔清楚地看到，这里有一种原初的反应；但他只是肤浅地解释了这点：女人会害怕破坏童贞、插入体内、怀孕、痛苦，这种恐惧抑制她的欲望；这种解释过于理性。不应该以为欲望伪装为焦虑或者受到恐惧的打击，不如将女性欲望这种既急迫又惊恐的要求看成原始就有的；吸引和拒斥这两者不可分割的综合标志了女性欲望的特点。值得注意的是，许多雌性动物在它们期待交媾时却逃避交媾：人们斥之为调情、虚伪；但是，企图把原始的习性看做复杂的行为加以解释，那是荒唐的；相反，这些习性正是人们在女人身上称为调情、虚伪的态度的源头。"被动性欲"的观点令人困惑，因为人们是从男性出发把性欲看成冲动和能量；但他们并没有先验地设想，一束光可以同时是黄色的和蓝色的：必须有绿色的直觉。如果不是用"能量"等模糊词汇去定义性欲，而是以人的其他态度，即抓住、骗取、吃、做、忍受等等的含义去解释性的意义，就能更好地限定范围；因为这是理解对象的特殊方式之一；不仅仅要研究性欲对象在性行为中的特点，而且还要研究它在一般的感知中的特点。这种考察摆脱了精神分析将性欲看做不可约减的框架。

另外我们将以完全不同的方式提出女性命运的问题：我们将把女人放在价值世界中，给予女人的行为以自由的维度。我们认为，女人要在确定自己的超越性和异化为客体之间做选择；女人不是相互矛盾的冲动的玩物；她创造出一些解决方法，其中有一种伦理的等级。精神分析将权威替代价值，将冲动替代选择，提出道德的代用品：这是正常状态的观点。这种观点在治疗学上当然十分有用；但它在一般精神分析领域扩展开来，达到令人不安的地步。描绘的框架作为一种规律提出来；机械论的心理学无疑不会接受道德创造的概念；必要时它能说明最起码的东西，却永远不是最多的东西；必要时它承认失败，却永远不承认创造。如果说主体不在总体中再现被看做正常状态的发展，人们就会说，发展中断了，便把这种中断看做一种缺失，一种否定，而永远不会看做积极的决定。这使得对名人的精神分析非常令人反感：人们对我们说，如此这般的移情，如此这般的升华，不能成功地在他们身上进行；却不去设想他们也许拒绝这样做，而且也许有好理由；人们也不想认为他们的行为可能受到随意提出的目的之驱动。人们总是通过他与过去的联系，而不是根据他投向的未来解释个体。因此，给我们的只是一个非本真的形象，在非本真性中，除了正常状态，找不到别的准则。对女性命运的描绘属于这种令人震惊的观点。根据精神分析学家所理解的观点，"等同于"母亲或父亲，就是在一个典范中异化，就是更喜欢一个外来的形象，而不是自身存在的自发演变，就是要扮演存在。他们向我们指出，女人被两种异化方式吸引；十分明显，扮演成为一个男人，对她来说会是失败之源；但要扮演成为一个女人的游戏也是一个诱饵：成为女人，就会成为客体、他者；而他者在放弃中仍然是主体。对女人来说，真正的问题是拒绝这些逃避，而作为超越性自我实现，于是问题在于要看到所谓男性态度和女性态度向她展示了何种可能性；当一个孩子在某个亲人的指点下踏上人生旅途时，这也许是因为他自由地继续他们的计划：他的行为可能是目的推动的选择达到的结果。即使在阿德勒那里，权力意志也只不过是一种荒诞的能量；他把体现超越性的一切计划称之为"男性的抗议"；据他看来，一个小女孩爬树，是要与男孩子比肩：他想象不出，爬树令她高兴；对母亲来说，男孩子完全不是一个"阴茎的对等物"；画画，写作，从政，不仅是"良好的升华"：这里有着目的，是他们所希望的。否认它，就是曲解整部人类史。人们会在我们的描述和精神分析学家的描述之间看到某些相似。这是因为根据男人的观点——也即男女精神分析学家所采用的那个观点——异化行为是女性的，正如主体确立超越性的行为是男性的。有个妇女史学家唐纳森指出，"男人是一个雄性的人，女人是一个雌性的人。"这个定义被不对称地歪曲了；在精神分析学家那里，只有男人被定义为人，而女人被定义为女性：每当女人作为人行动时，就被说成她模仿男性。精神分析学家给我们描绘女孩和少女期待要与父母等同，在"男性化"和"女性化"两种倾向之间犹豫不决；而我们把女孩设想成在摆在她面前的客体、他者的角色与要求自由两者之间犹豫不决；因此，我们会在某些事实上达成一致：特别是当我们考察在女人面前展开的非本真逃避的道路时。但我们给予她们的是完全不同于弗洛伊德主义者或阿德勒主义者所给予的意义。对我们来说，女人被定义为正在一个价值世界中寻找价值的人，认识这个世界的经济和社会结构是必不可少的；我们将通过女人的整个处境，以存在主义的观点去研究她。

第三章　历史唯物主义观点

　　历史唯物主义的理论阐明了十分重要的真理。人类不是一种动物，而是一个历史现实。人类社会是一个反自然：它不是被动地忍受自然的在场，它使自然为自己所用。这种为自己所用不是一个内部的和主观的活动：它客观上在实践中进行。因此，女人不会简单地被看做一个有性欲的机体：在生物学的论据中，唯有在行动中取得具体价值的论据才有重要性；女人对自身的意识不是由她的性欲确定的，而是反映了一种取决于社会经济结构的处境，这个结构表现了人类达到的技术发展的程度。可以看出，从生物学来说，标志女人的两个本质特点如下：她对世界的掌握不如男人来得广泛；她更屈从于物种。但这些事实在经济和社会的背景下看来，则具有完全不同的价值。在人类历史上，对世界的掌握，从来不由赤身裸体来确定：手，用以握东西的拇指，已经朝工具超越，工具增加了它的能力；从史前最古老的资料开始，人就总是像被武装起来。在要舞动沉重的大棒，击败野兽的时代，女人的体力弱就构成明显的劣势：只要工具要求稍微高过女人拥有的力量就足以使她显得完全无能。但是，可能出现相反的情况：技术消除了男女体力上的不平等。只有在需要的时候，充足的体力才产生优势，拥有过多的体力不比拥有足够的体力更好。因此，使用大量的现代机器，只要求一部分男性体力：如果需要的最低限度并不高于女人的能力，她就在劳动中变成与男人相等。事实上，今日人们简单地按一下电钮，便能够控制巨大的能量。至于女人在生育方面所受的奴役，则依风俗不同而相异：如果女人被迫生育很多，又要独自养育孩子，她们就深受奴役；如果女人能自由生育，在怀孕时社会帮助她，并照顾孩子，母亲的负担就轻松了，很容易在工作中得到补偿。

　　正是根据这种观点，恩格斯在《家庭、私有制和国家的起源》中描述了女人的历史：这历史本质上取决于技术史。在石器时代，土地为部落的全体成员所有，原始的铲和锄头的基本性质限制了农业的可能性：女人的力量只够从事开发园子的劳动。在这种原始分工中，两性已经从某种程度上构成了两个阶级；在两个阶级中存在平等；男人狩猎和捕鱼，女人呆在家里；但家庭任务包括了生产劳动：制造陶器、纺织、园艺；由此，女人在经济活动中具有重要作用。由于发现了铜、锡、青铜、铁，随着犁的出现，农业扩展了领域：开发森林、耕耘农田都需要密集的劳动。于是人求助于他人的服务，迫使他们成为奴隶。私有制出现了：奴隶主和地主也变成了女人的所有者。这就是"女性的具有世界历史意义的失败"①。这失败是由于随着新工具的发明，劳动分工带来的变化。"从前保证妇女在家中占统治地位的同一原因——妇女只限于从事家务劳动——现在却保证男子在家中占统治地位；妇女的家庭劳动同男子谋取生活资料的劳动比较起来失去了意义——男子的劳动就是一切，妇女的劳动是无足轻重的附属品。"②于是，父权代替了母

---

① 《马克思恩格斯选集》第四卷，人民出版社，1972 年，第 52 页。原引文有出入，下同。
② 同上，第 158 页。

权： 领地的转让是从父到子，而不是从妻子到她的部落。于是出现了建立在私有制之上的父系家庭。在这样一个家庭中，女人受压迫，作为主宰者统治着的男人荒淫无度、任意妄为： 他同女奴或妓女睡觉，他可以有多个配偶。一旦风俗允许也能以牙还牙，女人便以不忠来报复： 婚姻自然而然以通奸来补全。这是女人对她所忍受的家庭奴役的唯一自卫手段： 她遭受的社会压迫是她遭受的经济压迫的后果。平等只有两性在法律上权利平等时才能重新建立；但这种解放要求全部女性返回到公共职业中。"妇女的解放，只有在妇女可以大量地、社会规模地参加生产，而家务劳动只占她们极少的工夫的时候，才有可能。而这只有依靠现代大工业才能办到，现代大工业不仅容许大量的妇女劳动，而且是真正要求这样的劳动……"[1]

这样，女人的命运和社会主义的命运便紧密结合在一起，正像倍倍尔在关于妇女的大部头著作中所写的那样。书中说："妇女和无产者，两者都是受压迫的。"正是从机械化带来的经济发展应该将两者解放出来。妇女问题约减为工作能力问题。在技术适应女人的能力的时代，女人是强大的，当女人不能利用技术的时候则会失去优势，在现代世界中，女人重新获得与男人的平等。资本主义的老式家长制统治的抗拒力量，在大多数国家阻止这种平等具体实现： 只有这些抗拒被粉碎了，平等才会实现。苏联的宣传称平等已经在苏联实现。当社会主义在全世界实现的时候，就再也不分男人和女人，而只有彼此平等的劳动者。

虽然恩格斯所作的综述比我们前面考察过的理论前进了一步，但它使我们失望： 最重要的问题被回避了。整个历史的要点是从群体制过渡到私有制，他却绝对没有向我们指出这个过渡是怎样形成

---

[1] 《马克思恩格斯选集》第四卷，人民出版社，1972 年，第 158 页。

的；恩格斯甚至承认，"我们至今还不得而知。"① 他不仅不知道其中的历史细节，而且也没有做出任何解释。同样不清楚的是，私有制必然导致妇女的奴役地位。历史唯物主义将必须解释的事实看做被赋予的：它不加以讨论便提出将人与私有制相连的利益联系；但这种利益作为社会机构的根源，本身的根源又在哪里呢？因此，恩格斯的陈述仍然是表面的，他发现的真相显得像是偶然的。这是因为不超出历史唯物主义，就不可能深入这些真相。他不能为我们指出的问题提供解决办法，因为这些问题关系到整个人类，而不是 homo œconomicus② 这个抽象物。

比如，很明显，个人占有财物这个想法本身，只有从生存者的原始条件出发才能获得意义。为了使这个想法出现，首先必须在主体中有一种倾向，在彻底的特殊性中，将自己的存在确定为自主和分开的。人们懂得，只要个体没有掌握客观上满足这种意图的办法，这种意图就仍然是主观的、内在的、没有实在性的：缺少合适的工具，个体一开始感受不到他对世界的掌握能力，感到自身迷失在自然和集体中，被动，受威胁，是冥冥中的力量手中的玩物；只有等同于整个部落，他才敢思考：图腾、神力、大地，是集体的现实。发现青铜使人类在艰苦的生产劳动的考验中发现自身是创造者，能主宰自然，再也用不着对自然恐惧，面对被战胜的抵抗，敢于把自身把握为自主的主动性，在其特殊性中自我实现。③ 但是，如果人一开始就不愿意这样做，就永远不能自我实现；劳动的教益

---

① 《马克思恩格斯选集》第四卷，人民出版社，1972年，第157页。
② 拉丁文，经济人。
③ 加斯东·巴什拉在《大地和意志的梦想》中特别对铁匠的劳动做了有启发性的研究。他指出，人怎样通过锤子和铁砧确定自身和自我分离。"铁匠的时刻既是很独立的又是扩大的时刻。它通过这一瞬间的强力促使劳动者掌握时间，"（第142页）稍后："打铁的人接受起来反对他的宇宙的挑战。"——原注

不会刻写在被动的主体中：主体在锻造工具时锻造自我，在征服大地时自我征服。再者，主体的确定还不足以解释所有制：在挑战、斗争和一对一的格斗中，每个意识可以试图升至主宰地位。为了使挑战具有交换礼物的宗教节日的形式，就是说具有经济竞争的形式，为了从此开始，先是首领，然后是部落的成员要求私有财产，人类必须有另外一种原始的倾向：我们已经在上一章说过，生存者只有在异化中才能把握自身；生存者在世界上外来的并使之成为自己的形象中寻找自身。在图腾、神力中，在他占据的领土中，部落遇到的是他异化的存在；当个体同群体分离开来时，他要求个人得到体现：神力先在首领身上，然后在每个人身上个体化了；与此同时，人人都想将一块土地、劳动工具、收获据为己有。在这些属于他的财富中，人重新找到他自己，因为他消失在这些财富中，于是人们明白，可以给予财富同他的生命本身一样基本的重要性。于是人对他的财产的兴趣变成一种可以理解的关系。但是人们看到，不能只通过工具解释这一点：必须把握被工具武装起来的人的态度，这种态度牵涉到本体论的基础。

同样，不可能从私有制中推断对妇女的压迫。这里，恩格斯的观点的不足很明显。他非常明白，女人体力的弱点只是在与青铜工具和铁工具的关系中才变成具体的劣势，但是，他没有看到女人劳动能力的局限本身，只是从某种角度看才构成具体的不利。正因为男人是超越的和有雄心的，他才通过新工具计划新的要求：当他发明了青铜工具时，他不再满足于开发园子，他想开垦和种植广阔的田野：这个意图不是从青铜本身迸发出来的。女人的体能不够带来了她的衰败，因为男人用增长财富和扩展的计划使她害怕。这个计划还不足以解释她要受压迫：性别的劳动分工本来可以成为友好的联合。如果男人与他的同类的原始关系仅仅是友谊关系，就不能解释任何类型的奴役： 这个现象是人竭力在客观上获得主宰地位的意识扩张的结果。如果在人的意识中没有他者的原始范畴，以及统治他的原始愿望，那么发明青铜器就不会带来对妇女的压迫。恩格斯也没有考虑到这种压迫的特殊性。他力图把性别的压迫归于阶级冲突： 他这样做并没有充分的信心；论点经不起推敲。确实，劳动的性别分工和由此产生的压迫在某些方面令人想起阶级的分化，但是，人们不会把它们混淆起来；在阶级分化中没有任何生物学的基础；在劳动中，奴隶意识到自身与主人的差别；无产者总是在反抗自身状况，重新成为本质，对剥削者构成一种威胁；其追求的是作为阶级消失。我们在导言中说过，女人的处境是如何不同，特别是由于生活和利益使她与男人相联，以及男人发现女人扮演同谋的角色： 女人身上没有任何革命的愿望，她不会作为性别自我消灭：她仅仅要求取消某些性别特殊化的后果。更为严重的是，人们不会不带自欺地把女人只看做劳动者；无论在社会经济还是在个人生活中，她的生育作用和她的生产能力是同样重要的；在某些时代，生孩子比扶犁更有用。恩格斯回避了问题；他只限于宣称，社会主义共同体将取消家庭： 这是很抽象的解决办法；大家知道，苏联根据生产的迫切需要和人口增长的需要获得不同程度的平衡，不得不经常和彻底地改变家庭政策；再说，消灭家庭不一定能解放妇女： 斯巴达和纳粹政权的例子证明，直接依附于国家，女人并不会少受男性的压迫。真正社会主义的伦理学，就是说寻求正义，而不取消自由，给个体负担但不消灭个体性，由于女人的状况问题，它处于非常尴尬的局面。不可能把怀孕简简单单地比做像服兵役一样的一种工作或一种服务。要求女人生孩子比管理公民的日常事务要更深入地破坏女人的生活： 任何国家都从来不敢强制性交。在性行为中，在怀孕时，女人不仅投入时间和精力，而且投入本质的价值。理性的唯物主义徒劳地想不承认性欲的这种戏剧性：人们不能管理性本能：弗洛伊德说，不能肯定性本能本身是否不承载着对顺从的拒绝；可以肯定的是，它不能被纳入社会性中，因为在性欲中有一种此刻对时间、个体对普遍的反抗；企图引导性欲和利用性欲，就有扼杀性欲的危险，因为不能像支配无生命的物质那样支配活生生的自发性；更不能勉强它，就像勉强自由一样。人们不会强迫女人生孩子：所能做的是，把她禁闭在某种处境中，怀孕对她来说是唯一的出路：法律和风俗把婚姻强加给她，禁止避孕措施和人工流产，禁止离婚。苏联今日恢复的正是这些家长制的古老约束；它使家长制的婚姻理论重新复活；由此，它重新要求女人成为性欲对象：最近有篇讲话鼓励苏联女公民好好打扮，涂脂抹粉，变得娇媚，以便留住丈夫，激起他的欲望。通过这个例子，可以清楚地看到，不可能把女人仅仅看做一种生产力：她对于男人来说是一个性伙伴，一个生儿育女者，一个性欲对象，一个他者，通过她，男人寻找自己。极权制度或者独裁制度徒劳地不约而同地禁止心理分析，宣称对于忠诚地融入集体的公民来说，个人悲剧不会发生，性是一种经验，普遍性总是在其中被个体性重新抓住。在民主社会主义中，阶级会被消灭，但不是个体，个人命运的问题会保留全部重要性：性别差异也保留全部重要性。将女人和男人联结起来的性关系不像男人对女人保持的性关系；将女人和孩子联结起来的关系独一无二。这种处境不是被唯一的青铜器创造的：机器不足以消灭它。为她要求一切权利，要求一切一般意义的人所拥有的机会，并不意味着应该对她的特殊处境视而不见。为了了解这种境况，必须越出历史唯物主义，它在男人和女人身上只看到经济实体。

因此，我们以同样的理由拒绝弗洛伊德的性一元论和恩格斯的经济一元论。一个精神分析学家会把女人所有的社会要求解释为

"男性化抗议"的现象；相反，对马克思主义者来说，性欲通过或多或少复杂的转弯抹角，不断表达其经济状况；但"阴蒂的"或"阴道的"范畴就像"资产阶级的"或"无产阶级的"范畴一样，同样无法禁闭一个具体的女人。将个人戏剧看做人类的经济史的同时，只有存在主义的基础能够让人从整体理解生命这种特殊形式。弗洛伊德主义的价值来自认为生存者是一个身体：它作为身体面对其他身体感受自己的方式，具体反映了它的存在处境。同样，马克思主义的论断中属实的是，生存者的本体论意图，根据提供给他的物质可能性，特别根据向它展示的技术的可能性，具有具体的形象。但是，如果不把这些可能性融入人类现实的整体中，仅以性和技术是什么也不能解释的。因此，在弗洛伊德那里，超我提出的禁忌的自我的冲动就显得像偶然的事实；在恩格斯关于家庭历史的论说中，最重要的事件似乎按照一种神秘的偶然性的任意行为意外地出现。为了发现女人，我们不会拒绝生物学、精神分析和历史唯物主义的某些贡献，但是我们认为，身体、性生活、技术只有在人以存在的总体观点把握它们的时候，才具体地存在。体力、男性生殖器官、工具的价值只能在价值世界中才能确定：它受到朝向存在超越自己的生存者的根本计划的制约。

第二部　历史

一

这个世界总是属于男性的：人们为此提出的任何理由，我们都觉得不够充分。正是根据存在主义哲学，重新捡起史前和人种志的论据，我们才能明白性别的等级是怎样建立的。我们已经提出过，当人的两个范畴出现时，每一个都想把自己的统治权强加给另一个；如果两者都能够坚持这种要求，那么两者之间要么是在敌意，要么是在友谊中创造出一种相互的关系，不过始终处在紧张状态；如果两者之一享有特权，一个就战胜另一个，设法让后者处在被压迫状态。因此，人们明白，男人具有统治女人的意愿，但是，什么特权使男人实现这种意愿呢？

人种志学者提供的关于人类社会的原始形态的资料，是极为矛盾的，尤其是他们很了解情况，却非常缺乏系统，因此矛盾更显突出。特别困难的是要设想在农业时期之前女人的处境。人们甚至不清楚，在与今日截然不同的生活条件下，女人的肌肉组织及呼吸器官是否不像男人那样发达。女人要做艰苦的劳动，特别是女人要肩负重担；但后一个事实模糊不清：也许是，之所以女人要承担这个作用，这是因为在队列中，男人要保持双手能自由活动，以对付可能出现的野兽或人之类的侵犯者；因此男人的角色更危险，它要求更强壮有力。然而，在许多情况下，女人似乎相当强壮和有足够的抵抗能力，可以参加征战。根据希罗多德[①]的叙述，根据有关达荷美的"亚马孙"[②]的传说，以及许多其他的古代和现代的见证，女人有时参加战争，或者参加血腥的家族复仇；她们表现出与男性一样的勇气和残忍：可以举出她们大口吃敌人的肝的例子。尽管如此，当时同今日一样，男人确实体力占优势；在大棒加野兽的时代，在大自然的阻力达到最高点、工具最简陋的时代，这种优势应该具有极大的重要性。无论如何，不管女人当时多么强壮，对她们来说，在与敌对的世界作斗争时，生殖的束缚代表可怕的障碍：据叙述，"亚马孙"割掉她们的乳房，这意味着至少在打仗时期，她们拒绝怀孕。至于正常的女人，怀孕、分娩、月经削弱她们的工作能力，迫使她长时期肢体不灵便；为了抗击敌人，为了保存自身和她们的后代，她们需要战士的保护，需要男性从事的狩猎和捕鱼得来的物品；由于她们显然无法控制生育，由于大自然并不保证女人有不育期，就像其他雌性哺乳动物那样，重复怀孕要占据她们的大部分精力和时间；她们不能保证自己生下的孩子能存活。这是第一个带来严重后果的事实：人类的肇始是艰难的；捡拾食物、狩猎和捕鱼的民族，只能从土地获得微薄的财富，而且要做出艰苦努力；按照集体财富来说，出生孩子太多；女人不合逻辑的生育，妨碍她积极参与财富的增长，而她却在无限制地产生新的需要。她对物种的延续是必不可少的，却生育得太多了：保证生育和生产平衡的是男人。因此，女人面对身为创造者的男性，甚至没有维持生命的特权；她不起与精子相对的卵子的作用，也不起与男性生殖器相对的子宫的作用；她在延续人种的努力中，只占有一分子，正是由于男人，这种努力才达到具体的结果。

生产—生育的平衡最终总会建立起来，哪怕要付出杀婴、牺牲、战争的代价，从集体得以继续存在的观点看来，男女都是必不可少的；人们甚至可以设想，在食物丰盛的某些阶段，女人的保护

---

① Herodotus（约前484—约前425），古希腊历史学家，著有《历史》。
② Amazon，希腊神话中由女战士组成的一个种族的成员，相传曾居住在黑海边。达荷美即当今的贝宁。

和哺育作用，使男性从属于女人—母亲；有些雌性动物在怀孕期间获得完全自主；为什么女人不能成功地使自己成为台柱子呢？即使在人类最需要新生儿的年代，劳动力的需求也超过原材料的需求，甚至在怀孕最受尊敬的时期，做母亲也不允许女人获得首要地位①。理由是，人类不是一个简单的自然物种，并不追求作为物种延续；它的计划不是停滞，它要趋向于自我超越。

原始群体并不关心后代。他们并不束缚在一块领土上，一无所有，不体现在任何稳定的东西中，不能形成任何永恒的具体思想；他们不考虑延续生命，在他们的后裔中认不出自己；他们不怕死亡，不要求有继承者；对他们来说，孩子构成一个负担，而不是财富；证明是，在游牧民族中，杀婴行为总是很多的；许多没有被杀的新生儿由于卫生条件堪虞，在普遍的无所谓中死去。生育的女人因而没有创造的骄傲；她感到自己是无形力量的玩偶，痛苦的分娩是无用的，甚至是讨厌的事。后来，人们渐渐给予孩子重视。但无论如何，生育、喂奶，不是活动，这是自然的作用；其中没有任何计划；因此，女人在其中感觉不到对自身生存高傲地肯定的理由；她被动地忍受自身的生理命运。她投身于家务劳动，因为只有这种劳动与做母亲的负担相协调，它们把她束缚在重复性和内在性中；它们日复一日以相同的形式再现，这种形式世世代代延续下去，几乎不改变；它们不生产任何新的东西。男人的情况完全不同；他不像工蜂那样通过一个简单的生命过程，而是通过超越动物状态的行为抚育集体。Homo faber② 自开天辟地以来就是一个创造者：他的手臂武装起来，为了打落果实、攻击野兽的棍和棒是他用来扩大掌

---

① 社会学今日不再相信巴霍芬的错误理论。——原注
② 拉丁文，劳动的人。

握世界的能力的工具；他不只将海里捕到的鱼运回家里：首先必须挖成独木舟，征服水域；为了将世界的财富据为己有，他吞并世界本身。在这种行动中，他感受到自己的能力；他提出目的，设想通往目的的道路：他作为存在者自我实现。为了维持，他创造；他超越了现在，他展开未来。因此，捕鱼和狩猎具有神圣的性质。人们用节日和欢呼迎接他的成功；男人在其中看到自己作为人的价值。今日，当他建造了堤坝、摩天大楼、原子反应堆时，他更加表现出这种骄傲。他不仅致力于维持既定的世界，还要突破边界，投下一个新的未来的基础。

他的活动有另一个维度，这维度给予他最高的尊严：他的活动往往是危险的。如果血液只是一种养料，那么它的价值不比牛奶更高；但猎人不是肉店老板：在同野兽的搏斗中，他要冒危险。战士为了提高他所属的群体和部落的威信，要拿自己的生命当赌注。由此他出色地证明，对人来说，生命不是最高价值，生命应该为比它更重要的目的服务。落在女人身上的最厉害的诅咒，就是她被排除在这些远征之外；男人不是因为献出生命，而是因为冒生命危险，才高出于动物之上；因此，在人类中，优越性不是给予生育的女性，而是给予杀生的男性。

我们这里掌握着整个秘密的关键。根据生物学，一个物种只有自我更新才能维持下去，但这种更新只不过是同一生命以不同的形式重复再现。正是通过存在来超越生命，人类才保证生命的重复再现：通过这种超越，人类创造了价值，而纯粹的重复不具有任何价值。在动物身上，雄性活动的无动机和多变是徒劳的，因为它没有任何计划；它不为物种效劳，它所做的事便什么也不是；而男人在为物种效劳时，是在塑造世界的面貌，他创造新工具，他发明，他铸造未来。他把自己确立为统治者，得到女人的协助：因为她也是一个生存者，超越性驻足于她身上，她的计划不是重复生命，而是超越到另一个未来；她在自己存在的核心确认男性意图。她在庆祝男性的成功和胜利的节日中与男人联合起来。她的不幸，从生物学上说，就是注定要重复生命，而在她自己的眼中，生命自身并不承载存在理由，而这些理由比生命本身更加重要。

黑格尔通过辩证法界定主仆关系，其中某些段落更适用于男女之间的关系。他说，主人的特权，来自通过以自己的生命去冒险的事实，确认精神，并以之作为生命的对立面，但事实上，被战胜的奴隶经历过同样的冒险；而女人原本就是一个给予生命的生存者，并没有以她的生命来冒险；在男人和她之间，从没有过战斗；黑格尔的定义尤其适用于女人。"另一个（意识）是从属的意识，对它而言，本质的现实是动物的生命，就是说，由另一个实体给予的存在。"但这种关系与压迫不同，因为女人追求、也承认男性具体达到的价值；正是男性开辟了未来，她也朝这个未来超越；事实上，女人从来不以女性价值去反对男性价值，创造这种分裂的是希望维持男性特权的男人；他们只是为了禁闭女人，才想创造一个女性领域——生命和内在性的法规；生存者正是越过性别的一切规范，在超越的活动中自我辩解：女人的屈从就是证明。她们今日所要求的，就是作为与男人同样的生存者得到承认，而不是让存在屈从于生命，让人听命于动物性。

存在主义观点让我们明白，原始群体的生物学和经济的处境必定导致男性的统治。女性比男性更受到物种的折磨；人类总是寻求摆脱特定命运；通过发明工具，对人来说，维持生命变成活动与计划，而在怀孕时，女人像动物一样被身体所束缚了。正是因为人类在存在中对自身提出了问题，就是说更偏爱生存理由而不是生命，所以面对女人，男人确立为主人；人类的计划不是在时间中重复自己，而是主宰现时和创造未来。男性的活动在创造价值的同时，也将存在本身构成价值；男性活动战胜了生命的错综复杂的力量，也奴役自然和女人。如今我们必须明白，这种处境如何延续下来，世世代代发展下去。人类给予内部确定为他者的这一部分什么位置呢？给予她什么权利呢？怎样界定她呢？

二

我们刚才看到，在原始群体中，女人的命运是十分艰难的；在雌性动物身上，生育作用是自然而然地受到限制的，在生育时，个体多少被免除了其他疲劳；只有雌性家畜有时作为繁殖工具之外，还要承担劳作，被苛求的主人盘剥到精疲力竭，体能耗尽。这无疑是在与敌对世界斗争、要求充分利用群体资源的时期女人的状况；不断和无节制的生育产生的疲劳，还要加上艰苦的家务劳动产生的疲劳。但某些历史学家认为，正是在这个阶段，男性的统治最不明显；必须更确切地说，这种优势是被直接体验的，还没有被提出和被要求；人们并没有想方设法弥补损害女人的严酷的不利状况，但也不谋求侮辱她，像后来在家长制下发生的那样。任何制度都不认可性别的不平等；况且没有制度：没有私有制，没有继承制度，没有法律。宗教是中性的：崇拜某种无性别的图腾。

当游牧民族在土地上定居下来，变成农民时，可以看到制度和法律出现了。人不再限于与敌对力量作艰苦的搏斗；人开始通过强加于世界的面貌具体地表现自己，设想这个世界和自我设想；这时，性别差异反映在集体的结构中，具有特殊性：在农业共同体中，女人往往具有不同寻常的威信。这种威信主要可以通过孩子在建立于土地劳动基础上的文明中有着全新的重要性来解释；人安居在一片土地上，将土地变为私有；所有制以集体的形式出现；它要求土地所有者有后代；怀孕变成一种神圣的功能。许多部落生活在共同体制度中：这并不意味着女人属于集体中的所有男人；今日人们不大相信，曾经实现过群婚；男女只是作为群体才有宗教的、社会的和经济的生活：他们的个体性仍然是一个纯粹的生物学现象；婚姻不管是什么形式：一夫一妻制、一夫多妻制、一妻多夫制，也只不过是世俗的偶然事件，不产生任何神秘的联系。对妻子来说，这不是受任何奴役的源泉，她仍然融入部落中。在同一图腾下汇聚起来的部落整体，神秘地具有同一神力，物质上共同享受同一片土地。根据上文谈过的异化过程，部落以客观和具体的形式在这片土地上把握自己；由于土地的永久性，部落自我实现为一个在时间的流逝中得以长存的单位。唯有采用存在主义的观点，才能让人明白在部落、氏族、家庭和所有制之间延续至今的同一性。农业共同体以植根于往昔、与未来相连的观念代替只存在一时的游牧部落观：人们尊敬图腾祖先，这祖先将名字赋予部落的成员；而部落极为关注它的后代：它通过遗留给后代、让他们去开垦的土地，得以延续下去。共同体考虑它的统一，期望生存能超越现时：它在孩子中认出自己，将孩子认做亲人，在孩子身上自我完成和自我超越。

但是许多原始人不知道父亲在生育后代中所占的份额；他们把孩子看作飘浮在某些树、某些岩石四周，某些神圣的地方，降落到女人体内的祖先亡灵化身再现；有的部落认为，女人不应该是处女，以便让这种潜入成为可能，但是其他部族认为，也可以通过鼻孔或口潜入；无论如何，破坏童贞在这里是次要的，出于神秘的理由，这很少成为丈夫的特权。显然，母亲对孩子的出生是必不可少的；正是她在怀中保存和供养胚胎，因此也是通过她，部落的生命散布于可见的世界上。所以，女性起到头等重要的作用。孩子往往属于他们母亲的部落，用她的名字，参与她的权利，特别参与享有部落拥有的土地。于是，共同体的财产由女人传递：通过她们，田野和收获确保给予部落的成员，反过来，通过他们的母亲，孩子们被分派到这样或那样的土地。因此可以认为，土地神秘地属于女人：她们对土地和收获既有宗教的又有合法的控制力。将二者结合起来的联系比隶属关系还要紧密；母权制以女人真正掌握土地为特征；生命的延续，也即本质上代代相传的生命，通过变形，在女人与土地之间完成。在游牧部落中，生育只是一个意外，土地的财富未被认识；但是农业劳动者赞美在田垄间和母腹内繁殖的神秘；他知道自己像牲畜和收获一样产生出来，期望部落产生其他的人，他们在延续田野的丰饶的同时也延续了部落；在他看来，整个大自然就像一个母亲；土地是女人；女人身上盘踞着像土地一样晦暗不明的威力①。部分出于这个理由，农业劳动托付给女人：她能够把祖先的亡灵召唤到自己怀里，她也有让播种过的田野迸发出果实和麦穗的能力。在这两种情况下，关系到的不是创造活动，而是有魔力的咒语。在这个阶段，人不再限于捡拾土地的产品，但是人还不了解土地的威力；人在技术和魔法之间犹豫；人感到自己是被动的，附属于随意分配生与死的大自然。当然，人多少承认性行为和耕作土地的技术的用处，但是，孩子和收获仍然是像超自然的恩赐一样；正是属于女人体内神秘的气息在这世界上吸引了埋藏在生命的神秘根源中的财富。这样的信念今日在印第安人、澳大利亚人、波

---

① 一个盎格鲁—撒克逊的古老魔咒说："敬礼，人类的母亲大地，愿你在同上帝的拥抱中孕育，充满为人所用的果实。"——原注

利尼西亚人的许多部落中依然根深蒂固①；尤其因为这种信念与集体的实际利益相一致，所以更具有重要意义。母亲这一职能使女人只能在家里生活；当男人去打猎、捕鱼、打仗时，她自然而然呆在家里。但在原始群体中，只能经营小规模的、包括在村子范围内的园地；种植是家务活；石器时代的工具不要求高强度的劳动；经济和神秘观念都一致同意把农业劳动交给女人。在家庭工业开始产生的情况下，这也是她们的事儿：她们编织毯子和被子，她们制造陶器。时常是她们主持商品交换：商业掌握在她们手里。因此，部落的生活通过她们得以维持和扩大；孩子、畜群、收获、器皿，整个群体的繁荣都取决于她们的劳动和有魔力的能耐，她们是群体的灵魂。那么多的本事使男人产生混杂着恐惧的尊敬，这反映在他们的崇拜中。整个格格不入的自然就集中在她们身上。

我们已经说过：男人只有通过思考他者，才思考自己；他以二元论去把握世界；这二元论先是没有性别特征。但自然而然地，由于不同于自以为相同的男人，女人被列在他者的范畴中；他者包括女人；她先是地位不够重要，不能单独体现他者，以至在他者的中心再分出一部分；在古老的宇宙起源论中，同一个元素往往既体现出雄性又体现出雌性；因此，在巴比伦人那里，大洋和大海是宇宙混沌的双重体现。当女人的作用增长时，她几乎占据了他者的范围整体。于是出现了女神，人们通过女神，崇拜繁殖的观念。在苏

---

① 在乌干达，在东印度群岛的班塔人中，一个不能生育的女人被看作对园地有危险。在尼科巴群岛，人们认为如果让一个怀孕的女人劳作，收获会更加丰盛。在婆罗洲，由女人选择和保存种子。"看来，人们感到在她们身上有一种与种子天然的亲缘关系，她们说是种子处在怀孕状态中。有时，女人在稻谷生长时，在稻田中过夜。"（霍斯和麦克杜格尔）在以前的印度，裸体女人黑夜在田野里拉犁。奥里诺科河流域的印第安人让妇女播种和种植，因为"同女人知道怀孕和生孩子一样，她们播下的种子植下的根带来的果实，要比男人的手种植的种子收获丰富得多"。（弗雷泽）在弗雷泽的著作中可以找到大量相同的例子。——原注

萨①，人们找到了"大母神"最古老的形象，穿长裙戴高帽的"伟大母亲"的形象，其他塑像展现的女神头上缠得高高的；克里特岛发掘出好几个女神的肖像。女神有时是臀部过肥的蹲姿，有时是苗条些的站姿，有时穿着衣服，往往是裸体，双臂抱紧在肥大的乳房下。她是天后，一只鸽子象征着她；她也是地狱的皇后，她从地狱爬出来，蛇象征着她。她出现在高山、森林、大海和泉水中。她处处创造生命；如果她杀生，她也使生命复活。她像大自然一样任性、淫荡、残忍，既慈悲又使人恐惧，统治着整个爱琴海、弗里吉亚②、叙利亚、安纳托利亚③和整个西亚。她在巴比伦名叫伊什塔尔④，在闪米特人⑤中叫阿斯塔特⑥，在希腊人中叫该亚、瑞亚或库柏勒⑦；在埃及以伊希斯⑧的特点出现；男性的神附属于她。女人作为在天堂和地狱的遥远区域中最高的偶像，在人间就像所有的神一样被禁忌环绕，她本身就是禁忌；由于她掌握的权力，人们把她看作魔女、女巫；人们把她同祈祷结合起来，她有时变成女祭司，就像古代凯尔特人⑨中的德鲁伊特⑩一样；有时她参与部落的统治，甚至她会独自进行统治。这些远古时代并没有给我们留下任

---

① Susa，古代埃兰王国的都城，在今伊朗胡齐斯坦省。1850 年英国考古学家洛夫特斯确定苏萨的遗址。
② Phrygia，小亚细亚的古地名，地域变化很大，公元前 1200 年即已存在，被印欧民族占据过。
③ Anatolia，又名小亚细亚，亚洲西南部的半岛，大体相当于土耳其的亚洲部分。
④ Ishtar，巴比伦和亚述神话中的女神，司战争与性爱。
⑤ Semitic，起源于阿拉伯半岛和叙利亚沙漠的游牧民族。古代包括巴比伦人、亚述人、希伯来人和腓尼基人等，近代指阿拉伯人和犹太人等。
⑥ Astarte，古代近东地区所奉女神，司爱情与战争。
⑦ Gaea，希腊大地女神。Rhea，希腊女神，与丰产有关，宙斯等大神之母。Cybele，又译西布莉、赛比利，弗里吉亚的女神，众神之母，对她的崇拜后传入希腊。
⑧ Isis，古埃及的生命和健康之神，丰产和母性的保护者。
⑨ Celt，古代印欧民族的一个分支，自公元前 2000 年散居于欧洲大部分地区，后部分地融入罗马帝国。
⑩ Druid，凯尔特人中一批有学识的人，担任祭司、教师和法官。

何文学。但是父系制的重要时期在神话、纪念性建筑物和传说中保存着女人占据很高地位的时代的回忆。从女性的观点看来，婆罗门时代是《梨俱吠陀》[1]时代的倒退，而后者又是在它之前的原始阶段的倒退。伊斯兰之前的时代的贝都因女人[2]有着远远高于《古兰经》为她们指定的地位。尼俄柏和美狄亚的伟大形象令人想起那个时代：母亲们将孩子们视为自己的财产，以自己的孩子们为骄傲。在荷马史诗中，安德洛玛刻、赫卡柏[3]占有重要地位，古希腊已不再承认藏在闺房阴影中的女人有相同的重要性。

这些事实使人设想，在原始时代，存在一个真正的女人统治时期；巴霍芬提出的这个假设，恩格斯重新引用；从母权制到父权制的过渡，在他看来，就像"女性的具有世界历史意义的失败"。但事实上，女人的这个黄金时代只是一个神话。要说女人是他者，就是说在两性之间不存在相互性的关系：作为大地、母亲、女神，她对男人来说不再是一个同类；她的威力正是超越人的范围才确定下来的，因此，她在此之外。社会始终是男性的；政权总是落在男人手里。列维-斯特劳斯在他对原始社会的研究的结论中断言："公共权威，或者简而言之社会权威，总是归于男人的。"同类，另一个人，和他一样，同他建立起相互关系，对男性来说，这总是一个雄性个体。在集体的中心，以这样或那样的形式显示出来的二元性，使一部分男人反对另一部分男人，而女人属于男人拥有的财产，是男人之间的一个交换工具。错误来自人们混淆了互相激烈排斥的他性的两种形态。在女人被看做绝对他者的情况下，就是说——不管

---

① *Rig-Veda*，印度最古老的宗教文献，为颂诗集。
② Bedouin，从摩洛哥至埃及、叙利亚、阿拉伯地区游牧的阿拉伯人。
③ Andromache，希腊神话中赫克托耳之妻，在《伊利亚特》中与丈夫生离死别的段落十分著名，是忠贞妻子的形象。Hecuba，特洛伊王普里阿摩斯之妻，生了十九个孩子，是母性痛苦的象征。

她的魔力如何——她被看做是非本质，准确地说，不可能把她看做另一个主体①。因此女人从来没有建立起一个分离的群体，而是面对男性群体自为地构成的；她们同男人从来没有直接的和自主的关系。列维-斯特劳斯说："构成婚姻的相互关系不是在男人和女人之间建立的，而是利用女人在男人之间建立的，女人只不过是形成这种关系的主要理由。"②女人的具体状况不受血统类型的影响，而血统在女人所属的社会中具有头等重要性；无论是以父系制、母系制、双边制还是不区分制（不区分制从来不是严格的），女人总是在男人的保护下；唯一的问题是，要知道在结婚后，女人是否还屈从于父亲或者哥哥的权威——这种权威也扩展到她的孩子们——或者转到丈夫的权威之下。无论如何："女人，她从来只是她的后裔的象征……母系制，这是女人的父亲或兄弟的手一直伸展到丈夫的村子。"③女人只是权利的媒介，而不是权利的掌握者。事实上，是两个男性群体的关系被血统制所确定，而不是两性的关系。实际上，女人的具体状况不是以稳定的方式与这样或那样的权利联结起来。在母系制中，有时女人占据一个很高的地位，还必须留意的是，一个女人当首领，一个女王处于部落之首，绝对不意味着女人在那里是至高无上的：俄国的叶卡捷琳娜④登基丝毫没有改变俄国女农奴的命运；这样的女人也有可能经常生活在屈辱之中。再说，女人呆在她的部落里，而她的丈夫只能短暂地、甚至秘密地去拜访

---

① 可以看到，这种区分延续了下来。把女人看做他者的时代最激烈地拒绝将女人作为人融合到社会中。今日，女人变成了失去神秘光晕的另一类人。反女性主义者始终玩弄这种模棱两可的词句。他们乐意把女人赞扬为他者，以便将女人的他性看成绝对的、不可约减的，拒绝让女人进入人类的共在。——原注
② 参阅列维-斯特劳斯《亲属的基本结构》。——原注
③ 同上。——原注
④ Catherine Ⅱ, Catherine the Great (1729—1796)，俄国女皇。

她的情况是非常罕见的。她总是生活在丈夫的家中，这个事实足以表明男性的优越地位。列维-斯特劳斯说："在血统形态变动的后面，入住夫家的常规表明了标志人类社会特点的两性不对等的基本关系。"由于她把孩子们留在自己身边，部落的领土结构因此不与它的图腾崇拜的结构相吻合：图腾崇拜的结构是严密地建立的，而领土结构是偶然形成的；但实际上，领土结构最为重要，因为人们劳动和生活的地方，要比神秘的附属更为重要。在传播最广的过渡形态中，有两种权利，一种是宗教的，另一种建立在土地的占有和田地劳动之上，两者互相渗透。婚姻作为一种习俗，仍然具有巨大而重要的社会意义，而夫妇家庭尽管排除了宗教意义，就人际这方面而言，却显得非常重要。即使在性关系十分自由的集体中，也要求女人结了婚再生孩子；她不能单独同自己的子女组成一个自主的群体；她的兄弟的宗教保护是不够的；要求有一个丈夫存在。他对孩子们往往负有重大责任；孩子们不属于他的部落，但是，是由他抚养他们长大；在丈夫和妻子、父亲和儿子之间，形成共同生活、劳动、有共同利益和亲情的关系。在世俗的家庭和图腾崇拜的部落之间，关系非常复杂，结婚仪式多种多样即可为证。最初，丈夫向另一个部落买来妻子，或者至少在这两个部落之间有一种人与物的交换。第一个部落提供它的一个成员，第二个部落出让牲畜、收成、劳动。但由于丈夫要负担他的妻子和妻子的孩子们，有时他从妻子的兄弟们那里收到一笔报酬。在神秘实体和经济实体之间，平衡是不稳定的。男人往往更关心他的儿子们而不是他的侄子们；他正是作为父亲去选择确定自己的位置，只要这种确定一旦可能实现。因此，当一个社会的发展导致人意识到自身，并要强加自己的意愿时，这个社会便趋向于父系制。但有必要强调，即便面对生命、自然和女人的神秘，男人还处于混沌不清之中，他也从来未曾放弃自己的权力；女人身上危险的魔力使他害怕时，他便把她确立为本质，是他把她置于这样的地位，这样，他在自己同意的异化中成了本质；尽管繁殖的能力进入到女人身上，但男人仍然是她的主人，正如他是富饶的土地的主人那样；女人注定是屈从的，被占有的，被利用的，就像她体现其丰沛魔力的自然那样。她在男人眼中所享有的威信，是从男人身上获得的；他们跪在他者面前，他们崇拜母亲—女神。但是，不管后者多么强有力，却是通过男性意识创造的概念被把握的。男人创造的一切偶像，不管塑造得多么可怕，事实上都附属于他，因此，他也可能摧毁这些偶像。在原始社会，这种附属没有得到承认，也没有被确立，可是，它本身直接存在；一旦男人更清晰地意识到自身，一旦男人敢于自我确定和反对，这种附属便很容易变得间接。其实，即使男人自视为既定的、被动的、要忍受日晒雨淋的命运，他也自我确认为超越性、计划；在他身上，精神、意志已经得到确认，与生命的混沌和偶然性是相对立的。由女人代表的各种图腾崇拜的祖先，或多或少清晰地在其动物或树木的名字上表明了男性本原；女人延续着这个本原的肉体存在，但她的作用仅仅是抚育，而不是创造；在任何一个领域她都不创造；她给部落孩子和面包，维持部落的生命，如此而已：她仍然注定处于内在性中；她仅仅体现社会静态的、封闭于自身的面貌。而男人继续占据将群体引向自然和整个人类的职能；与男人相称的工作，只有战争、狩猎、捕鱼，他获得外来的战利品，使之归于部落；战争、狩猎、捕鱼，代表存在的扩张和朝向世界的超越；男性是超越的唯一体现。他还没有实际的方法，完全统治女人—大地，他还不敢起来反对她，但是，他已经想摆脱她。据我看来，正是应该在这种意愿中寻找在母系血统的社会中流传极广的异族通婚的有名习俗的深刻原因。即使男人不知道他在生育中所起的作用，对他来说，婚姻也有重要意义：他正是由此达到成年人的尊严，平分世界的一部分；他通过母亲与部落、祖先和一切构成他的实质的东西相联；但是，在他所有的世俗作用，即劳动、婚姻中，他想摆脱这个圈子，确定超越性，对抗内在性，开辟一个不同于过去的未来，虽然他植根于过去；根据不同社会承认的隶属类型，禁止乱伦采取了不同形式，不过这种禁止从原始时代至今仍保留同样的意义：男人期望拥有的是他不是的东西；他与在他看来不是自身的他者相结合。因此，妻子不应分享丈夫的神力，她应该与他属于不同家族，也就是不属于他的部落。原始婚姻有时建立在要么真实要么象征性的抢亲之上：这是因为对他人的暴力是对他性最明确的确定。战士用暴力获得妻子，表明了他善于归并外来的财富，突破了他的出生给他确定的命运范围；不同形式下的买卖——支付战利品，提供各项服务——表现出同样的意义，却少了很多光彩[①]。

男人逐渐地把他的经验传播开来，在他的描述和他的实际生活中，是男性本原取得胜利。精神战胜了生命，超越性战胜了内在性，技术战胜了魔力，理性战胜了迷信。女人的贬值代表人类史上一个必要的阶段，因为她不是从自己的积极价值中，而是从男人的

[①] 我们在上文提及的列维-斯特劳斯的论文中，找到形式略微不同的对这个观点的确认。从他的研究中得出，禁止乱伦决不是产生异族通婚的始因，但它以否定形式反映了异族通婚的积极意愿。没有任何直接的理由让一个女人和她的部落的男人交往显得不恰当，但从社会方面来说是有用的；她属于提供服务的部分，由此每个部落不是自我封闭的，而是与另一部落建立相互依存的关系："异族通婚具有积极多于否定的价值……它禁止族内婚……当然不是因为血亲婚姻与生物学上的危险相连，而是因为从异族婚姻中得到社会的好处。"群体不应以私人的名义去消耗构成它的一种财产的女人，而应该将女人变成一个交流的工具；如果与同部落的女人结婚受到禁止，"唯一的理由是，她是同一个，而女人应该（因此可能）变成他者……被卖为奴隶的女人能成为与原始社会中被给予的女人一样的女人。对这一种和那一种女人来说，所需的他性符号应是一种结构中某种见解的后果，而不是一种内在特征的后果。"——原注

弱点中获取威信；令人不安的自然神秘体现在她身上：当男人从自然中解放出来时，也摆脱了她的控制。是从石器到青铜时代的过渡让男人通过自己的劳动实现对土地的征服和对自身的征服。农业劳动者是服从土地、发芽、季节摆布的，他是被动的，他祈求，他等待，因此，图腾崇拜的精神遍布人类世界；农民要忍受包围着他的力量的播弄。相反，工人根据自己的意图模仿制造工具；他用双手通过工具实现自己的计划；面对抗拒他、但被他征服的无活力的自然，他确定自己为至高无上的意志；他敲打铁砧，加快造出工具，而什么也不能加快麦穗的成熟；他按照造出的东西领会他的责任；他灵活或者笨拙的动作造出它或打碎它，他谨慎而灵巧，使之达到完美，为此而骄傲：他的成功不取决于神灵而是取决于自己；他向同伴挑战，他为自己的成功感到自豪；即使他还对仪式做出某些让步，准确的技术对他来说更加重要；神秘的价值退居第二位，实际的利益进到第一位；他没有完全从神灵中解放出来，但他与神灵分离，也就使神灵与他分离；他把他们放逐到奥林匹斯的天庭，给自己保留人间的领域；当第一下槌声响起时，伟大的潘神①开始萎缩，人类的统治由此开始。男人学会掌权。在他有创造力的手臂同制造出来的物件的关系中，他试验因果律：播下的种子发芽或者不发芽，而金属总是以同样的方式对火、淬火、机械作用作出反应；这个器皿世界任其封闭在明晰的概念中，于是，理性思想、逻辑和数学出现了。宇宙的整个面貌起了天翻地覆的变化。女人的宗教与农业的时代相连，这是不可约减的时间、偶然性、命运、期待、神秘的时代；劳动的人的时代是能够战胜空间的时代，是必然性、计划、行动、理性的时代。即使男人要面对大地，今后则要作为工人

---

① Pan，希腊神话中的森林之神和牧神，长羊角、羊耳、羊腿、羊蹄。

面对大地；他发现，人能够使土地肥沃，休耕是好的，必须以某种方式播种某样作物：是他使收获增加；他挖掘河渠，他灌溉土地或者给土地排水，他开辟道路，建造庙宇：他创造新世界。那些在母亲—女神的形象下存在的民族，那些以母系延续的民族，在某个原始文明阶段也止步了。这是因为女人只有在男人成为自身恐惧的奴隶，听任自己无能时才受到尊敬：他是在恐惧中，而不是在爱中，对她给以崇拜。他只有以把她赶下台来开始行动，才能发挥自己的才干。[①]他要将标举创造力、知识、智慧、秩序的男性本原认定为主宰。在母亲—女神旁边，出现一个神，儿子或情人，比她要低级，但形神酷似她，与她联合起来。这个神也体现了繁殖的本原：这是一头公牛，是弥诺陶洛斯[②]，是使埃及平原肥沃的尼罗河。他在秋天死去，在刀枪不入但哀伤不已的妻子—母亲贡献出她的力量，寻找他的身体使之复活以后，春天他又再生了。不仅在克里特岛，在地中海的所有沿岸都可看到这一对：在埃及，这是伊希斯和何露斯[③]、腓尼基的阿斯塔特和阿多尼斯[④]、小亚细亚的库柏勒和阿提斯[⑤]，还有古希腊的瑞亚和宙斯。随后，"伟大母亲"退位了。在埃及，女人的境况异乎寻常地有利，象征天空的女神努特，还有伊希斯，丰饶的大地的象征，即尼罗河俄赛里斯[⑥]之妻，都是

---

① 当然，这是个必要非充分条件：有些父系文明在原始阶段便停滞了；还有的文明，如玛雅文明，则是衰退了。在母权社会和父权社会之间，没有绝对的等级，但是，只有后者才在技术和意识形态方面继续发展。——原注
② Minotaur，希腊神话中克里特岛的半人半牛怪物。
③ Horus，古埃及所奉之神，形象似隼。太阳和月亮是其双目。
④ Adonis，希腊神话中的美少年，也被视为巴比伦的坦木兹神，他是植物的精灵，他的死亡和再生表示自然的循环。
⑤ Attis，弗里吉亚的自然之神。
⑥ Osiris，古埃及冥府之神，也赐予万物生命的力量，从植物萌芽到尼罗河常年的泛滥，无所不管。

极为重要的女神。不过，太阳、光和雄性精力之神拉①才是最高的王。在巴比伦，伊什塔尔只是贝勒-马尔杜克②之妻；是后者创造万物，并保证万物的和谐。闪米特人的神是男性的。宙斯在天庭统治时，该亚、瑞亚、库柏勒必须退位；只剩得墨忒耳③作为一个虽然还很庄重却是次要的神。吠陀的神有妻子，但人们不像崇拜他们那样崇拜她们。罗马的朱庇特没有与他比肩的神。④

因此，父系制的胜利既不是偶然的，也不是暴烈革命的结果。从人类的起源开始，生理上的优势使男性独自确立为至高无上的主体；他们从来没有放弃这个特权；他们把自己的生存部分交付自然和女人；但他们随后重新夺取过来；女人注定要扮演他者的角色，就这样注定只拥有暂时的威力：无论是奴隶还是偶像，都从来不是自己选择命运。弗雷泽说过："男人造神，女人崇拜神。"正是男人决定他们最高地位的神是女性还是男性；女人在社会中的位置，总是男人给她们指定的；在任何时代，女人都没有强加自己的法律。

如果生产劳动适合女人的体力，女人也许能同男人一起征服自然；人类也许会通过男性和女性的个体相对于神来确定自身；但是女人不能把工具带来的希望变成自身的希望。恩格斯只是不完整地解释了女人的失势：发明了青铜器和铁器深刻地改变了生产力的平

---

① Ra，又称瑞，古埃及主神，太阳神，有光轮，或长隼头，创造自身和其他八神。

② Marduk，巴比伦主神，宇宙万物仰赖他得以存在，故又称贝勒（Bel，主）。

③ Demeter，希腊宗教中的农业和丰收女神，宙斯的配偶。

④ 有趣的是要指出这一点（根据贝古昂先生 1934 年的《心理学日记》），在奥瑞纳文化时代（译者按，欧洲旧石器时代后期），可以找到许多小塑像，表现夸张强调性别属性的女人：她们以丰腴和对外阴的强调而引人注目。另外，也可以在岩洞里找到粗略描绘的孤立的外阴。在梭鲁特时期和马格德林时期（译者按，均为欧洲旧石器时代晚期），这些肖像消失了。在奥瑞纳文化时代，男性小塑像很罕见，从来没有男性器官的描绘。在马格德林时期，还找得到某些外阴的图，但数量很少，相反，发现了大量的男性生殖器图像。——原注

衡，由此女人的劣势确定下来了，这样说是不够的；这种劣势本身不足以解释她忍受的压迫。对她来说不利的是，对男工来说，她没有成为一个劳动伙伴，而是被排除出人类的共在：认为女人是弱者，生产能力低一等，都不能解释这种排除；这是因为她不参与他的工作和思考方式，因为她受到生命秘密的控制，因为男性不承认她是一个同类；一旦他不接受她，她在他眼里保留着他者的维度，男人就只能变成她的压迫者。男性要扩张和统治的意愿，把女性的无能变成了一种诅咒。男人希望通过新技术开辟新的可能性：他召唤顺从的劳动力，迫使自己的同类成为奴隶。由于奴隶的劳动比女人能够提供的劳动成效多得多，她便失去了她在部落中所起的经济作用。主人在同奴隶的关系中，感到他的主宰作用，要比他对女人以往含混的权威彻底得多。女人由于生育而受到尊敬和畏惧，是异于男人的他者，具有他者的令人不安的特点，即使在她依赖男人的时候，仍然以某种方式掌握男人；主人与奴隶的关系的相互性对她来说如今已存在，因此她并不被贬为奴隶。奴隶不受任何禁忌保护，只是一个被奴役的人，与他人没有不同，但却低下：奴隶同主人的关系的辩证作用要花几个世纪才变为现实；在已形成的父系制社会中，奴隶只是一头人面牲畜：主人对它滥施权威，由此激起主人的骄傲，骄傲使他转而反对女人。他所获得的一切，用来反对她；他越是变得强大，她就越是失利。尤其是当他变成土地的所有者时[1]，他也要求拥有女人。不久以前，他被神力和土地所占有，如今，他拥有一个灵魂和一片土地；他从女人那里解放出来，要求拥有一个女人和他的后代。他期望在他在田地运用的劳动完全属于他，为此，劳动者必须属于他：他奴役他的妻子和

——————————

① 参阅第一部第三章。——原注

他的孩子们。他必须有继承人，他把自己的财产遗留给孩子，在孩子身上，他的世俗生命得以延续，并使他死后获得灵魂安息的必要荣耀。崇拜家神与私有制的建立重叠，继承人的作用既是经济方面的，又是神秘的。因此，一旦农业不再是主要受到魔力影响的活动，变成一种创造性劳动时，男人就发现自己的生殖能力；他要求得到自己的孩子，同时要求得到自己的收获。①

在原始时代，没有比父系亲属关系代替母亲血统更重要的意识形态的革命了；此后，母亲被贬低到乳母、女仆的行列，而父亲的主宰地位受到颂扬；父亲掌握大权，并传递给后代。在埃斯库罗斯②的《复仇女神》中，阿波罗宣布新的真理："并不是母亲产生所谓她的孩子：她只是流入她的怀中的种子的乳母；生育的人是父亲。女人作为一个外来的保管人，接受种子，如果神乐意，她就保存它。"显然，这些论断不是来自科学的发现，它们是公开主张一种信念。无疑，男人从这种技术因果律的经验中汲取对自身的创造力的自信，这种经验引导他认为，他同母亲一样，对生育必不可少。观念指导了观察，但是，这种观察局限于给父亲与母亲平等的作用：它引人设想，在自然方面，怀孕的条件是精液与月经相遇；这是亚里士多德表达的观点：女人只是物质，"在一切生育的人中，男性的活动本原是最好的和更神圣的"，这个观点表现了超越一切认识的力量意愿。男人特别要把后代归属于自己，最终摆脱了女性的控制，他从女人手中获得了世界的统治权。女人注定生育，

---

① 如同女人被比做垄沟，男性生殖器被比作犁，反之亦然。在喀西特时期描绘犁的画中有对生殖行为的刻画；后来造型艺术常常出现男性生殖器与犁同一的作品。Iak 一词在某些南亚语中既表示男性生殖器，又代表铲子。一则亚述人对神明的祷告讲道："犁肥沃了大地。"——原注。
② Aeschylus（前525—前456），古希腊悲剧作家，著有《俄瑞斯忒亚》、《被缚的普罗米修斯》等。

完成次要的任务，被剥夺了实际的重要性和神秘的威信，只作为女仆出现。

男人把这种征服看做激烈斗争的结果。最古老的宇宙起源论之一，也即亚述-巴比伦的宇宙起源论，在一篇七世纪记载的、但再现了古老得多的传说的文字中，向我们叙述男人的胜利。大洋和大海，阿普斯姆和迪亚马特生出了天界、人间和众神；但是他们感到众神太好动，决定统统消灭；是女人—母亲迪亚马特与最强壮和最俊美的孩子贝勒-马尔杜克进行搏斗；后者挑战她，经过可怕的战斗，杀死了她，把她的身体切成两段；他将一半造成天穹，用另一半建造地界的支柱；然后他组成了宇宙，创造了人类。在阐述父系制战胜母权制的《复仇女神》中，俄瑞斯忒斯①也杀死了克吕泰涅斯特拉。通过这些流血的胜利，男性力量、主宰秩序和光明的太阳神的威力，战胜了女性的混沌。众神法庭在赦免俄瑞斯忒斯时，宣称他首先是阿伽门农之子，然后才是克吕泰涅斯特拉之子。古老的母权死亡了：是男性的大胆反叛杀死了它。可以看到，事实上，到父权的过渡是缓慢完成的。男性的征服是一次重新征服：男人只是占有他已经占有的东西；他使权利与现实相一致。既没有斗争、胜利，也没有失败。但这些传说具有深刻意义。在男人确定自己为主体和自由时，他者的概念传布开来。从这时起，同他者的关系成为一出戏剧：他者的存在是一种威胁、一种危险。柏拉图没有否认这一点，希腊的古老哲学指出，他性与否定，因此与恶是同一回事。确立他者，就是确定善恶二元论。因此，宗教和法规带着极大的敌意对待女人。在人类上升到用文字书写神话及其法律的时代，父系

---

① Orestes，希腊神话中阿伽门农和克吕泰涅斯特拉之子，为父报仇，杀死母亲。阿波罗为他辩护，认为父亲作为血统比母亲更重要，投票结果取胜。

制最终确立了：制定法规的是男性。很自然，男性给予女人一个从属的地位，但是，有人会设想，他们以对待孩子和家畜一样的善意去看待她。没有这回事。立法者筹划对女人的压迫，对女人是恐惧的。对于女人具有的双重性，人们尤其记得的是不利的一面：她从神圣变成不洁，被献给亚当、要成为他妻子的夏娃，贻害了全人类；当异教神明要向人报仇时，便创造了女人，是女人的头生子潘朵拉放出了人类要忍受的一切罪恶。他者，就是面对主动的被动，就是粉碎统一的复杂，就是与形式相反的内容，就是抗拒秩序的混乱。因此，女人注定作恶。毕达哥拉斯说："有一个产生了秩序、光明和男人的好本原和一个产生了混乱、黑暗和女人的坏本原。"《摩奴法典》将女人定义为卑劣的人，让她处于奴役状态是合适的。《利未记》① 将女人列入族长拥有的役畜之中。梭伦② 法不给女人任何权利。罗马法把女人置于受监护的地位，宣示她的"愚蠢"。教会法把女人看做"魔鬼之门"。《古兰经》极其轻蔑地对待女人。

然而，恶是善必不可少的，正如物质对精神，黑夜对光明一样。男人知道，为了满足他的愿望，为了延续他的存在，女人对他是必不可少的；必须让她融入社会：在她屈从于男性建立的秩序的情况下，她清洗了她原有的污秽。这个思想在《摩奴法典》中表达得很清晰："一个经过合法婚姻的女人，具有同她的丈夫一样的品质，就像消失在大海里的河流那样，她在死后被接受进入同一天堂。"《圣经》也这样赞赏地描绘"才德的妇人"的肖像。基督教尽管仇恨肉体，却尊敬作牺牲的处女和贞洁顺从的妻子。女人与崇

---

① 《圣经·旧约》中的一卷，是有关祭司和祭司职务之事的手册。
② Solon（约前630—前560），雅典政治家、诗人。

拜结合，甚至能起重要的宗教作用：印度的婆罗门的妻子，罗马的女祭司和她们的丈夫一样神圣；在一对夫妇中，统治的是男人，但男女本原的结合对生育、生命和社会秩序来说，仍然是必要的。

他者、女性的这种双重性，随后反映在她的后续历史中；女人顺从男人的意志直至如今。但这种意志是模棱两可的：女人完全被归入了东西的行列，而男人力图用他征服和拥有的东西装饰自己的尊严；他者在他看来保留着一点原始的魔力；怎样把妻子同时变成女仆和伴侣，这是他要解决的问题之一；他的态度随着一个个世纪的流逝而变化，这也带来了女性命运的变化。[①]

三

女人由于私有制的到来而被赶下台，她的命运在多少世纪中始终与私有制相连：她的历史大部分与继承史有关。如果人们在脑中保留这种想法：物主在财产中异化了自身的存在，便会明白这种制度的极端重要性；物主对财产比对生命本身更加看重；财产超越了暂时生命的狭窄界限，越过身体的毁灭而存在下去，是不朽灵魂在人间的感性的象征；但只有财产依然留在拥有者的手里这种延续存在才能实现：只有财产属于拥有者的后代、并确认这后代属于他的情况下，才能超越死亡，仍旧属于他。耕耘父亲的领地，崇拜父亲的神力，对继承者来说，这是唯一的、也是同一的责任：他保证了祖先在人间和冥界的延续。男人于是既不同意与妻子分享财产，也

---

① 我们在下文要审察西方在这方面的变化。在东方、印度、中国，妇女史实际上是一部漫长的不变的奴役历史。我们将集中研究法国从中世纪至今的情况，因为法国的情况是典型的。——原注

不同意平分孩子。他做不到完全和永远强加他的意图。但在父系制强大的时期，他从妻子那里夺取了所有占据和转移财产的权利。再说，否认她有这些权利看来是符合逻辑的。认为一个女人的孩子不再属于她的，孩子一下子就与女人所出自的群体没有任何联系了。女人今后不再通过婚姻从一个部落借到另一个部落了：她彻底脱离她所出生的群体，归并到她的丈夫的群体中；他买下她，就像买下一头牲畜或一个奴隶那样，他把自己在家庭的神圣地位强加在她身上：她生下的孩子属于丈夫的家族。如果她是继承人，她就会没有通融余地把娘家的财产转移到丈夫的财产中，所以人们小心地把她排除出继承。但反过来，由于女人一无所有，所以到不了一个人所享有的尊严的高度；她本人属于男人的财产，首先是她父亲的财产，然后是她丈夫的财产。在严格的父系制下，父亲可以在他的男孩或女孩出生时就判处他们死亡；但社会往往限制他杀男婴的权力：凡是正常出生的男婴，都可以活下去；而遗弃女孩的习惯十分普遍；在阿拉伯人那里，存在大量杀婴的例子：女孩一出生，就被扔到壕沟里。接受女孩是父亲十分宽容的行为；女人只有在获得某种恩惠的情况下才能进入群居生活，而不是像男性那样合法。无论如何，当孩子是个女儿时，对母亲来说，生孩子的耻辱显得更加严重：在希伯来人那里，《利未记》要求在这种情况下净身要比生男孩时间长两倍。在存在"血的代价"习惯的群体中，当牺牲者是女孩时，只要求一小笔款子：她的价值与男孩相比，如同奴隶的价值与自由人相比。父亲对少女有一切权力；通过婚姻，他把她完全转让给她的丈夫。既然她是他的财产，像奴隶、役畜和东西一样，那么很自然，男人乐意要多少妻子，便可以有多少妻子；只有经济理由才限制一夫多妻制；丈夫可以随便休妻，社会几乎不给予她们任何保护。反过来，女人要受到严格的贞操管束。尽管有禁忌，母权制社会允许风俗极其随便；很少要求婚前贞洁，也不把通奸看得十分严重。相反，当女人变成男人的财产时，他要求她是处女，完全忠实，否则要严加惩罚；继承权有可能给予外来子嗣，是最严重的罪，因此，pater familias① 有权处死有罪的妻子。私有制存在的时间有多长，女人对丈夫的不忠实就有多长时间被看做严重的叛逆罪。至今在通奸条款上表现得不平等的一切法规，都认为女人犯下的错误是严重的，因为她有可能把一个私生子带到家庭中。虽然自奥古斯都② 以来，丈夫自行审判妻子的权利被取消，拿破仑法典还允许陪审团赦免自行审判的丈夫。当女人既属于父系部落，又属于夫婿的家庭时，在互相纠缠、甚至互相对立的两种关系中，她成功地保有相当大的自由，两个系统的每一个都给她支持，去对抗另一个：比如，她常常可以随意选择丈夫，因为婚姻只不过是一件世俗的事，不影响社会的深层结构。但在父系制中，她是她父亲的财产，他按自己的意愿把她嫁出去；然后，她被缚在丈夫家中，只是他的物品，她所进入的 genos③ 的物品。

当家庭和私有财产无可争议地成为社会的基础时，女人也完全被异化了。这正是在穆斯林世界中的情形。这个世界的结构是封建的，就是说，没有一个国家足够强大到统一不同的部落，并使之臣服：任何权力都不能击败家长的权力。正当阿拉伯人成为战士和征服者时，宗教产生了，它对女人表现了彻底的蔑视。《古兰经》说："因为真主使他们比她们更优越，又因为他们所费的财产。"她从来没有真正的权力，也没有神秘的威信。贝都因女人艰苦地劳动，扶犁和扛重物，由此，她与丈夫建立起互相依存的关系；她自

---

① 拉丁文，家长。
② Augustus（前63—14），古罗马帝国皇帝。
③ 拉丁文，氏族。

由地出门，不用遮住面孔。戴面纱和关在家里的穆斯林女人，今日在大部分社会阶层中还是奴隶。我记得在突尼斯的一个穴居人村子里的地下岩洞里面居住着四个女人：年老的妻子瞎了一只眼，没有牙齿，面孔憔悴得可怕，在发出呛人的烟的一小堆炭火上煮着面食；两个年轻一点、但也几乎脸容毁损的妻子摇晃着怀里的孩子，其中一个在喂奶；一个年轻的受宠女人坐在一部织机前，穿着绫罗绸缎，披金戴银，编织着一股股羊毛。我离开这个幽暗的岩洞——内在性的王国、子宫和坟墓——时，在升向亮光的过道里遇到了穿一身白衣服、干净而显得神采奕奕、微笑着的、像太阳般灿烂的男子。他从市场回来，刚才他在那里跟其他男人谈论事务；他要在他所归属的并与他不可分的广阔世界的中心里这属于他的隐居地度过几个小时。对憔悴的老女人和注定要同样迅速衰败的新嫁娘来说，没有别的世界，只有烟气腾腾的岩洞，她们只到夜晚才静悄悄地戴着面纱出来。

《圣经》时代的犹太人的风俗差不多与阿拉伯人是一样的。家长是一夫多妻的，他们差不多能随意休妻；要求年轻的妻子送到丈夫那里时是处女，否则要严厉地惩罚；她如果通奸，要被石头砸死；她被禁闭起来，做家务劳动，就像"才德的妇人"的肖像所证明的那样："她寻找羊绒和麻，甘心用手作工……未到黎明她就起来……她的灯终夜不灭……她观察家务，并不吃闲饭。"即使她贞洁和勤劳，仍然是不洁的，受到种种禁忌的包围；法庭不接受她的证词。僧侣以最深的蔑视提到女人："我认为女人比死更苦涩，女人的心是陷阱和网，她的手是束缚……我在一千个人中找到一个伟大的男人，但我在所有人中找不到一个杰出的女人。"在丈夫死时，根据法律或者习惯，要求寡妇嫁给死者的一个兄弟。

这种叔娶嫂制的习俗在很多东方民族中可以看到。在女人要受监护的所有制度下，存在的问题之一是寡妇的处境。最彻底的解决办法是让她们为丈夫殉葬。但即使在印度，法律也并非一定要强加这样的牺牲；《摩奴法典》同意妻子在丈夫死后可以活下去；惊心动魄的自杀从来只是一种贵族时尚。更常见的是，寡妇为丈夫的继承者所占有。叔娶嫂制有时具有一妻多夫制的形式；为了防止寡居的不稳定，将一个家庭的所有弟兄给一个女人做丈夫，这种习俗也用来保护氏族，防止丈夫可能的性无能。根据凯撒[①]的一篇文字，似乎在布列塔尼，一个家庭的所有男人共同拥有一定数量的妻子。

父系制不是在所有地方都以这种彻底的形式建立起来的。在巴比伦，《汉穆拉比[②]法典》承认女人拥有一定权利：女人获得父亲遗产的一部分，她出嫁时，她的父亲给她一笔陪嫁。在波斯，流行一夫多妻制；女人一到结婚年龄，父亲便为她选择丈夫，妻子对丈夫要绝对服从；但她比大多数东方女人更受尊重；不禁止乱伦，兄弟姐妹之间的婚姻是常见的；她负责孩子的教育，如果是男孩，教到七岁，如果是女孩，教到婚嫁。如果儿子不配获得遗产，女人可以获得丈夫的部分遗产；如果丈夫死时没有留下成年儿子，她是"有特权的妻子"，会让她监护未成年孩子和管理事务。婚姻法规清楚地表明家长拥有后代的重要性。似乎有五种婚姻形式[③]：一，女人在父母的同意下结婚；称她为"有特权的妻子"；她的孩子属于她的丈夫。二，当女人是独生女时，她的第一个孩子要交给她的父母，成为她的替身；然后她变成"有特权的妻子"。三，如果一个男人死时是单身，他的家庭便给一个外来的女人陪嫁和送她

---

① Gaius Julius Caesar（前100—前44），古罗马将军、政治家。
② Hammurabi（？—前1750），巴比伦第一王朝阿莫里特王朝的第六代国王。《汉穆拉比法典》是现存最全面，最完整的巴比伦法律汇编。
③ 这里的陈述引用了 C·胡亚特《古代波斯和伊朗文明》第195至196页的论述。——原注

出嫁：把她称为过继的女人；一半的孩子属于死者，另外一半属于她活着的丈夫。四，一个没有孩子的寡妇再婚，称为帮佣女人：她二婚的孩子一半归于死去的丈夫。五，未得到父母同意结婚的女人，在她已成年的长子让他父亲给予她"有特权的妻子"的名分之前，不能继承她父母的遗产；如果她的丈夫先死，她便被看作未成年，要接受监护。过继女人和帮佣女人的法规，确立了男人在不一定与自己有血缘关系的后代中延续下去的权利。这就证明我们上文所说的：这个关系可以说是男人希望越过他有限的生命获得人间和阴间的不朽而创造的。

在埃及，女人的状况最为有利。女神—母亲在变成妻子时保留住威望；夫妻是宗教和社会的单位；女人仿佛是男人的同盟者和补充。她的魔力很少带有敌意，以至人们克服了对乱伦的恐惧，毫不迟疑地混淆姐妹与妻子。① 她和男人有同样的权利，有同样的司法权力；她继承和拥有财产。这种特殊的机遇不是偶然得来的：由于古埃及土地属于国王、教士和武士的高级阶层；对于个人来说，土地所有仅仅是用益物权；地产是不得转让的，通过继承转移的财产，只有很少一点价值，分享一部分财产不会有什么不妥。由于不存在私有财产，女人保留了人的尊严。她自由地结婚，寡妇也可以随意再婚。男性实行一夫多妻制，虽然他的所有孩子都是合法的，但是他只有一个真正的妻子，只有她能参加祭祀，并合法地与他相连：其他女人只是被剥夺一切权利的奴隶。为首的妻子在结婚时不改变状况：她仍然能掌握她的财产，并自由地缔结协约。当法老波克霍利斯建立私有制时，女人占有非常强大的地位，不会失势；波克霍利斯开辟了签订婚约的时代，结婚本身变成契约性质。有三种

---

① 至少在某些情况下，兄弟应当娶他的姐妹。——原注

类型的契约：一种奴役性的婚姻；女人变成男人的物品，但是当他没有其他妻妾时，她有特殊地位；而合法妻子被看做与男人平等，他们共同拥有一切财产；丈夫往往在离婚的情况下，主动向她支付一笔钱。这种习俗稍后产生一种对女人特别有利的契约：丈夫同意给她一种人为的信誉。通奸要判重刑，但夫妻双方几乎都有离婚的自由。实行契约大大限制了一夫多妻制；女人获得财产，并转让给她的孩子们，这就导致富豪寡头阶级的产生。托勒密四世宣布，女人没有得到丈夫同意，再也不能变换她的财产，这就使她们处于永远的次要地位。但即使在她们拥有特殊地位的时代——在古代世界独一无二——她们在社会上与男人也不是平等的；她们能参加祭祀与政事，可以扮演摄政者的角色，不过法老是男性；教士和武士是男性；她们只是以次要的方式参与公共生活；而在私生活中，人们要求她们单向的忠实。

希腊人的风俗十分接近东方的风俗，然而他们不实行一夫多妻制。人们不清楚究竟是什么原因。事实上，维持一个内宫是一个沉重的负担：只有奢侈的所罗门①，只有《一千零一夜》中的苏丹，只有国王、首领、富有的地主，才能够给自己提供广大后宫的奢华；一般人满足于拥有三四个女人；农民很少有超过两个妻子。另外——除了在埃及，那里没有特殊的土地所有制——力图原封不动地保持财产，导致长子对父亲遗产享有特殊权利；女人之间的等级由此建立起来，主要继承人的母亲拥有远高于其他妻子的尊严。如果女人也拥有财产，有陪嫁，对她的丈夫来说，她是一个人：把他与她联系起来的纽带既是宗教的，也是排他的。也许由此出发，建立起只承认一个妻子的习俗：事实上，希腊男公民也在实行一夫多

---

① Solomon（前972—前932），以色列王，他的统治标志着以色列达到鼎盛时期。

妻制，因为他能够在城市的妓女和内室的女仆那里满足他的欲望。狄摩西尼①说："我们有提供精神享受的高级妓女，有提供感官享受的小妾，还有给我们生儿育女的妻子。"在主人的妻子生病、不适、怀孕或者分娩后恢复期间，小妾便在主人床上代替他的妻子；这样，从内室到后宫，差异并不是很大。在雅典，女人被关在她的房间里，法律规定她受到严厉的束缚，由特别法官监视。她一辈子都要受到不断的监护；她处于她的监护者的权力之下：要么是她的父亲，要么是丈夫，要么是丈夫的继承人，这些人都不在时，是由政府官员代表的国家；他们是她的主人，他们拥有她，像拥有一件商品，监护者的权力同时扩展到人和财产上；监护者可以任意转让他的权力：父亲将女儿过继或出嫁，丈夫可以休妻，把她让给一个新丈夫。但希腊法律保证女人有一笔嫁妆，用来维持她的生活，如果婚姻解除，这笔嫁妆要全部归还她；在很少见的情况下，法律允许女人提出离婚；但社会给予她的只有这些保障。当然，全部遗产归于男孩子们。陪嫁不代表通过血统获得的财产，而是一种监护者必须承担的费用。由于可以利用陪嫁，寡妇不再被看做丈夫继承者手中可继承的财物：她回到父母的监护下。

建立在父系亲属关系基础上的社会存在的一个问题是，在缺少男性后裔的情况下如何处理继承。希腊人设立了父系族内通婚：女继承人应该嫁给她父系中最年老的亲属；这样，她的父亲遗留给她的财产，转移到属于同一群体的孩子身上；女继承人不继承财产，而仅仅是一部生产继承者的机器；这种习俗把女人完全置于男人控制之下，因为她自动地被送给她的家族男性中的头生子，这个人往往是一个老人。

---

① Demosthenes（前384—前322），雅典演说家、政治家。

既然对女人的压迫其根源在于延续家族和保持财产原封不动的意愿，如果她摆脱家族，她就摆脱了这种绝对的从属状态；如果社会否认私有制并拒绝家庭，女人的命运就会大大改善。共同体制度占据优势的斯巴达①是唯一一个这样的社会：女人几乎受到与男人同等的对待。姑娘像男孩子一样成长；妻子不关在丈夫的家中：她的丈夫只允许对她进行夜间短暂的拜访；他的妻子不怎么属于他，另一个男人用优生学的名义可以要求同她结合：通奸的概念本身在遗产消失的同时也消失了；所有的孩子共同属于整个城市，女人也不专门侍候一个主人：或者反过来，可以说，公民既不拥有自己的财产，也没有专门属于自己的后代，所以也没有妻子。女人忍受怀孕的束缚，就像男人遭受战争的束缚一样。但是，除了完成这个世俗的责任以外，没有任何束缚限制他们的自由。

　　在上文刚刚谈到的自由女人和生活在氏族内部的女奴之外——家长对女奴有绝对的所有权——在希腊还有妓女。原始民族实行宿娼，将女人出让给过路客人，这其中可能有神秘的理由。原始民族还实行神圣卖淫，目的在于释放生育的神秘威力，有利于集体。这种习俗存在于古代。希罗多德转述说，在公元前五世纪，每个巴比伦女人应该在她的一生中有一次在宁利尔神庙献身于一个外邦人，换取一枚钱币，交到神庙的金库里；然后她回来生活在圣洁之中。宗教卖淫在埃及的"舞女"和印度寺院的舞蹈女子身上延续至今，后者构成了受尊敬的从事音乐和舞蹈的女子的阶层，但是在埃及、印度、西亚，神圣卖淫往往会过渡到合法的卖淫，僧侣阶层在这种交易中找到一种发财致富的手段。在希伯来人中，甚至有捐纳的妓

---

① Sparta，希腊拉科尼亚地区古都，在公元前9世纪建立，伯罗奔尼撒战争结束后，成为希腊最强城邦。

女。在希腊，尤其在海边、海岛和城邦，有许多外国人到来，那里耸立着一些神庙，可以看到"款待陌生人的年轻姑娘"，正像品达[1]所说的那样：她们收到的钱用于宗教崇拜，就是说，给教士以维持他们的生活。事实上，是在虚伪的形式下利用——尤其在科林斯[2]——水手和游客对性的需要；这已经涉及纳纳卖淫。是梭伦把它设立为一种制度。他购买亚洲的女奴，把她们关在雅典的维纳斯神庙附近的妓院中，离港口不远，交给"淫媒"管理，他们负责保证这个机构在财务上运转；每个妓女领工资，全部利润归国家。后来开辟了"kapailéia"，这是私人的妓院：红色的阴茎被用做招牌。不久，除了女奴，底层的希腊女人作为寄宿者收容其中。妓院被看作非常必要，以至被认为是不可侵犯的处所。但妓女臭名昭著，她们没有任何社会权利，她们的孩子不必供养她们；她们要穿一套五颜六色的特殊服装，装饰着花枝，头发染成藏红色。除了被关在那里的女人，还有一些自由妓女，可以把她们分为三类：与今日有牌照的妓女一样的妓院妓女；舞女和吹笛女组成的艺妓；一般来自科林斯的半上流社会的高等妓女，她们与希腊最显赫的男人有公开的关系，起着现代"上流社会女人"的社会作用。第一类妓女大多是被解放的女奴或者底层希腊姑娘，她们受到从事淫媒业者的盘剥，过着可悲的生活。第二类妓女由于她们的音乐才能，常常会发财致富：最著名的是拉米亚，她先是托勒密一世的情妇，然后是战胜他的马其顿国王德米特里一世[3]的情妇。至于最后一类妓女，大家知道，有好几个因她们的情人而闻名。她们有人身自由，拥有

---

[1] Pindaros（前518—约前438），古希腊抒情诗人。
[2] Corinth，希腊中部城市，古城遗址位于科林斯湾东端。
[3] Demetrius I Poliorcetes（约前336—前283），马其顿国王在公元前307年从马其顿的卡山得手中解放了雅典，并在公元前306年在萨拉米斯对托勒密取得了决定性胜利。

财产，聪明，有教养，是艺术家，男人被她们所迷惑，受到另眼相看。由于她们逃离家庭，处于社会之外，她们也摆脱了男人：她们可以被男人看做同类人，几乎平起平坐。在阿斯帕西娅、弗丽内、拉伊丝① 身上，确立了被解放的女人对老实的家庭主妇的优势。

除了这些光彩夺目的例外，希腊女人被贬到半奴隶的状态；她甚至没有表示愤怒的自由：阿斯帕西娅，感情更激荡的萨福②，几乎不能发出几声抗议。在荷马③ 那里，还有一些英雄时代的模糊记忆；那时女人具有某些权力，然而，武士们无情地把她们赶回她们的房间。在赫西奥德④ 的作品中，可以找到同样的蔑视："信赖女人的人就是信赖盗贼。"在伟大的古典时代，女人绝对禁闭在内室中。伯里克利⑤ 说："最好的女人是男人提到最少的女人。"柏拉图提议建立一个女人委员会，管理共和国，给姑娘自由教育，这是一个例外；他激起阿里斯托芬的嘲弄；在《吕西斯忒拉忒》中，有个丈夫回答询问公众事务的妻子说："这与你无关。闭嘴吧，否则你要挨打了……织你的布吧。"当亚里士多德宣称，妻子是有缺陷的女人，她应该幽禁在自己的家里生活、附属于男人时，他表达的是共同的见解。他断言："奴隶完全被剥夺议事的自由；女人拥有这种自由，但能力不足、效率低下。"据色诺芬⑥ 看来，妻子和丈夫完全格格不入："有没有你与之交谈比你跟你妻子交谈更少的

---

① Aspasia（前470—前410），希腊美女，很有智慧，公元前5世纪来到雅典，她的家是雅典知识界的聚会点。Phryne，公元前四世纪的希腊妓女，吹奏笛子，极为富有。Laïs，雅典好几个妓女的名字。
② Sappho（前610—前580），希腊女诗人，善写抒情诗。
③ Homer，传说中公元前9世纪的盲诗人，史诗《伊利亚特》和《奥德修斯》的作者。
④ Hesiod（前8世纪—前7世纪），古希腊诗人，著有《工作与时日》、《神谱》等。
⑤ Pericles（前495—前429），雅典政治家，对雅典民主体制和雅典帝国在公元前5世纪晚期的全面发展做出重大贡献。
⑥ Xenophone（前431—前350），古希腊历史学家、军事家，著有《长征记》、《经济论》等。

人？——极少……"在《经济论》中向妻子提出的一切要求，就是让她成为一个专注的、谨慎的、撙节的、像蜜蜂一样勤劳的家庭主妇，一个模范的管家。女人被降到平凡的地位，没有妨碍希腊人深深蔑视女人。在公元前七世纪，阿尔基洛科斯[1]写过针对女人的辛辣的讽刺诗；在阿莫尔戈斯岛的西摩尼德斯[2]的作品中可以读到："女人是神创造出来的最大的恶：尽管女人有时看来有用，她们不久就变成主人的烦恼。"在希波纳克斯[3]的作品中："你的妻子给你快乐的生活只有两天：婚礼那天和她下葬那天。"在米利都传奇[4]中，爱奥尼亚人表达了最多的恼怒：其中有以弗所的女人的故事。这个时期尤其谴责女人懒惰、刻薄、爱挥霍，就是说，正是缺乏人们要求女人应有的品质。米南德[5]写道："在陆地和海洋中有许多怪物，但所有怪物中最大的还是女人。""女人是抓住你不松手的一种痛苦。"当通过建立陪嫁制度，女人具有某种重要性时，有人哀叹女人的狂妄；这是阿里斯托芬，尤其是米南德熟习的题材之一。"我娶了一个有陪嫁的女巫。我娶她是为了她的田地和房子，阿波罗啊，这是最大的恶啊！……""创造了婚姻的那个人真该诅咒，然后第二个人、第三个人、第四个人和所有模仿他的人都该受诅咒。""如果你是穷人，却娶了一个富有的妻子，这等于把你降低到既是奴隶又是穷人。"希腊女人受到过分严密的看管，以至无法指责她的品行；贬低的不是她的肉体。结婚的负担和束缚更

① Archilochus（前675—前635），古希腊抒情诗人，是第一位有作品留传下来的希腊作家。
② Simonides of Amorgos（前7世纪），古希腊诗人。
③ Hipponax（前6世纪），古希腊诗人，只留下一些短讽刺诗。
④ Milesian tale，简短的爱情或流浪汉奇遇故事，最早由米利都人阿里斯提得斯所写或搜集。
⑤ Menander（约前342—前291），古希腊喜剧诗人，著有《恨世者》、《愤怒》等。

多地落在男人身上：这让我们设想，尽管女人的处境严酷，尽管她几乎没有任何权利，她仍然应该在家庭中占据一个重要地位，享受到某些自主；她注定要服从，却可能不服从；她可以用吵闹、眼泪、絮叨的话语、咒骂来折磨丈夫，用于奴役女人的婚姻，对丈夫来说也是一条锁链。在克桑蒂佩① 这个人物身上，概括了希腊公民对泼妇妻子和夫妻生活不幸的责备。

　　正是家庭和国家的冲突确定了罗马女人的历史。伊特鲁里亚人构成一个母系血统的社会，很可能在罗马王国的时代仍然经历着与母权制相连的异族通婚：拉丁诸王并不互相继承王权。可以肯定的是，仅仅在塔奎尼乌斯② 去世后，父权才得以确立。农业所有制、私人领地、家庭成为社会的细胞。女人将紧紧地受制于财产，因而是受制于家庭：法律甚至剥夺了她一切希腊女人都拥有的保障；她生活在无能为力和奴役状态中。当然，她被排除出公共事务，凡是"男性职务"都严格地对她禁绝；她在公民生活中是一个永远的受监护者。人们不直接拒绝给她一部分父亲的遗产，但通过迂回的方式阻碍她拥有：人们将她置于监护者的权威之下。盖尤斯③ 说："监护制度是根据监护者的利益建立的，以便让他们作为她的推定继承人，使女人不能通过遗嘱从他们那里夺走遗产，也不能通过让与或者债务减少这笔遗产。"女人的第一监护人是她的父亲；没有父亲的话，父系的男性亲属完成这个职权。当女人结婚时，她过渡到丈夫"手里"；有三种婚姻形式：同盟婚，夫妻面对

---

① Xanthippe（前5世纪—前4世纪初），古希腊哲学家苏格拉底的妻子，传说她极为尖酸刻薄，苏格拉底娶她是为了锻炼自己的耐心。
② Tarquinius（约前7世纪末—前6世纪初），传说中罗马的第五代国王，据传说建造了大广场、大竞技场、朱庇特神庙和下水道。
③ Gaius（130—180），罗马法学家。

祭司向卡皮托利尼山丘上的朱庇特贡献一份双粒小麦做的点心；买卖婚，平民身份的父亲通过想象的出售，将他的女儿"作为财产转让给"丈夫；时效婚，先同居一年；这三种形式都是"夫权婚制"，就是说，丈夫代替父亲或者父系亲属监护人；他的妻子被看做他的一个女儿，今后是他对她本人和她的财产握有全权。但从"十二铜表法"[①]时代起，由于罗马女人同时属于父系氏族和丈夫氏族，于是产生冲突，这是她的获得合法地位的起源。事实上，"夫权婚制"的婚姻剥夺了父系亲属监护人的权利。为了保护父系亲属的利益，可以看到出现了"非夫权婚制"的婚姻；在这种情况下，女人的财产仍然在监护人的掌握之中，丈夫只对妻子本人享有权利；他同对女儿保持绝对权威的家长平分这个权利。家庭法庭负责解决父亲与丈夫之间可能出现的争端：这样的体系让女人从求助于父亲到求助于丈夫，或从求助于丈夫到求助于父亲；她不是一个个人的物品。再者，虽然氏族极其强大，就像这个法庭独立于公众法庭之外的存在本身所证明的那样，但是作为法庭首脑的家长首先是一个公民：他的权威是有限的，他绝对统治妻子和孩子们；但他们不是他的财产；更确切地说，他管理他们的生活，是为了公益；女人生孩子，她的家务劳动往往包括农活，她对国家十分有用，受到极大的尊敬。这里人们注意到一个十分重要的事实，我们在历史的发展过程中都看得到：抽象权利不足以确定女人的具体处境；处境大半取决于她所起的经济作用；甚至往往抽象的自由和具体权力朝相反方向变化。罗马女人比希腊女人从法律上说受到更加严重的奴役，却更深地融合到社会中；在家里，她位于中庭，这是住宅的中心，

---

① 罗马第一部法律汇编（公元前 5 世纪中叶），刻写在十二张铜牌上，公示在大广场。

而不是被打发到幽闭的内室中；是她主持奴隶们的劳动；她指导孩子们的教育，她对孩子们的影响时常延伸至岁数很大；她分担丈夫的劳动和忧虑，她被看做他的财产共有者；Ubi tu Gaius, ego Gaia①，不是一句空话；人们把古罗马妇人称为"主理"；她是家庭主妇，参与祭祀，不是奴隶，而是男人的伴侣；把她和他结合在一起的联系是这样神圣，以至在五个世纪中没有出现过一起离婚。她没有被禁闭在她的房间里：她参加饭局、节日，她上剧院；在街上，男人给她让路，执政官和侍从官在她经过时站立一旁。历史上的传说给予她出色的作用：人们相当了解萨宾女人、卢克雷蒂娅②、薇吉妮的传说；科里奥拉努斯③向他母亲和他妻子让步；李锡尼④认可了罗马民主的胜利，他的法律可能是由他的妻子给以启示的；是科涅利亚⑤铸造了格拉古家族的灵魂。加图⑥说过："到处男人统治女人，而我们这些统治所有人的男人，是我们的女人统治我们。"

罗马女人的合法地位逐渐适应她的实际状况。在贵族寡头统治时代，每一个家长在共和国内部都是一个独立的君主；但是，当国家政权确立时，它要同财产的集中和强势家庭的傲慢作斗争。家庭法庭在公共法庭面前消失了。女人获得了越来越重要的权利。起先有四种权力限制着她的自由：父亲和丈夫控制着她本人，监护人和

---

① 拉丁文，你盖尤斯在哪儿，我盖亚就在哪儿。
② Lucretia（？—前509），罗马贵妇，传说她受塔奎尼乌斯之子侮辱后自尽。
③ Gnaeus Marcius Coriolanus（前6世纪末—前5世纪初），公元前491年罗马发生饥馑，他因提出以废除保民官制度换取发赈粮而遭流放。后带领沃尔西人的军队打回罗马，只在其妻子和母亲的恳求下才撤兵。
④ Valerius Licinianus Licinius（250—325），罗马帝国皇帝。
⑤ Cornelia（约前189—前110），罗马改革家提比略和盖约的母亲，早年守寡，教育孩子们，她是品德高尚、知识渊博的罗马女人的典型。
⑥ Marcus Porcius Cato（前234—前149），罗马政治家、演说家、拉丁散文作家。

"夫权婚制"控制着她的财产。国家允许父亲和丈夫对抗，以便限制他们的权力：由国家法庭来判决通奸和离婚等案例。同样，人们用夫权摧毁了监护，又用监护摧毁了夫权。为了维护监护人的利益，已经将夫权和婚姻分开；随后，女人要么签订虚拟的婚约，要么从父亲或国家那里得到百依百顺的监护人，使得夫权婚制变成用以摆脱监护人的手段。在帝国的立法之下监护被完全取消了。与此同时，女人获得她的独立的积极保证：她的父亲不得不给她一笔陪嫁；在婚姻解除之后，这笔陪嫁不回到父系亲属手里，而且它决不属于丈夫；女人可以不时通过突然离婚，要求收回这笔陪嫁，这就置男人于她的控制之下。普劳图斯^①说："在接受陪嫁时，他卖掉了自己的权力。"从共和国结束开始，母亲与父亲一样有权受到孩子们的尊敬；人们给予她在存在监护制度或者丈夫品行不端的情况下守护后代的权利。在哈德良^②时代，当她有三个孩子，而且死去的丈夫没有后代时，元老院法令赋予她继承每一个 ab intestat^③ 孩子的财产。在马可·奥勒利乌斯^④时代，罗马家庭的发展完成了：从一七八年起，母亲以自己的孩子们为继承者，他们胜过了父系亲属；此后，家庭建立在 conjunctio sanguinis^⑤ 的基础上，母亲与父亲并列；女儿像她的兄弟们一样有继承权。

然而，在罗马法的历史中可以观察到一种变化，与我们刚才描述的事实相背离：中央权力让女人独立于家庭之外，又把她置于自己的监护之下；它使她处于各种各样合法的无权状态中。

---

① Titus Maccius Plautus（约前254—前184），古罗马喜剧家，著有《驴子的喜剧》、《一罐金子》等。
② Publius Aelius Hadrianus（76—138），古罗马皇帝。
③ 拉丁文，无遗嘱。
④ Marcus Aurelius（121—180），古罗马皇帝、哲学家，著有《思想录》。
⑤ 拉丁文，血亲关系。

事实上，如果她既富有又独立，她就具有令人不安的重要性；因此，人们要竭力用一只手抽回另一只手让与的东西。禁止罗马人挥霍的奥契亚法，在汉尼拔①威胁罗马时被投票通过了：危险过去以后，女人要求废除这一法律；加图在一篇著名的演讲中要求女人维持现状，但罗马女人聚集在公共广场上示威战胜了他。尤其因为风俗日益松弛，随之提出更为严厉的各种法律，但未获得重大成效：这些法律不断引起舞弊。只有韦利奥斯·帕特库洛斯②提出的元老院法令取得了胜利，这个法令禁止女人为他人"缔约"③，剥夺她几乎所有的世俗权力。正当女人实际上最解放的时期，人们却宣称她的性别低下，这是上述的男人为自身辩解过程的出色例证：虽然不再限制她作为女儿、妻子、姐妹的权利，却拒绝她作为女性与男人平起平坐；借口"女性愚蠢、脆弱"来侮辱她。

　　事实是，罗马女人没有很好地利用她们新获得的自由；这是因为她们被禁止积极地利用它。从这两种相反的潮流——一种是寻求个人自由的潮流，让女人摆脱家庭，一种是国家加以干预的潮流，把她作为个人来粗暴对待——产生的结晶，她的处境没有获得平衡。她是继承人，她和父亲一样有权得到孩子们的尊敬，她立遗嘱，她依仗陪嫁制度摆脱了配偶的约束，她可以随意离婚和再婚：但她无法以否定的方式获得解放，因为没有向她建议如何具体利用她的权利。经济独立是抽象的，因为它不产生任何政治权力；正因此，罗马女人由于不能行动，便只能示威：她们吵吵嚷嚷，在城里四处活动，她们包围法庭，她们制造阴谋，强加规定，挑起内战；她们列队去寻找神母的塑像，沿着台伯河护送它向前，就

---

① Hannibal（前247—前183），迦太基将军、政治家，一生与罗马共和国为敌。
② Marcus Velleius Paterculus（约前19—约31），罗马军人、官员、历史学家。
③ 就是说禁止通过契约与他人结合。——原注

这样将东方的神引进罗马；在公元前一一四年，爆发了维斯太贞女的丑闻①，她们的社团被取消了。当家庭解体使过去的个人品德变得无用和过时的时候，由于公共生活和公共品德与女人无缘，她们不再有任何道德准则。她们在两种解决办法中作选择：要么执着地尊重与她们的祖先一样的价值观念，要么不再承认任何一种价值观念。在一世纪末二世纪初，可以看到许多女人像在共和国时期那样是她们丈夫的伙伴和合伙人：普洛蒂娜分享图拉真②的光荣和责任；萨宾女人由于善行而闻名，以至在生前，塑像就把她神圣化；在提比略统治时期，塞克丝蒂亚拒绝在厄米利乌斯·斯考鲁斯③死后还生存下去，帕塞亚也拒绝在蓬波尼乌斯·拉伯斯死后还生存下去；波利娜与塞内加④同时割开血管；小普林尼⑤使阿里亚的"Pœte, non dolet"⑥闻名；马提雅尔⑦赞赏克洛蒂亚·吕菲纳、薇吉妮、苏尔皮西亚是无可挑剔的妻子和忠诚的母亲。但是有许多女人拒绝做母亲，离婚率增加；法律继续禁止通奸：有些罗马女人竟至于登记为妓女，为的是在放荡中无所顾忌。⑧ 之

① 古罗马宗教中主持对女灶神维斯太国祭的女祭司称为维斯太贞女，选中后必须守童贞。公元前114年，三名维斯太贞女被发现与男性有染，于次年被处死。

② Trajan（53—117），罗马帝国皇帝，普洛蒂娜是他的妻子，以关心人民的利益及其美德在生前深受爱戴。

③ Aemilius Scaurus，罗马诗人，元老院议员，因被指控叛国罪自杀。塞克丝蒂亚是他的妻子。

④ Lucius Annaeus Seneca（前4—65），古罗马作家、政治家、哲学家，著有《变瓜记》、《菲德拉》等。波利娜是他的妻子，在塞内加遭诬陷时企图自杀。

⑤ Caius Plinius Caecilius Secundus（61—约113），罗马作家、行政官，留下《图拉真颂》。

⑥ 拉丁文，不知痛苦的诗人。

⑦ Marcus Valerius Martialis（38—约103），罗马铭辞诗人。

⑧ 罗马同希腊一样，公开容忍卖淫。有两种妓女阶层：一种禁闭在妓院，另一种是"良家妇女"，自由地从事自己的职业；她们没有权利穿上主妇的服装；她们在时尚、习俗和艺术方面有一定影响力，但她们的地位不如雅典的高级妓女高。——原注

前，拉丁语文学总是尊重女性，而讽刺诗人猛烈抨击她们。再说，他们并不抨击所有的女人，而主要抨击他们的同时代女人。尤维纳利斯①指责她们奢华、贪食，责备她们企图做男人的事：她们对政治感兴趣，投身研究案件的卷宗，同语法学家、修辞学家讨论，热衷于打猎、驱车比赛、击剑和搏斗。事实是，她们尤其在娱乐的乐趣和恶习方面与男人相匹敌；要达到更高的目标，她们则缺乏足够的教育；再说，她们也没有提出任何目标；行动对她们来说是禁止的。古老共和国的罗马女人在世间有一个位置，而由于缺乏抽象的权利和经济独立，又被禁锢起来；衰落时期的罗马女人是假解放的典型，在一个男人实实在在地是唯一主人的世界中，只不过拥有空洞的自由：她虽自由，却"什么也做不了"。

四

女性状况的发展并没有持续不断地进行下去。随着异民族的大规模入侵，整个文明受到质疑。罗马法本身受到新意识形态的影响：基督教；在随后几个世纪里，野蛮民族成功地推行他们的法律。经济、社会和政治处境起了翻天覆地的变化：女性处境也受到了影响。

基督教意识形态大大助长了对女人的压迫。在《福音书》里也许有一种仁慈的气息，既惠及麻风病人，也惠及女人；小人物、奴隶和女人最热切地关注新法律。在基督教早期，当女人屈从于教会的枷锁时，她们相对受到敬重；她们在男人身边表现得像殉教者一样；但她们只能以次要身份参加祭祀；"女执事"只允许完成世俗

① Juvenal（60—127），古罗马讽刺诗人。

的任务：照顾病人、援助穷人。如果说婚姻被看做要求互相忠实的一种制度，那么也很显然，妻子应该完全附属于丈夫：通过圣保罗①，激烈反对女性的犹太传统确立了。圣保罗嘱咐女人要谦让和克制；他把女人附属于男人的准则建立在旧约和新约之上。"起初，男人不是由女人而出。女人乃是由男人而出。并且男人不是为女人造的。女人乃是为男人造的。"另一处："教会怎样顺服基督，妻子也要怎样凡事顺服丈夫。"在这种肉体受到诅咒的宗教里，女人被看做魔鬼最可怕的诱惑。德尔图良②写道："女人，你是魔鬼之门。你说服了魔鬼不敢正面攻击的人。正是由于你，天主之子不得不死去；你本应总是身穿丧服和破衣烂衫滚开。"圣安布罗斯③："亚当被夏娃引向犯罪，而不是夏娃被亚当引向犯罪。被女人引向犯罪的那个人，她把他当做君主是正确的。"圣约翰·克里索斯托④："在一切野兽中，找不到比女人更有害的了。"当四世纪教会法产生时，婚姻被看做是对人类弱点的一种让步，与基督的完美是不相容的。圣哲罗姆⑤写道："让我们手握斧头，从根部将结婚这棵不结果实的树砍掉吧。"从格列高利六世⑥起，当教士被迫过单身生活时，女人的危险性受到更严厉的强调：所有教父都宣布女人卑劣。当托马斯·阿奎那声称女人只不过是"偶然的"、不完美的存在，是一种失败的人时，他是忠于这个传统的。"男人

---

① Saint Paul（约10—约67），基督教的使徒，在耶稣去世仅仅数年之后改信基督教，成为其主要使徒。
② Quintus Septimus Florens Tertullianus（160—约222），基督教神学家、伦理学家、拉丁语作家，著有《论基督的肉体复活》、《论灵魂》等。
③ Saint Ambrose（约339—397），基督教米兰主教、《圣经》评注家。
④ Saint John Chrysostom（约347—407），早期教父、解经家、君士坦丁堡大主教，讲道透彻动人，他的名字含有"金嘴"之意。
⑤ Saint Jerome（约347—420），早期教父，做过教皇秘书，将《圣经》的修改本译成拉丁文。
⑥ Gregory VI（1048年去世），第一百四十六任教皇。

是女人的头，正如基督是男人的头一样，"他写道，"女人注定在男人的控制下生活，不具备她的首脑的任何权威，这是始终不变的。"因此，教会法除了嫁资制以外，不承认任何婚姻制度，而嫁资制使女人无能和一事无成。不仅禁止女人做男性的祭礼，而且禁止她在法庭作证，人们不承认她作证的价值。罗马各代皇帝渐渐受到教父的影响；《查士丁尼法典》①赞美作为妻子和母亲的女人，但要让她屈从于这些作用；女人的无能并非由于她的性别，而是由于她在家庭中的处境。离婚是被禁止的，规定婚姻要举行公开仪式；母亲对她的孩子们拥有同父亲一样的权威，她对他们的财产有同样的继承权；如果她的丈夫去世，她便成为他们合法的监护人。韦利奥斯·帕特库洛斯提出的元老院法令被修改：今后，她可以为第三方缔约，但她不能替丈夫缔约；她的陪嫁变成不得转让：这是孩子的财产，她不得使用它。

在被野蛮民族占领的土地上，与这些法律并行不悖的是日耳曼的传统。日耳曼人的风俗是特殊的。他们只有在战争时期才有首领；在和平时期，家庭是一个自主的群体；看起来，它是建立于母系血统和父系制氏族的部落的中间状态；母亲的兄弟与父亲有同样权力，两者对他们的外甥女和女儿有着同她丈夫同样的权威。在一切权力都以暴力为根源的社会里，女人事实上是完全没有权力的；但是，人们承认她有权，这是她所附属的家庭权力的双重性向她保证的；她虽受奴役，却受到尊敬；她的丈夫买下她，但这购买的代价构成她亡夫的遗产，也属于她；另外她的父亲给她陪嫁；她能继承父亲部分遗产，在她的父母被杀害的情况下，由凶手支付一部分

---

① *Codex Justinianeus*，拜占庭皇帝查士丁尼一世主持下于529—565年完成的法律和法律解释的汇编。

妥协金。家庭是一夫一妻制，通奸受到严厉惩罚，婚姻受到尊重。女人始终是受监护的，但她与丈夫紧密相连。塔西佗[①]写道："在和平时期，在战争时期，她分享他的命运，她同他一起生活，她同他一起死去。"她参加战斗，将食物捎给战士，亲临战场鼓励他们。她成了寡妇以后，她的亡夫的一部分权力转移给她。由于体力差显得柔弱，不被看做是道德低下的表现。有些女人是祭司，预言者，这使人设想，她们受到比男人更高的教育。稍后在继承时，在归于女人的物品中，可以看到首饰和书籍。

正是这个传统延续到中世纪。女人绝对从属于父亲和丈夫：在克洛维时代[②]，监护制一辈子压在女人身上；但是法兰克人摒弃了日耳曼人的贞洁观念：在墨洛温王朝和加洛林王朝[③]时期，是多配偶制占据主导地位；女人结婚不要求得到她的同意，丈夫对她有生杀予夺之权，可以随意休掉她；像女仆一样对待她。她受到法律保护，但她是作为男人的财产和孩子们的母亲才受到保护。没有证明便把她称做"妓女"，是一种侮辱，要支付高于对男人一切侮辱十五倍的罚款；劫掠一个已婚女人等罪于杀死一个自由男人；握住一个已婚女人的手或臂膀，要罚款十五至三十五苏；禁止人工流产，否则罚款一百苏；杀死一个怀孕女人，要付出四倍于杀死一个自由男人的罚款；证明自己有生育能力的女人的价值是一个自由男人的三倍；但是，当她不能再做母亲时，她就失去所有价值；如果她嫁给一个奴隶，她就不受法律保护，她的父亲可以杀死她。她作为人

---

① Publius Cornelius Tacitus（约56—约120），罗马帝国雄辩家、历史学家，著有《历史》和《编年史》。
② 克洛维一世（Clovis I,约466—511）至三世（Clovis III, 682—695）统治时期，他们是法兰克国王。
③ 墨洛温王朝是法兰克王国的第一个王朝（486—751）；加洛林王朝是法兰克王国的第二个王朝（751—987）。

没有任何权利。然而，当国家变得强大时，我们看到和罗马相似的变化：对没有权力的人，也即孩子和女人的监护，不再是家庭的权力，而变成公共的负担；从查理曼①时代起，压在女人身上的"监护权"属于国王；起先，他只有在女人失去她的自然监护人的情况下才加以干预；随后，他逐渐夺取家族权力；但这种变化并没有带来法兰克女人的解放。监护制对监护人来说变成一种负担；他有责任保护他的受监护人：这种保护对她来说像之前的奴役一样。

当封建制在中世纪早期摆脱了动荡，终于形成时，女性的状况显得十分不稳定。当时封建权利的特点是，在领主权和财产权、公共权利和个人权利之间存在混乱。这就解释了女人被这种制度左右、轮流处于忽低忽高的地位中。先是她的一切个人权利被否认，因为她没有任何政治权利。事实上，直到十一世纪，秩序建立在唯一的权力之上，财产建立在武器的多少之上。法学家们说，采邑是"一块以武力为代价获得的土地"；女人不能掌握封建领地，因为她不能保卫它。当采邑变成世袭和财产时，她的处境改变了；可以看到，在日耳曼人的法律中，残留着母权制：在缺乏男性继承人时，女儿可以继承。由此，大约在十一世纪，封建制度允许女性继承。但兵役总是要求封臣来承担；女人的命运并没有因她变成了继承人而得到改善；她需要男性的监护人；是丈夫起着这种作用：是他得到封地，支撑着采邑，享用财产的收益。像希腊的父系族内通婚，女人是领地转让的工具而不是它的拥有者；她没有因此获得解放；可以说，她被采邑吞并了，她属于不动产。领地不再是古罗马氏族时代那样的家庭物品：它是领主的财产，而女人也属于领主。

---

① Charlemagne（742—814），又称查理一世，法兰克国王，在他统治下，王朝达到盛期。

是他为她选择丈夫；当她有了孩子时，她把他们给予他而不是给予她的丈夫：他们将是保卫他的财产的封臣。因此，她是领地的奴隶，而且通过强加给她的丈夫的"保护"，成为这个领地的主人的奴隶：极少时代比此刻她的命运更艰难了。一个女继承人，是一块土地和一座城堡：求婚者互相争夺这个猎物，当父亲或领主把少女作为礼物送给某个男爵时，她有时只有十二岁或者更小。多结几次婚，对一个男人来说就是增加他的领地；因此，休妻的情况大量存在；教会伪善地允许这样做；亲属之间通婚一直到第七亲等都被禁止，亲属是以精神关系如教父—教母的关系和血统关系来确定的，但人们总是找到某个借口来加以废除；在十一世纪，大量妇女被休掉四五次之多。女人当了寡妇应该马上接受一个新主子。在武功歌[①]中，可以看到查理曼将他在西班牙战死的贵族的所有寡妇成批再嫁的场面；在《吉拉尔·德·维埃纳》[②]中，勃艮第公爵夫人亲自向国王提出要求，嫁一个新丈夫。"我的丈夫刚去世，但服丧有什么用呢？……请给我找到一个强大的丈夫，因为我很需要他来保卫我的土地。"大量史诗给我们指出，国王或者君主暴虐地处置少女和寡妇。也可以看到丈夫颐指气使地对待作为礼物送给他的妻子；他虐待她，打她耳光，揪她的头发，殴打她；在《博韦人的习惯法》中，博马努瓦尔[③]所要求的一切，就是丈夫"理智地惩罚"他的妻子。这种武士文明对女人只有蔑视。骑士不关注女人：对他来说，

---

① Chanson de geste，中世纪欧洲以歌颂贵族维护封建王国、建功立业的史诗，以《罗兰之歌》为代表。

② Girard de Vienne，属于武功歌第三系即吉约姆·德·奥朗日系，写于13世纪初，约七千行，描写吉约姆的父亲得到封地维埃纳，但查理曼大帝同他结怨，围攻他七年；最后查理曼的侄子罗兰和吉拉尔的侄子奥利维埃决斗，经过天主调解，他们一起去攻打异教徒。

③ Beaumanoir（1246—1296），法国行政官、法学家，《博韦人的习惯法》是一部较早的旧法国法律的汇编。

他的坐骑是有价值得多的宝库；在武功歌中，总是少女向年轻人示爱；结婚以后，又要求她们单方面的忠实；男人不将她们与自己的生活相结合。"当一个骑士要比武时去向一个贵妇讨主意，就该受到诅咒。"在《雷诺·德·蒙托邦》[①]中，可以读到这段粗鲁的喊叫："回到你们色彩缤纷、金碧辉煌的内室去吧，呆在阴暗中，喝酒、吃饭、刺绣、给丝绸染色，但不要管我们的事。我们的事是用利剑和利刃去搏斗。别说话了！"女人有时分担男性艰苦的生活。少女时，她已经精通各种身体训练，她骑马，带着鹰隼打猎；她几乎不接受任何教育，毫无廉耻心地长大：是她在城堡里接待客人，照料他们吃饭、沐浴，侍候他们，帮助他们就寝；成为人妻后，有时她要追逐野兽，完成长途跋涉和困难的朝圣；当丈夫在远方时，是她保卫领地。人们赞赏这些城堡女主人，称呼她们为"悍妇"，因为她们就像男人一样做事：她们贪婪、忘恩负义、残忍，她们压迫自己的仆从。史书和传说给我们留下对其中几个女人的回忆：城堡女主人奥比让人建造了一座比任何主塔更高的塔楼，然后立马砍下了建筑师的头，以便保住她的秘密；她把丈夫赶出领地：他偷偷地回来，杀死了她。马比耶是罗杰·德·蒙哥马利的妻子，以将她的领地中的贵族贬为乞丐为乐：他们砍下她的头，报了仇。朱利安娜是英格兰的亨利一世的私生女，保卫布勒特伊城堡，引诱他中埋伏，为此，他严厉地惩罚她。然而，这样的事例是异乎寻常的。一般说来，城堡女主人在纺织、做祷告、等待丈夫归来的百无聊赖中度日。

---

① *Renaud de Montauban*，属于武功歌第二系即敦·德·梅央斯系，写于 13 世纪，叙述埃蒙的四个儿子在谋害了皇帝的侄子贝尔托莱以后潜逃，在加斯柯涅建造了蒙托邦城堡，受到查理曼围攻。最后他们去朝圣，圣洁地死在科隆。这是根据圣徒雷诺的事迹写成的史诗。

人们时常认为，十二世纪在地中海沿岸的南部地区产生的骑士爱情，会改善女性命运。对于它的起源，就有好几种论断互相对立：据一些人看来，"骑士爱情"来自于女主人与她的年轻仆从的关系；另外一些人将骑士爱情与纯洁派异端和圣母崇拜联系在一起；还有些人认为世俗的爱情来源于一般对天主的爱。人们不太肯定，爱情法庭是否存在过。可以肯定的是，面对有罪孽的夏娃，教会赞扬救世主的母亲；对她的崇拜变得如此重要，以至可以说，在十三世纪，天主变成了女人；一种女人的神秘主义因而在宗教方面发展了。另外，城堡生活的闲散使贵妇们周围盛行交谈、彬彬有礼、诗意相交织的氛围；有文化气质的女人，如瓦伦蒂努瓦的贝阿特丽丝、阿基坦的埃利诺和她的女儿法兰西的玛丽[①]、纳瓦拉的布朗什和许多其他贵妇，吸引着诗人，让他们寄住家中；先是在南方，然后在北方出现文化兴盛，使女人获得新的威信。骑士爱情常常被描绘成柏拉图式的爱情；克雷蒂安·德·特鲁瓦[②]也许是为了取悦他的女保护人，将通奸从他的故事诗中排除了：除了朗斯洛和格妮艾芙[③]的爱情，他不描绘其他有罪的爱情；但事实上，由于封建体制中的丈夫是一个监护者和暴君，女人便在婚姻之外寻找情人；骑士爱情是对正统风俗的野蛮的一种补偿。"现代意义上的爱情关系，在古代是在社会之外才有，"恩格斯指出，"中世纪是从具有性爱萌芽的古代世界停止的时候开始的，即是从通奸开始的。"[④] 实际上，爱情具有的这种形式，与婚姻制度延续的时间一

---

① Eleanor of Aquitaine（1122—1204），英国王后，阿基坦公爵的女儿；Marie de France
　　（1145—1198），法国女诗人。
② Chrestian de Troyes（约1135—1190），法国诗人，著有《朗斯洛或囚车骑士》、《伊
　　万或狮骑士》等。
③ Geneviève，圆桌骑士系列中的人物，亚瑟王的妻子，为朗斯洛所爱。
④ 《马克思恩格斯选集》第四卷，人民出版社，1972年，第73页。

样长。

　　事实上，即使骑士爱情缓解了女性的命运，它也不能深刻地加以改变。并非作为意识形态的宗教和诗歌导致妇女的解放；在封建时代末期，正是由于完全不同的原因，女人获得了一点地盘。当王权的至高无上强加到封地领主身上时，领主便失去了一大部分权力：特别是逐渐取消了领主决定他的封臣的婚姻的权力；与此同时，剥夺了封建监护人享有他监护的女子的财产的权力；失去了依附于监护的利益；当采邑的义务约减到金钱补偿时，监护本身也消失了；女人不能保证服兵役，但她可以像男人一样用金钱来补偿；于是采邑只是一种普通的财产；再没有理由让两性不受到平等的对待。事实上，在德国、瑞士、意大利，女人仍然要屈从于不断的监护；但根据博马努瓦尔的话来看，法国同意"一个姑娘与一个男人等值"。日耳曼传统将一个保护人给女人做监护人：当她不再需要保护人时，她就免去监护人；作为女性，她不再因无能而受打击。无论单身或成了寡妇，她都有男人的一切权利；财产使她具有最高权力：她拥有一个采邑时，便治理它，这意味着她有判决权，她签订协议，她颁布法律。甚至可以看到她起军事上的作用，指挥军队，参加战斗；在贞德①之前，就有女兵，即使这个奥尔良少女令人惊讶，但她并没有引起反感。

　　然而，有那么多的因素联合起来反对女人独立，它们从来没有一起被废除：体力上的虚弱不再起作用了，但是，在女人结婚的情况下，她的从属状态仍然对社会有用。因此，在封建制度消失时，丈夫的权威依然保存下来。可以看到这种悖论延续至今：最充分地

---

① Jeanne d'Arc（约 1412—1431），法国女英雄，是洛林地区的农家女，带领法国军队奋起抗击入侵英军，被宗教裁判所以异端和女巫罪判处火刑。

结合到社会中的女人，是拥有最少特权的女人。在世俗的封建形式
中，婚姻保持着同军事封建制时期一样的面貌： 丈夫仍然是妻子的
监护人。当资产阶级形成时，它遵守同样的法则。在习惯法和封建
法中，只有在婚姻之外才有解放；少女和寡妇有着与男人同样的权
利；但在结婚后，女人便处在丈夫的监护和监管中；他可以殴打
她；他监视她的品行、她的关系、她的通信，他不是根据婚约而是
由于结婚的事实本身，掌握她的财产。博马努瓦尔说："由于结了
婚，双方的财产因婚姻而成为共同的，两者共同监管财产。"这是
因为财产的利益要求贵族和资产者只让一个人去管理。这并不是因
为女人被视作根本无能，才让妻子从属于丈夫： 当没有什么与此相
悖时，人们承认女人能充分发挥她的能耐。从封建社会至今，已婚
女人被无情地牺牲给私有制。有必要指出，丈夫掌握的财产越多，
这种奴役就越严格： 在有产阶级中，女人的附属总是最具体；家长
制家庭至今仍然在富有的地主中残存；男人在社会方面和经济方面
越是强大，他便越有权威起着家长的作用。相反，双方赤贫倒使夫
妻关系变成互相依存的关系。既不是封建社会也不是教会解放了妇
女。更确切地说，正是从奴役开始，父系制家庭逐渐过渡到真正的
夫妻家庭。农奴和他的妻子一无所有，他们只能共同拥有他们的房
子、家具和器皿： 男人没有任何理由成为毫无财产的妻子的主人；
相反，把他们结合在一起的劳动关系和利益关系，把妻子提高到伴
侣的身份。当奴役制度废除时，穷困还存在；正是在乡村的小群体
和在手工业者中，可以看到夫妻平等地生活；妻子既不是物件，也
不是女仆： 那是富人的奢侈；穷人感受到把他与另一半相联结的关
系的相互性；在自由劳动中，女人获得了具体的自主，因为她重新
起到经济的和社会的作用。中世纪的笑剧和韵文故事反映了在手工
业者、小商人、农民的圈子里，丈夫除了能打妻子以外，对她没有

别的特权，但她用诡计来对付力气，夫妻处于势均力敌的状态。而富有的女人要以顺从来补偿她的无所事事。

在中世纪，女人还保留着某些特权：在乡村，她参加居民集会和基层会议，为的是选举三级会议的议员；丈夫只对家具拥有权威，而要让与不动产，必须得到妻子的同意。正是在十六世纪延续了整个旧制度的法律才汇编完成；在这个时期，封建风俗完全消失了，没有什么保护女人反对男人要把她们锁在家庭中的企图。对女人极为蔑视的罗马法的影响发挥了作用；如同在古罗马时代，对女性的愚蠢和脆弱的激烈抨击，起源不在法典中，而是作为证据出现的；然后男人才找到行动理由，就像这样做很合适似的。在《果园之梦》中，可以读到："在女人的坏品行中，我理所当然感到，第一，女人就本性来说罪有应得……第二，女人就本性来说非常吝啬……第三，她们的意图来得非常突然……第四，女人就其意图来说是邪恶的……第五，她们爱耍花招……再者，女人爱说假话，因此，按照民法，女人不能在遗嘱中作为证人……再者，女人总是做与别人吩咐她去做的相反的事……再者，女人信口开河，袒露自己的罪孽和耻辱。再者，她们刁钻狡诈。圣奥古斯丁老爷说过：'女人是一头牲畜，既不坚定，又不稳定。'丈夫无法理解女人的仇恨，她邪恶得要命，是一切争吵和争辩的根源，给伤风败俗开辟了道路。"大约在这个时期，类似的文字竞相出现。这一篇文字引人注目的是，每一个指责都为法典反对女人和造成她们卑下处境的一项条款作辩解。当然，禁止她们做一切"男性的事务"；人们又恢复韦利奥斯·帕特库洛斯提出的剥夺她们一切世俗权利的元老院法令；长子继承权和男性特权把她们置于次要地位，以便收回父亲的遗产。单身姑娘仍然在父亲的监护之下；如果他没有嫁出她，一般把她关进修道院。允许未婚母亲寻找孩子父亲，但她只有权索取分娩费用和孩子的抚养费；她结婚后受丈夫管辖： 他确定住所，管理家庭生活，如果她通奸就休掉她，把她关进修道院，或者稍后得到有国王封印的信，把她关进巴士底狱[1]；他如果不授权，任何行为都没有法律效力；女人为群体带来的一切财产等同于罗马法意义的陪嫁；但是，由于不能解除婚姻，必须等到丈夫死后财产才能回到妻子手里；这个格言由此而来： "Uxor non est proprie socia sed speratur fore."[2] 由于女人不管理她的财产，即使她保留财产权，她也不对财产负有责任；财产不为她的行动提供任何内容： 她对世界没有具体的控制。甚至她的孩子们，也像在《复仇女神》中描述的时代那样，人们认为他们属于父亲而不是属于她： 她把他们"给了"她的丈夫，他的权威远远高于她，他是她的后代的真正主人；这甚至是拿破仑使用的一个论据，他宣称，同一棵梨树属于梨子主人一样，女人属于她为之生儿育女的男人的财产。这就是法国女人在整个旧制度之下的地位；韦利奥斯法逐渐被废除，但必须等到拿破仑法典[3]颁布，才彻底消失。丈夫要负责妻子的债务，正如要负责她的品行，她只向他作汇报；她几乎同公共权力没有任何直接关系，也同家庭之外的个人没有任何自主的关系。她在劳动和做母亲时更像女仆，而不是合作伙伴： 她创造的东西、价值和人，不是她自己的财产，而是家庭的财产，因此是作为家庭首脑的男人的财产。在其他国家，她的地位并不会更自由；有些国家保留了监护制；在所有国家中，已婚女人的权力等于零，风俗十分严厉。所有的欧洲法典都是根据教会法、罗马法和日耳曼法起草的，这些法规

---

① Bastille, 巴黎东侧的中世纪要塞，在 17 世纪改为国家监狱。大革命时，它作为旧制度的象征而被群众占领和拆毁。
② 拉丁文，女人不是真正的同盟者，但是有希望成为同盟者。
③ *Code Napoléon*，1804 年颁布的法国民法典。

都对女人不利；所有国家都认同私有制和家庭，服从这些制度的要求。

在所有这些国家，"正派女人"屈从于家庭的后果之一是存在卖淫。妓女被伪善地维持在社会边缘，完成最为重要的作用之一。基督教蔑视她们，但把她们当做必不可少的罪恶加以接受。圣奥古斯丁说："取消妓女，就会使社会被放荡扰乱。"后来托马斯·阿奎那——或者至少以他的名字在《论君主政治》第四卷署名的神学家——宣称："从社会内部去掉妓女，放荡就会以各种混乱来扰乱社会。妓女在一个城邦中，正如垃圾场在一座宫殿中一样：取消垃圾场，宫殿就会变成一个污秽和发出恶臭的地方。"在中世纪早期，流行极度放荡的风俗，不需要妓女；但是，当资产阶级家庭形成，严格实行一夫一妻制时，就必须让男人到家庭外面去寻找快乐。

查理曼颁布敕令极端严格禁止卖淫是徒劳的，圣路易①在一二五四年下令驱逐妓女，在一二六九年下令摧毁妓院都是徒劳的：儒安维尔②告诉我们，在达米埃塔③，妓女的帐篷与国王的帐篷连在一起。后来，查理九世④在法国的努力，十八世纪玛丽·特蕾西亚⑤在奥地利的努力，同样归于失败。社会结构使卖淫必不可少。叔本华⑥后来夸大其辞地说："妓女是在一夫一妻制祭坛上的人肉

---

① Saint Louis (1214—1270)，即路易九世，法国国王，在第八次十字军东征中死于鼠疫。
② Joinville (约1224—1317)，法国编年史作家，参加过第七次十字军东征，著有《圣路易史》。
③ Damietta，埃及杜姆亚特省省会。
④ Charles IX (1550—1574)，法国国王，曾下令在圣巴托罗缪之夜屠杀新教徒。
⑤ Maria Theresa (1717—1780)，奥地利女大公，匈牙利和波希米亚女王，神圣罗马帝国皇帝弗兰茨一世的皇后。
⑥ Arthur Schopenhauer (1788—1860)，德国哲学家，著有《作为意志和表现的世界》等。

祭献。"欧洲的一个伦理学史家莱基提出了同样的观点："作为恶习的最高典型，她们是德行最积极的守护者。"人们正确地将她们的地位与常常与之等同的犹太人相提并论[①]： 高利贷、非法买卖就像婚外性行为一样，受到教会禁止；但是社会不能缺少金融投机，也不能缺少卖淫，这些职能因而转移到受诅咒的阶层： 人们把这些活动圈在犹太人区域或者特定街区中。在巴黎，受到小范围治理的女人在狭小肮脏的住所里干活，她们早上来到，傍晚在宵禁开始时离开；她们住在某些街道，没有权利离开那里，在大部分城市中，妓院位于城外。就像犹太人一样，人们强迫她们在衣服上戴上不同的标记。在法国，通常是用一根指定颜色的饰带悬挂在一个肩膀上；往往禁止她们穿正派女人的绫罗绸缎、皮裘和戴首饰。她们理所当然声名狼藉，没有任何办法对抗警察和法官，只消几个邻居提出要求，便可以把她们赶出住所。对她们当中的大多数人来说，生活艰难、悲苦。有些妓女关在妓院中。一个法国旅行家安东尼·德·拉兰留下了十五世纪末巴伦西亚[②]的一所西班牙妓院的描述。他说，这个地方"像一座小城市那样大，四面有围墙封住，只有一扇门。门前竖起一个绞刑架，是为可能呆在里面的坏蛋准备的；门口有一个男人不让守候的人随便进去，他对他们说，如果他们有钱，并愿意付钱给他，他会给他们好处，他们的钱不会丢失；而如果他们有钱，却不付钱，万一夜里有人偷了他们的钱，门卫概不负责。这个地方有三四条街遍布妓院，每一个里面，胸脯丰满的妓女穿着天鹅绒和绸缎。有两三百个妓女；她们的屋子里都是上好的床单。费用是四个银币，这对我们来说是一笔大数目……那里有小酒

---

① "经过佩伊潘来到西斯特隆（译者按，上普罗旺斯的镇子）的女人，就像犹太人一样，要给圣克莱尔的贵妇们五苏的通行费。"（巴乌托）——原注
② Valencia，西班牙东部省份。

店。只有在傍晚或夜里才能透过热闹气氛，重新看到这地方亮如白昼，因为她们这时坐在门口，漂亮的挂灯照射着她们，可以更好地观看她们。有两个医生住在城里，每个星期来看妓女，了解是否有病或有其他隐情，再将她们赶出这个地方。如果城里出现疫病，这里的贵族老爷就会下令让她们自作安排，妓女便被打发到她们愿意去的地方。"[1] 此书的作者对组织严密的警察感到吃惊。许多妓女是自由的；有些挣钱很多。如同罗马的高级妓女，高等的卖笑生涯提供了比"正派女人"的生活更多自由的可能性。

有一个特殊情况，就是法国单身女人的处境；她享受到合法的独立，与妻子受奴役的地位对比鲜明；她是一个异常的人；因此，风俗急匆匆地要收回法律给予她的一切；她拥有一切世俗权利；但这是抽象的、空洞的权利；她既不拥有经济自主，也不拥有社会尊严，一般说来，老姑娘躲藏在父亲家庭的暗影中，或者在修道院内找到她的同类：她在那里要么不服从，要么犯罪，没有其他形式的自由，如同衰落时期的罗马女人只有以生活放荡来自我解放。只要她们的解放是否定的，这种否定性便是女人的命运。

在这样的条件下，可以看到，一个女人很少有行动的可能，或者简单地说自我表现的可能：在劳动阶级中，经济压迫取消了性别的不平等；但是，它也夺走了个人的所有机会；在贵族和资产阶级中，女人作为女性受到侮辱：她只有过寄生的生活；她很少受教育；必须出现异乎寻常的情况，她才能设想和实现具体的计划。王后、女摄政者拥有这罕见的幸福：她们的崇高地位激励她们超越自己的性别；在法国，萨利克法典[2] 禁止女人继承王位；但是在丈夫

① 见黎方贝格《谈话词典》中《生活狂乱的女人和姑娘》。——原注
② *Lex Salica*，在克洛维时代颁布的萨利克人的法典。

身边、在他们死后，她们有时起很大的作用：圣克洛提尔达、圣拉德贡达、卡斯蒂利亚的布朗什①就是这样。修道院生活使女人独立于男人：有些女修道院院长具有很大权力；爱洛依丝②既作为女修道院院长又因为她的爱情而闻名。在将女人与天主结合在一起的神秘的、因而是自主的关系中，女性心灵汲取了男性心灵的灵感和力量；社会给予她们的尊敬，使她们能够完成艰难的事业。贞德的经历属于奇迹，再说，这仅仅是短暂的征战。但锡耶纳的圣凯瑟琳③的故事是含义深远的；她在锡耶纳完全正常的生活中，通过仁慈和表现强烈内心生活的异象，获得了显赫的声誉；这样，她得到了成功所必需的威望，这威望是女人一般说来缺乏的；人们求助于她的影响去劝勉死刑犯，挽回迷途的人，平息家庭和城邦之间的争端。她受到崇尚她的群体的拥护，正是这样，她得以完成调解的使命，从一个城市到另一个城市宣讲要听命于教皇，与各地主教和各国君主保持广泛的通信，最后被佛罗伦萨选为使者，到阿维尼翁④去寻找教皇。王后们以神圣的权力，圣女们以光辉的品德，在社会中获得支持，这种支持使她们能与男人比肩。相反，对于其他女人，人们要求默默的谦逊。像克里斯蒂娜·德·皮桑⑤这样一个女人的成功，是一个出人意料的机会，不过她还必须守寡和负担孩子，才能决定以自己的笔去谋生。

---

① Sainte Clotilde（约465—545），克洛维一世的妻子；Sainte Radegonde（约520—587），法国墨洛温王朝国王克洛塔尔一世的妻子；Blanche de Castille（1188—1252），法国国王路易八世的妻子。
② Héloïse（1098—1164），她与家庭教师阿贝拉尔恋爱，生下一子，随后阿贝拉尔被去势；爱洛依丝入阿让特伊女隐修院，并成为院长。
③ Catherine of Siena（1347—1380），天主教多明我会女修士，奥秘神学家。
④ Avignon，法国南部城市，14世纪教皇都城曾设在这里。
⑤ Christine de Pisan（1364—1430），法国女诗人，从小生活在查理五世的宫廷里，经历坎坷。她的诗歌抒发年轻守寡的痛苦，维护妇女地位，歌颂贞德的事迹。

总的说来，事实上中世纪男人的看法对女人很不利。当然，骑士爱情诗人歌颂爱情；可以看到许多爱情艺术，其中有安德烈·勒沙普兰的诗歌和著名的《玫瑰传奇》①，纪尧姆·德·洛里在诗中激励年轻人投身于为贵妇效劳。但与这种受到行吟诗人影响的文学相对照的是狡狯地抨击女性、体现市民思想的作品：小故事诗、笑剧、故事诗，指责她们懒惰、爱卖弄风情、奢华。女人最坏的敌人是教士。他们指责的是婚姻。教会主持婚配，却禁止基督教的精英人物结婚：这里有一个矛盾，它是"女人之争"的根源。在《玫瑰传奇》第一部分写出之后十五年发表的《马蒂厄的哀叹》中，这种矛盾得到有力的揭示；后者在一百年后译成法文，在当时十分著名。马蒂厄娶了一个女人后，失去了他的"教士身份"；他诅咒他的婚姻，诅咒女人和一般意义的婚姻。既然在婚姻和教士身份之间不可调和，为什么天主创造出女人呢？在婚姻中不可能存在平静：这一定是魔鬼所为；或者天主那时不知道自己在做什么。马蒂厄希望在末日审判时，女人不要复活。但天主回答他，婚姻是一个炼狱，由此可上天堂；马蒂厄在梦中被送到天堂，看到一群丈夫喊着"看啊，看啊，真正的受难者！"来迎接他。让·德·默恩也是一个教士，可以看到他所写的部分受相同灵感的启发；他敦促年轻人摆脱女人的枷锁；他首先攻击爱情：

　　　　爱是憎恶的国度，
　　　　爱是含情的仇恨

---

① *Le roman de la rose*，法国中世纪文学的重要作品，第一部分的作者是纪尧姆·德·洛里，约写于 1230 年，共四千余行；第二部分的作者是让·德·默恩，写于 1280 年，约一万八千行，见第 16 页脚注③。长诗以隐喻手法描写爱情。

他抨击婚姻将男人置于奴役状态，让男人注定受骗；他对女人发出激烈的指责。女人的辩护者们在回答中竭力表明女人的优越性。下文是其中几个论据，女性的辩护者一直到十七世纪都从中借鉴：

> 女人高于男人之处如下。在物质上：因为亚当是用泥土做的，而夏娃是用亚当的一根肋骨做的。在地点上：因为亚当是在天堂之外创造的，而夏娃是在天堂里创造的。在受孕上：因为女人孕育了天主，这是男人做不到的。在显灵方面：因为基督死后向一个女人即抹大拉显灵。在赞颂方面：因为女人受到的赞颂在众天使之上，她就是慈悲为怀的马利亚……①

对此，反对者反驳说，基督先向女人显灵是因为他知道女人多嘴多舌，而他急于让人知道他已复活。

争论在十五世纪继续进行。《婚姻十五乐》②的作者善意地描绘可怜丈夫的不幸。厄斯塔什·德尚③关于同样的题材写过一首没完没了的长诗。正是在这时期，开始了玫瑰传奇之争。人们破天荒第一次看到女人拿起笔来保卫自己的性别；克里斯蒂娜·德·皮桑在《给爱神的书简诗》中激烈地抨击教士。教士立即起来保卫让·德·默恩；但巴黎大学的主事热尔松④站在克里斯蒂娜一边，他用法语起草论文，为了让更多读者看得懂。"坦率者"马丁将难以理

---

① 原文为拉丁文，由作者译成法文。
② 从让·德·默恩的作品中汲取题材，抨击婚姻，认为所谓欢乐是"世间最大的烦恼"。
③ Eustache Deschamps（约1346—1406），法国诗人，法国第一部诗论《修辞艺术》的作者。
④ Jean de Gerson（1363—1429），法国神学家。

解的《贵妇的头巾》投入战场，人们在两百年后还在阅读这部作品。克里斯蒂娜重新介入。她特别要求允许女人受教育："如果习俗让少女上学，让她们一起学科学，就像对待儿子那样，她们便能同样完美地学会并理解所有的技艺和科学，如同男孩子那样。"

事实上，这场争论只间接地牵涉到女人。谁也没有想过为她们要求不同于加在她们身上的社会角色。更确切地说，是要对照教士的生活和婚姻状况，就是说，这是由教会对婚姻的态度模棱两可引起的男性问题。后来路德①拒绝教士的独身制，解决了这个冲突。女性状况没有受到这场文学论战的影响。笑剧和小故事诗的讽刺，在嘲笑社会如此这般的同时，并不想改变它：它嘲弄女人，但丝毫不对女人搞阴谋诡计。骑士诗歌赞颂女性，但这样的崇拜并没有带来两性平等。"争论"是反映社会态度，而不是改变社会态度的次要现象。

有人说过，女人的法定地位从十五世纪初到十九世纪几乎没变；但是，在享有特权的阶级中，她的具体处境却在变化。意大利文艺复兴是一个个性自由发展的时期，有利于孕育各种各样不分性别的、强有力的个性。可以看到一些强有力的女君主，诸如阿拉贡女王胡安娜、那不勒斯的乔瓦娜、伊莎贝尔·德·埃斯特②；其他女性是无所顾忌的冒险家，像男人一样拿起武器：诸如吉罗拉莫·里亚里奥的妻子为弗利③的自由而斗争；希波莉塔·菲奥拉曼蒂指

---

① Martin Luther (1483—1546)，德国宗教改革家，创立新教。
② Juana d'Aragon (约1479—1555)，绰号疯子胡安娜，也任卡斯蒂利亚女王；Giovanna I (1326—1382)，Giovanna II (1371—1435)，那不勒斯女王；Isabelle d'Este (1474—1539)，意大利文艺复兴时期重要政治人物，曾任曼托瓦摄政王。
③ Forli，意大利北部城市。

挥米兰公爵的军队，在帕维亚①围城战中，她指挥一连贵妇开到城根。为了保卫城市，反对蒙吕克②，锡耶纳的女人组成了三支队伍，每一支队伍有三千个人，由女人指挥。其他意大利女人以学问或才能闻名：诸如伊索拉·诺加拉、维罗尼卡·甘巴拉、加斯帕拉·斯坦帕拉、米开朗琪罗的女友维多利亚·柯隆纳，尤其是洛伦佐·德·梅迪奇和朱利亚诺·德·梅迪奇的母亲卢克雷齐亚·托尔纳博尼，她写过颂歌、施洗约翰③和圣母的传记。在这些与众不同的女子中间，大部分都是高级妓女；精神自由加上生活作风的自由，其中许多人通过她们从事的职业获得经济自主，得到男人敬重和赞赏；她们保护艺术，关注文学、哲学，自己也常常写作或绘画：伊莎贝尔·德·卢纳、卡塔里娜·迪·圣切尔索、诗人兼音乐家英佩里亚，她们恢复阿斯帕西娅和弗丽内的传统。但对许多人来说，自由还只不过具有放荡的外貌：意大利的贵妇和妓女的狂饮滥喝和所犯罪恶是传奇性的。

随后的几个世纪，在那些地位或财产使之从日常道德中解放出来的女人中，这种放荡也是可以看到的自由的主要形式；日常道德从总体上说像中世纪时一样严格。至于要积极地实现自由，仍然只有一小部分人做得到。王后总是有特权的：卡特琳娜·德·梅迪奇、伊丽莎白一世、伊莎贝拉一世④都是杰出的女君主。有几个杰出的圣女也受到尊敬。阿维拉的圣德肋撒⑤的惊人命运几乎可以与

---

① Pavia，意大利北部城市，多次落入法国人、西班牙人、奥地利人之手。
② Montluc（1502—1577），法国元帅，曾参与攻打帕维亚的战斗。
③ John the Baptist，犹太人先知。
④ Catherine de Médicis（1519—1589），法国王后，后任法国摄政王；Elizabeth I of England（1533—1603），英国女王，她的统治是英国历史上重要的一页，Isabella I（1451—1504），又称伊莎贝尔一世，卡斯蒂利亚王后。
⑤ Teresa of Ávila（1515—1582），西班牙加尔默罗会修女。

圣凯瑟琳的命运以同样方式来解释： 她在信仰天主中汲取对自身的牢固信念；她将适合于自己身份的品德升到最高点，让自己得到听她忏悔的神父和基督教世界的支持，由此她可以摆脱一个修女的普通地位；她创建修道院，管理修道院，她漫游、工作，以一个男人敢于冒险的勇气坚持下去；社会没有给她设置障碍；甚至写作也不是一种大胆行为： 听她忏悔的神父要她这样做。她出色地表现出，一旦出于惊人的偶然，给了一个女人通常给予男人的机会，她也可以达到男人一样的高度。

但事实上，这些机会是很不平均的；在十六世纪，女人仍然很少受教育。布列塔尼的安娜[1] 将很多女人叫到不久以前只看得到男人的宫廷里；她千方百计组织一队陪伴王后的少女： 她关心她们的教育，胜过关心她们的修养。在这些不久便以思维、知识、著述脱颖而出的女子中，大部分是贵妇： 德·雷斯公爵夫人、德·利涅罗勒夫人、德·罗昂公爵夫人和她的女儿安娜；最著名的是王妃： 玛戈王后和纳瓦拉的玛格丽特[2]。佩尔内特·杜·吉耶[3] 好像是一个平民女子；但路易丝·拉贝[4] 可能是一个高级妓女： 无论如何，她的生活作风极为自由。

十七世纪的女性主要在智力方面继续独树一帜；上流社会的生活在发展，文化在传播；在沙龙中女人所起的作用巨大；由于她们没有投身于建设世界，她们有闲暇投身到交谈、艺术和文学中；她们没有受到正规的教育，但是，通过交谈、阅读、私人家庭教师的教育或者公共讲座，她们终于获得了高于她们丈夫的知识： 德·古

---

① Anne de Bretagne (1476—1514)，法国王后。
② La reine Margot (1553—1615)，即瓦卢瓦的玛格丽特，写过诗歌和回忆录；Marguerite de Navarre (1492—1549)，纳瓦拉王后，著有短篇小说集《七日谈》。
③ Pernette du Guillet (1520—1545)，法国女诗人，她的爱情诗写得委婉深沉。
④ Louise Labé (1524—1566)，法国女诗人，写过二十四首十四行诗。

尔奈小姐、德·朗布耶夫人、德·斯居代里小姐、德·拉法耶特夫人、德·塞维尼夫人①在法国享有广泛的声誉；在法国以外，同样的声誉与伊丽莎白王妃、克里斯蒂娜女王②、舒尔曼小姐的名字相连，后者与整个学术界通信。女人由于拥有广博的学问及随之而来的威望，终于干预男人的世界；许多雄心勃勃的女人从文学和爱情决疑论滑向政治阴谋。一六二三年，教皇大使写道："在法国，一切大事件、一切重大的阴谋往往都取决于女人。"德·孔代王妃制造了"妇女密谋"；奥地利的安娜③受到一批女人包围，她乐意听取她们的建议；黎塞留④乐意倾听德·艾吉永公爵夫人⑤的意见；众所周知，在投石党事件⑥期间，德·蒙巴赞夫人、德·谢弗勒兹夫人、德·蒙庞西埃小姐、德·龙格维尔公爵夫人、安娜·德·贡扎格⑦和许多其他女人起了什么作用。最后，德·曼特农夫人⑧做出了一个光辉例证，表明一个灵活的女顾问能对国家事务起到什么影响。女人作为激励者、顾问、阴谋家，以间接方式起到最有效的

① Marie de Gournay（1566—1645），法国女作家，著有《古尔奈小姐的阴影》等；Catherine de Rambouillet（1588—1655），侯爵夫人，原籍意大利，她的沙龙是上流社会人士聚会之地；Madeleine de Scudéry（1607—1701），法国女小说家，著有《伟大的西吕斯》、《克莱莉》等，注重心理分析；Marie-Madeleine de La Fayette（1634—1693），法国女小说家，中篇小说《克莱芙王妃》被看做法国第一部重要的心理小说；Madame de Sévigné（1626—1696），法国女作家，她的《书简集》共收一千七百多封信。
② Christina of Sweden（1626—1689），瑞典女王。
③ Anne d'Autriche（1601—1666），法国王后，路易十三的妻子。
④ Richelieu（1585—1642），红衣主教，路易十三的首席大臣。
⑤ La duchesse d'Aiguillon（1604—1675），黎塞留的侄女。
⑥ 发生在十七世纪中叶，是法国贵族企图抑制王国政府权势增长的行动。
⑦ Madame de Montbazon（1610—1657），投石党事件后被流放；La duchesse de Chevreuse（1600—1679），多次参加反政府阴谋；Anne de Montpensier（1627—1693），是欧洲最富有的继承人之一，曾设法搬出巴士底狱的大炮，向国王军队轰击；Anne de Gonzague（1616—1684），参与投石党事件，企图救出被囚禁的贵族。
⑧ Madame de Maintenon（1635—1719），法国国王路易十四的第二个妻子。

作用：西班牙的于尔森王妃①统治时具有更多的威望，可是她的生涯短促。在这些杰出贵妇之外，有几类人物在摆脱资产阶级束缚的圈子里确立地位；可以看到出现一种新类型人物：女演员。一五四五年，第一次看到一个女人出现在舞台上；一五九二年，仍然只有一个女演员；十七世纪初，大部分女演员都是男演员的妻子；随后她们在职业和私生活中取得独立。至于交际花，在弗丽内、英佩里亚以后，在尼侬·德·朗克洛②身上找到最完美的体现：她善于利用自己的性别，并超越它；由于生活在男人中间，她具有男性的优点；作风的独立使她倾向于精神独立：尼侬·德·朗克洛将自由发展到当时一个女人所能达到的极限。

在十八世纪，女人的自由和独立还要扩大。原则上风俗仍然是严厉的：少女只接受简单的教育；让她结婚或者进入修道院都不需要征得她的同意。资产阶级是上升阶级，它的存在巩固了，强加给妻子严格的道德。但相反，贵族的解体允许上流社会女人最大的放荡，甚至上层资产阶级都受到这些榜样传染；无论修道院还是家庭，都不能约束女人。对她们当中的大多数人来说，这种自由再一次是否定的和抽象的：她们仅限于寻找快乐。但是聪明的和有雄心的女子，为自身创造了行动的可能性。沙龙生活获得新发展：人们相当清楚若弗兰夫人、杜·德方夫人、德·莱斯皮纳斯小姐、德·埃皮奈夫人、德·唐森夫人③所

---

① La Princesse des Ursins（1642—1722），法国贵妇，1701—1714 年西班牙王位继承战争时，对西班牙政府施加巨大影响。
② Ninon de Lenclos（1620—1705），法国贵妇，她的沙龙吸引了文学界和政治界的知名人物。
③ Marie Thérèse Geoffrin（1699—1777），法国启蒙运动重要人物，她的沙龙在欧洲声誉斐然；Marquise du Deffand（1697—1780），在沙龙中接待作家和百科全书派；Julie de Lespinasse（1732—1776），先协助德方夫人，后自己开设沙龙；Louise d'Epinay（1726—1783），在蒙莫朗西的领地内接待启蒙作家；Claudine Guérin de Tencin（1682—1749），法国女作家，开设沙龙。

起的作用；女人作为保护人、灵感来源，构成作家特别喜爱的读者；她们关注文学、哲学、科学：她们像杜·沙特莱夫人①那样，有自己的物理工作室、化学实验室，她们做实验，她们解剖；她们比以往任何时候更加积极地干预政治生活；德·普里夫人、德·马伊夫人、德·沙托纳弗夫人、德·蓬巴杜夫人、杜·巴里夫人②轮番统治着路易十五③；几乎没有一个大臣没有女顾问，以至孟德斯鸠认为，在法国，一切都是由女人完成的；他说，她们构成"国家中的一个新国家"；柯莱④在一七八九年前夕写道："她们在法国人中占据着极大优势，她们让法国人这样屈从自己，以至法国人只听从她们去思想和感觉。"在上流社会女子旁边，还有女演员和风流女子，她们享有广泛声誉：索菲·阿尔努、朱丽·塔尔马、阿德里安娜·勒库夫勒⑤。

这样，在整个旧制度下，想有所作为的女人最容易接近的是文化领域。然而，没有女人达到但丁或莎士比亚的高峰；这个事实可以通过她们地位的总体平庸来解释。文化从来只是女性精英的特权而不是群众的特权，男性天才往往出自群众；甚至享有特权的女子也会在她们周围遇到障碍，阻止她们到达高峰。什么也不能阻止圣德肋撒、叶卡捷琳娜二世的飞腾，但有上千种情况联合起来反对女作家。在弗吉尼亚·伍尔夫⑥的小书《一间自己的屋子》中，她以

① Emilie du Châtelet (1706—1749)，法国女数学家、物理学家、哲学家。
② Marquise de Prie (1698—1727)，一度是路易十五官廷中最有权势的女人；Madame de Pompadour (1721—1764)，路易十五的宠姬；Madame du Barry (1743—1793)，路易十五的宠姬，大革命时被处决。
③ Louis XV (1710—1774)，法国国王。
④ Charles Collé (1709—1783)，法国歌谣作家、戏剧家，著有《酒中真理》等。
⑤ Sophie Arnould(1740—1802)，法国女歌唱家；Adrienne Lecouvreur (1692—1730)，法国女演员。
⑥ Virginia Woolf (1882—1941)，英国女作家，著有《达洛卫夫人》、《到灯塔去》、《海浪》等。

创造一个虚构中的莎士比亚妹妹的命运来自娱；当莎士比亚在中学里学会一点拉丁语、语法、逻辑时，她在家中仍然处于完全无知的状态；当他偷猎、跑遍田野、同女邻居睡觉时，她却在父母的眼皮下缝补破衣烂衫；即使她像他一样大胆离家，到伦敦去寻找发财机会，她也不会变成女演员，自由谋生：要么她被领回家去，被强迫出嫁；要么她受到诱惑，被人抛弃，声誉扫地，绝望地自杀。也可以想象她变成一个寻欢作乐的妓女，一个莫尔·弗兰德斯那样的女人，就像丹尼尔·笛福①生动描绘的那样，但无论如何，她不会指挥一支军队和写作悲剧。伍尔夫指出，在英国，女作家总是引起敌意的。约翰逊博士把女作家比做"一条用后腿走路的狗：这不是很好，但令人惊奇"。艺术家比任何人更关注他人的见解；女人紧紧地依赖他人的见解：可以设想，对一个女艺术家来说，需要什么力量才敢对此置之不顾；通常她在这种斗争中耗尽精力。在十七世纪末，身为贵族、没有孩子的温希尔西夫人试图冒险写作；她的作品的某些段落表明，她具有敏感和诗意的本质；但是她在仇恨、愤怒和恐惧中衰竭了：

> 唉！一个拿起笔的女人
> 被看做这样自以为是，
> 以至她决不能赎罪！

几乎她所有的作品都用来表达对女性境况的愤怒。纽卡斯尔公爵夫人的情况也一样；她也是贵妇，她写作引起了愤慨。她愤怒地

---

① Daniel Defoe（1660—1731），英国小说家，著有《鲁滨逊漂流记》、《莫尔·弗兰德斯》等。

写道："女人像蟑螂或者猫头鹰一样生活，像虫子一样死去。"她受到侮辱和嘲笑，只得在自己的领地里闭门不出；尽管她的气质宽宏，也变得半疯狂了，只能产生荒唐的蹩脚作品。直到十八世纪，平民女子阿芙拉·贝恩成为寡妇以后，才像男人一样以笔耕为生；其他女子追随她的榜样；但即使在十九世纪，她们仍然时常不得不隐藏起来；她们甚至没有"一间自己的屋子"，就是说，她们享受不到物质的独立这种内心自由所必需的条件之一。

可以看到，由于上流社会生活的发展以及它与精神生活的紧密联系，法国女人的处境更为有利了。然而，舆论很大程度是敌视"女才子"的。在文艺复兴时期，贵妇和有才学的女人掀起一场为女性争地位的运动；从意大利舶来的柏拉图的理论将爱情和女人精神化。大量文人力图捍卫女人。可以看到出现《贞女大帆船》、《太太骑士》等等作品。伊拉斯谟①在《小元老院》中让柯奈莉说话，她犀利地提出女性的指责："男人是暴君……他们把我们当做玩偶……他们把我们变成洗衣妇和厨娘。"伊拉斯谟要求让女人受教育。柯内留斯·阿格里帕②在一部十分著名的作品《为女性之杰出及崇高辩护书》中，竭力指出女性的优越性。他重新引用《旧约》中的老论据：夏娃意为生命，亚当意为大地。女人是在男人之后创造的，比男人更完善。她出生在天堂，他却出生在天堂外。当她落到水里时，她浮出水面；男人却沉没了。她是用亚当的一根肋骨，而不是用泥土做成的。她的月经治愈所有的疾病，无知的夏娃只犯了小错，而犯罪的是亚当；因此天主让自己是个男人，再说，他复活以后向女人显灵。然后，阿格里帕宣称，女人比男人更有美

① Desiderius Erasmus （约 1469—1536），荷兰人文主义者，著有《愚人颂》等。
② Cornelius Agrippa von Nettesheim（1486—1535），德国医生、神秘学家、哲学家，查理五世的宫廷秘书。

德。他列举一些"明智的贵妇",她们可以因性别而自豪,这也是同类辩护的一种老生常谈。最后,他提出一份对男性暴虐的控诉书:"男人暴虐,其行为违反一切权利,侵犯自然的平等而不受惩罚,剥夺了女人与生俱来的自由。"她生孩子,与男人一样聪明,甚至比男人更细腻;限制她的活动是不能容忍的,"这显然不是根据天主的命令,不是出于需要,也不是出于理性去做的,而是出于习俗力量、出于教育、出于干活需要,主要出于暴力和压迫"。当然,他没有要求男女平等,而是希望尊重女性。这部作品获得极大成功。《不可攻克的堡垒》是另一篇针对女人的辩护词;埃罗埃①的《完美的女友》沾染了柏拉图的神秘主义。波斯特尔②在一部预示了圣西门③学说的有趣的书中,宣布一个新夏娃的到来,这是人类的再生母亲:他甚至以为遇到了她;她死了,也许在他身上再现,瓦卢瓦的玛格丽特要更有节制,在她的《博学而灵活的讲话》中宣称,在女人身上有着神圣的东西。纳瓦拉的玛格丽特作为最有效地为女性事业服务的作家,提出以情感神秘主义和贞洁却不假正经的理想来反对风俗的淫荡,她竭力调和婚姻与爱情,以争取女人的荣誉和幸福。当然,女人的敌对者没有放下武器。例如,在回答阿格里帕的《男女两性的争论》里,可以找到中世纪的古老论据。拉伯雷④在《巨人传》第三卷中对婚姻作了犀利的嘲讽,这是重拾马蒂厄和德尚的传统:在"德廉美修道院"制定法律的却是女

---

① Antoine Héroët(1492—1568),法国诗人,《完美的女友》是一首哲理诗,阐述柏拉图精神恋爱的观点。
② Guillaume Postel(1510—1581),法国作家、东方学者、语文学家。
③ Henri de Saint-Simon(1760—1825),法国空想社会主义者,著有《一个日内瓦居民给他的同胞的信》、《工业体系》等。
④ François Rabelais(约1494—1553),法国小说家,人文主义者,欧洲长篇小说的开创者之一,著有《巨人传》等,在《巨人传》第一卷中,约翰修士战胜入侵之敌后,国王为他建造了"德廉美修道院"。

人。反女性主义在一六一七年发动新的刻毒批评，这就是雅克·奥利维埃的《女人的不完美和狡猾的基础读本》；在封面上可以看到一幅版画，画着一个女人长着哈比①的手，她身上覆盖着淫荡的羽毛，用鸡爪栖息，因为她像母鸡一样是个糟糕的家庭主妇：在每个字母下面写上她的一个缺陷。这次又是一个教士重新挑起古老的争论；德·古尔奈小姐通过《男女平等》加以反驳。色情文学《巴那斯和讽刺工作室》攻击女人的生活作风，为了贬低她们，这些假虔诚者援引圣保罗、教父、《传道书》的话。女人也给马图兰·雷尼耶②和他的朋友们的讽刺取之不竭的题材。在另一个阵营中，女人的辩护者重拾阿格里帕的论据，竞相加以评论。博斯克在《正派女人》中提出，要允许女人受教育。《阿丝特蕾》③和整个骑士文学以回旋诗、十四行诗、哀歌等等歌颂她们的事迹。

女人所获得的成功，引来了对她们的新抨击；女才子使舆论感到不满；观众为《可笑的女才子》、稍后是《女博士》④喝彩。并非莫里哀与女人为敌：他激烈抨击逼婚，为少女要求情感自由，为妻子要求敬重和独立。相反，波舒哀在他的布道词中不太宽容女子。他宣讲道，第一个女人只是"亚当的一部分和一种缩影，而在精神上几乎是同样的比例"。布瓦洛⑤对女人的讽刺只是修辞的练

---

① Harpy，希腊神话中司暴风的有翅女怪。
② Mathurin Régnier (1573—1613)，法国诗人，著有《讽刺诗》等，抨击当时的风俗。
③ *L'Astrée*，矫饰文学的代表作（前三部 1607—1627），奥诺雷·德·于尔菲（Honoré d'Urfé, 1567—1625）所作，第四和第五部由巴尔塔查·巴罗（Balthazar Baro, 1590—1650）续写。
④ *Les Précieuses ridicules* 和 *Les Femmes savantes* 都是莫里哀的喜剧，前者讽刺资产阶级沾染了贵族沙龙的典雅风气，制造了矫揉造作的典雅语言；后者抨击把思辨教育与典雅、假正经结合起来。
⑤ Nicolas Boileau-Despréaux (1636—1711)，法国古典主义理论家、诗人，著有《讽刺诗》和《诗的艺术》等，前者的第十首《论女人》抨击女才子。

习，但引起别人举起盾牌：普拉东、勒尼亚尔、佩罗①愤怒地加以反击。拉布吕耶尔、圣埃弗勒蒙②支持女性。当时最坚决的女性主义者是普兰·德·拉巴尔，他在一六七三年发表了一部笛卡儿观点的著作《论两性平等》。他认为，男人作为强者，处处使男性处于有利地位，而女人出于习惯，接受这种附属地位。她们从来没有机会：既没有自由，也没有受教育的机会。因此，不能根据她们在过去的所作所为来评价她们。没有什么表明，她们低于男人。生理结构显示出差异，但是没有任何差异对男性构成特权。普兰·德·拉巴尔下结论时提出要女人接受坚实的教育。丰特奈尔③为女人写过《论世界的多元性》。费奈隆④跟随德·曼特农夫人和弗勒里神父，在他的教育论纲中表现得犹豫不决，而教育界的冉森派教徒罗兰⑤却相反，希望女人进行认真的学习。

　　十八世纪对此也有分歧。一七四四年，在阿姆斯特丹，《关于女人灵魂的争论》的作者宣称："仅仅为了男人才创造出来的女人，在世界末日到来时不会再存在，因为女人对于为此而创造的对象不再有用了，因此必然得出，女人的灵魂不是不朽的。"卢梭作为资产阶级的代言人，以不那么彻底的方式让妻子为丈夫和母性作

① Nicolas Pradon（1632—1698），法国剧作家，曾写出一部《菲德拉》，想击败拉辛；Jean-François Regnard（1655—1709），法国剧作家，曾被海盗劫持到阿尔及尔，著有《赌徒》等；Charles Perrault（1628—1703），法国诗人、童话故事作家，在"古今之争"中力图挣脱古典主义规则的束缚。
② Jean de La Bruyère（1645—1696），法国古典主义散文家，著有《品性论》；Saint Evremond（1615—1703），法国伦理学家、批评家。
③ Fontenelle（1657—1757），法国散文家，著有《论世界的多元性》、《论寓言之起源》等。
④ Fénelon（1651—1715），法国古典散文家、天主教大主教，著有《论女子教育》、《忒勒马科斯历险记》等。前者指出女孩子的缺点，提出女子教育的方案，强调因材施教，选好家庭女教师，让她们成为好的家庭主妇。
⑤ Charles Rollin（1661—1741），法国作家、历史学家，曾任巴黎大学校长，著有《论学习》、《古代史》等。

奉献。他断言："女人所接受的全部教育应该与男人相关……女人生来是向男人让步的，并且忍受不公正。"然而，十八世纪的民主思想和个性自由思想对女人是有利的；在大多数哲学家看来，女人是与男性同等的人。伏尔泰揭露她们命运的不公正。狄德罗认为她们的弱势大部分是社会造成的。他写道："女人啊，我为你们抱屈喊冤！"他认为："在一切习俗中，民法的残酷与自然的残酷联合起来对付女人。她们受到蠢人一样的对待。"孟德斯鸠自相矛盾地认为，女人应该在家庭生活中从属于男人，但是没有什么阻止她们从事政治活动。"女人成为家庭主妇是违反理性和自然的……她们治理一个帝国却并非如此。"爱尔维修①指出，女人教育的荒唐造成了她的弱势；达朗贝尔②同意这种观点。在德·西雷夫人的作品中，可以看到经济方面的女性主义悄悄地出现了。但只有梅尔西埃③在他的《巴黎图景》里对女工的贫困表示愤怒，这就牵涉到妇女劳动的根本问题。孔多塞④期待女人能参与政治生活。他认为女人与男人平等，捍卫女人，反驳历来的攻讦："据说女人……确切地说没有正义感，她们更多是服从感情而不是意识……（但是）并非本性，而是教育、社会生活造成这种不同。"在另一处："女人越是受到法律的奴役，她们的威望就越是处于危险状态……如果女人不关心保持威望，对她们来说，威望不再是自我保护和摆脱压迫的唯一方法，它就会缩减下去。"

---

① Claude-Adrien Helvétius（1715—1771），法国哲学家，百科全书派的重要人物，著有《论精神》、《论人、人的智力和教育》等。
② Jean Le Rond d'Alembert（1717—1783），法国哲学家、作家、数学家，百科全书派的主将之一，著有《论液体的平衡和运动》、《文学与哲学合集》等。
③ Louis-Sébastien Mercier（1740—1814），法国作家、戏剧理论家，著有《论戏剧或戏剧艺术新论》、《巴黎图景》、《新巴黎》等。
④ Condorcet（1743—1794），法国哲学家、数学家、政治家，百科全书派，著有《伏尔泰传》、《人类精神进步的图景描述》等。

五

　　人们可能认为要等待大革命来改变女性命运。根本不是这么回事。这次资产阶级革命尊重资产阶级的制度和价值；它差不多专门是由男人来完成的。重要的是强调在整个旧制度时期，劳动阶级的妇女作为女性拥有了最多的独立。女人有权经商，她具有自主从事她的职业所必需的一切才能。她以缝补女工、洗衣女工、抛光女工、零售女商贩等身份参加生产；她要么在家里，要么在小企业中干活；她的物质独立使她在生活作风上有很大的自由：下层妇女可以出门，经常出入小酒店，差不多像男人一样支配自己的身体；她是丈夫的合作者和同等的人。正是在经济方面，而不是在性的方面，她要遭受压迫。在农村，农妇大量参加农业劳动；她被当作女仆；她往往不与丈夫和儿子们同桌吃饭，她比他们干活更辛苦，在疲劳之外，还要加上生育的负担。但正像在古代的农业社会中那样，她对男人是必不可少的，因此她也受到尊敬；他们的财产、他们的利益、他们的思虑是共同的；她在家里行使很大的权威。这些女人正是从她们艰苦的生活中才能确立为人，要求得到权利；但胆怯和顺从的传统压在她们身上：三级会议的备忘录只显示女性所提要求的几乎微不足道的一部分；这些要求只限于此："男人不能从事属于女人特权的职业。"当然，可以看到在示威游行和骚乱中女人站在她们的男人一边；正是她们到凡尔赛去寻找"面包店老板、老板娘和小伙计"。但不是老百姓领导了革命事业，也不是老百姓摘取果实。至于资产阶级女子，她们中有些热情地与自由事业结合在一起：罗兰夫人、吕西尔·德穆兰^①、泰罗瓦涅·德·梅里库；她们当中有一位深刻地影响了事件的进程：夏洛特·柯黛，她暗杀了马拉^②。有过一些女性主义运动。奥兰普·德·古日在一七八九年提出一个《女权宣言》，与《人权宣言》^③相抗衡；她在这份宣言中要求取消所有的男性特权。一七九〇年，在《贫穷的雅科特的动议》和其他类似的檄文中，可以找到同样的观点；尽管有孔多塞的支持，这些努力都流产了，奥兰普死在断头台上。除了她创办的《不耐烦者报》，还出现了其他小报，但都昙花一现。妇女俱乐部大多与男性的俱乐部一样纷纷涌现，却被后者吸收了。一七九三年雾月^④二十八日，当共和与革命妇女协会主席、女演员萝丝·拉贡布在妇女代表团的陪同下，强行进入省议会时，检察官肖梅特^⑤在议会中发表讲话，这篇讲话好像从圣保罗和托马斯·阿奎那的言论中得到启发："从什么时候起允许女人放弃她们的性别，成为男人呢？……（大自然）对女人说过：做女人吧。照料孩子，做细碎的家务，忍受生育的各种不安，这就是你的工作。"人们禁止她们进入议会，不久甚至禁止她们进入俱乐部理事会，她们曾在那里接受政治上的初步训练。一七九〇年，取消了长子继承法和男性的特权；女孩和男孩在遗产的继承上变得平等；一七九二年，法律准许离婚，由此，婚姻关系不

---

① Jeanne-Marie Roland (1754—1793)，法国女政治家，受过良好教育，热情参加大革命，撰写文章，成为吉伦特党的灵魂，被监禁期间，撰写《回忆录》，最后上了断头台；Lucile Desmoulins (1770—1794)，法国政治家德穆兰之妻，法国大革命期间被处决。

② Jean-Paul Marat (1743—1793)，法国政治家、医生和新闻工作者，大革命时期激进的山岳派领袖。1793 年 7 月 13 日，被吉伦特派支持者夏洛特·科黛（Charlotte Corday, 1768—1793）刺杀。

③ *Déclaration des droits de l'Homme et du Citoyen*，全名为《人权和公民权宣言》，1789 年在制宪议会上通过。

④ 法兰西共和历第二个月，相当于公历 10 月 22 日到 11 月 20 日。

⑤ Pierre-Gaspard Chaumette (1763—1794)，法国政治家，因其极端民主主义被革命法庭处决。

再那么严紧了；但这只是微小的成功。资产阶级的女人与家庭结合得太紧密，以至她们互相之间没有具体的团结；她们不构成一个能强行提出要求的、分隔开来的阶层；在经济上，她们过着寄生的生活。因此，当那些本可以不顾性别参与政治事件的女子因自己所属的阶级受到遏止时，那个行动阶级的女子却被迫作为女人呆在一边。当经济权力落到男性劳动者的手里时，女性劳动者要获得过寄生生活的妇女——不管是贵族还是资产阶级的女子——永远得不到的权力，就变得可能了。

在法国大革命清洗的期间，女人享受到无政府状态的自由。但当社会重新组织起来时，女人重新被严厉地奴役。从女性主义的观点来看，法国走在其他国家前面；不过，对现代法国女人来说是不幸的，她的地位在军事专政时期就被决定了；《拿破仑法典》在一个世纪中固定了她的命运，大大推迟了她的解放。就像所有的军人一样，拿破仑只愿意在女人身上看到一个母亲；可是，作为资产阶级革命的继承者，他不想粉碎社会结构，给予母亲超过妻子的优势；他禁止寻找父亲；他严厉地限定未婚妈妈和私生子的权利。然而，已婚女人本身虽有母亲的尊严，却也无计可施；封建的悖论延续下来。女孩和母亲都被剥夺了公民的资格，这就禁止她们承担诸如律师、监护人的职责。但单身女人充分享受公民权利，而婚姻保留着监护制。女人应当服从丈夫；如果她通奸，他可以判她监禁，并能跟她离婚；如果他当场捉奸，杀死了有罪的女人，在法律看来，他是可以赦免的；而丈夫只有将一个姘妇带到家中才会被判罚款，也只有在这种情况下，妻子才能与他离婚。由男人确定住在哪里，他对孩子们比母亲有多得多的权利；除非妻子经商，为了让她能承担义务，授权给她是必要的。丈夫的权力同时严格实施在妻子身上和她的财产上。

在整个十九世纪，司法不断加强法规的严厉程度，尤其是剥夺女人的一切让与权。一八二六年，复辟时期①取消了离婚；一八四八年的制宪议会拒绝恢复离婚；离婚直到一八八四年才重新恢复，但仍然很难获准离婚。这是因为资产阶级一直不够强大，而它明白工业革命带来的威胁；它是以惴惴不安的权威确立的。承袭于十八世纪的思想自由没有动摇家庭伦理；家庭伦理仍然像十九世纪初期的反动思想家约瑟夫·迈斯特尔和博纳尔②所定义的那样。他们将秩序的价值建立在神的意志上，要求一个严格按等级制建立的社会；家庭作为不可分解的社会细胞，将是社会的小宇宙。博纳尔说："男人之于女人，正如女人之于孩子；政权之于大臣正如大臣之于臣民。"因此，丈夫统治，妻子经营，孩子服从。离婚当然被禁止；女人禁闭在家中。博纳尔还说："女人属于家庭，而不属于政治社会，大自然创造她们，是让她们照料家务，而不是行使公共职权。"在勒普拉③于十九世纪中叶界定的家庭中，这种等级受到尊重。

奥古斯特·孔德④以有点不同的方式也要求性别分等级；他认为在性别之间"有着肉体和精神两方面的根本不同，在所有的动物中，尤其在人类中，这种不同深刻地将两者区分开来"。女性是一种"持续的童年"，这就使女人远离"人类的理想类型"。这种生

---

① 拿破仑于一八一四年四月退位，由波旁王朝的路易十八登基，然后是查理十世上台。复辟王朝实行君主立宪制。
② Joseph de Maistre (1753—1821)，法国作家、政治家，著有《圣彼得堡之夜》等，反对革命学说，主张建立王权和神权；Louis de Bonald (1754—1840)，政治哲学家、政治家，极端保王派，是旧制度的捍卫者。
③ Frédéric Le Play (1806—1882)，法国工程师、经济学家、社会学家，著有《欧洲工人》、《社会改革》等。
④ Auguste Comte (1798—1857)，法国哲学家，创立实证主义，著有《实证哲学体系》等。

理上的幼稚，表现为一种弱智；这种纯粹情感的生物的角色，就是妻子和家庭主妇，她不能同男人竞争："无论领导还是教育，都对她不合适。"正如在博纳尔的著作中，女人被禁锢在家庭里，而在这个小型社会中，父亲统治，因为女人"不能胜任一切治理，哪怕家庭的治理"；女人只能经营和建议。她的教育应该受到限制。

"女人和无产者既不能也不应该成为创造者，而且他们也不想那样。"孔德预见到，社会的演变会导致完全取消在家庭之外的女性劳动。孔德受到他对克洛蒂德·德·沃的爱情的影响，在他的著作的第二部分颂扬女人，直至将女人等同于神，是伟大存在的表现；在人类的神庙中，实证主义的宗教向人民提议崇拜女人；但是只是因为她的美德，她才配得上这崇拜；而男人在行动时，她却在爱：她比他要利他主义得多。根据实证主义的体系，她仍然被关在家庭中；她被禁止离婚，甚至希望她永远当寡妇；她没有任何经济权利，也没有任何政治权利；她只是妻子和教育者。

巴尔扎克以更加玩世不恭的方式表达同一理想。"女人的命运和她唯一的光荣，就是使男人的心跳动，"他在《婚姻生理学》中写道，"女人是人们通过婚约获得的一宗财产；她是动产，因为拥有她也就有了这证书；女人确切地说只是男人的从属。"他在这里成为资产阶级的代言人，资产阶级的反女性主义通过反对十八世纪的淫荡和反对威胁自己的进步思想，增加了活力。巴尔扎克在《婚姻生理学》的开头非常清楚地陈述，这种排除了爱情的制度必然导致女人去通奸，他劝告丈夫严加看管妻子，如果他想避免名誉受损的可笑场面的话。必须不让女人受教育和有文化，必须禁止她去做一切能让她发展个性的事，强迫她穿不舒服的衣衫，鼓励她遵守引起贫血的饮食制度。资产阶级准确地遵循这个纲领；女人在厨房、家务中受奴役，人们小心翼翼地监视她的生活作风；把女人封闭在处世的礼仪中，处世之道妨碍一切独立的企图。作为补偿，人们尊敬她们，彬彬有礼地对待她们。巴尔扎克说："已婚女人是一个奴隶，必须懂得把她置于宝座上。"凡是在无足轻重的情况下，男人理应在女人面前表示谦敬，为她们让出首要的位置，这是合适的；非但不必让女人去负重，像在原始社会中那样，反而要赶快让她们卸下一切艰苦的任务和一切忧思：这是让她们同时摆脱一切责任。男人希望女人受到轻松生活的欺骗和引诱，会接受担任母亲和家庭主妇的角色，他们正是企图将女人禁闭其中。事实是，大部分资产阶级女人投降了。由于她们的教育和寄生的处境使她们从属于男人，她们甚至不敢提出要求，胆敢这样做的女人也得不到什么回应。萧伯纳说过："如果锁链会带来敬重，那么给人套上锁链比去掉他们的锁链更加容易。"资产阶级女人看重自己的锁链，因为她看重阶级特权。人们不厌其烦地向她解释，她知道，妇女解放会削弱资产阶级社会；从男性那里解放出来，她就不得不工作；她对在私有财产方面的权利从属于丈夫感到不满，却会更加哀叹这种所有制被取消；她感受不到同工人阶级妇女的任何一致：她更亲近自己的丈夫，而不是纺织女工。她把丈夫的利益变成自己的利益。

然而，这些顽固的抵抗并不能阻止历史前进；机器的广泛使用摧毁了土地所有制，促进了劳动阶级解放，相应地推动了妇女解放。各种形式的社会主义要让女人摆脱家庭，赞同她的解放：柏拉图梦想一种共同体制度，让女人在其中获得自主，与斯巴达女人享有的自主一样。随着圣西门、傅立叶、卡贝①的乌托邦社会主义出现，"自由妇女"的乌托邦产生了。圣西门主张普天下联合的思

---

① Charles Fourier（1772—1837），法国空想主义者，著有《论家务和农业的联合》等；Etienne Cabet（1788—1856），法国社会主义者，著有《伊卡里亚旅行记》等。

想，要求废除一切奴役：对工人的奴役和对女人的奴役；这是因为女人像男人一样也是人，圣西门和在他之后的勒鲁、佩格、卡尔诺①都要求妇女解放。不幸的是，这个合理的观点对学派产生充分影响。这个学派以女性的名义颂扬妇女，这是妨碍女性的最可靠的方法。在社会单位即夫妻的名义下，昂方坦②神父想把女人引进每对夫妻中当精神导师，他把这个精神导师叫做夫妇教士；他期待女人一救世主带来一个更美好的世界，"妇女的同伴"乘船到东方，寻找这个女性救世主。他受到傅立叶将妇女解放和为肉体正名混同起来的影响；傅立叶为所有个体要求服从情感肉欲的自由；他想以爱情代替婚姻；他不是从女人的个体，而是从女人的情爱功能去看待她。卡贝也赞成，伊卡里亚的共产主义能实现性别的完全平等，虽然他只让女人有限地参与政治生活。事实上，女人在圣西门运动中只占有次要地位，唯有克莱尔·巴扎尔起到相当重要的作用，她创办一份名为《新女性》的报纸，并维持了一个短暂时期。其他许多小型杂志随后出现，但它们提出的要求很胆小；它们要求的是女子教育而不是女子解放；卡尔诺，随后是勒古维③，正是致力于提高女子教育。女人作为合作者和生育者的思想延续了整个十九世纪；在维克多·雨果的作品中可以找到这种观点。但妇女解放事业更确切地说由于这些理论失去影响，这些理论非但没有将女人等同于男人，反而使女人与男人对立，承认女人凭借直觉

① Pierre Leroux (1797—1871)，法国哲学家、政治家，宣扬圣西门主义，著有《论人道》等；Pecqueux (1801—1887)，法国经济学家，圣西门主义者，著有《论与自由的关系中的物质改善》等；Lazare Hippolyte Carnot (1801—1888)，法国政治家，圣西门主义者。
② Barthélemy-Prosper Enfantin (1796—1864)，法国社会主义者，圣西门主义的主要宣传者，创办《生产者报》和《寰球报》。
③ Ernest Legouvé (1807—1903)，法国作家，著有《阿德里安娜·勒库夫勒》、《太太的战役》等。

和感情，而不是理性。妇女解放事业也由于拥护者的笨拙而失去影响。一八四八年，女人创办了俱乐部和报纸；欧仁妮·尼布瓦耶出版了《妇女之声》，卡贝与这份报纸合作。一个妇女代表团前往市政厅，要求获得"妇女权利"，但是一无所获。一八四九年，让娜·德库安出现在议会选举中，她展开竞选，陷入了可笑的境地。"维苏威女子"运动和布卢默主义者① 运动也遭到同样的下场，她们穿着奇装异服散步。当时最明智的女人远离这些运动：德·斯达尔夫人② 为她自己的事业，而不是为了她的姐妹们的事业斗争；乔治·桑③ 要求自由恋爱的权利，但她拒绝跟《妇女之声》合作；她的要求尤其是情感方面的。弗洛拉·特里斯坦④ 相信通过妇女能拯救人民；但她更关注工人阶级的解放，而不是女性的解放。达维德·斯特恩、德·吉拉丹⑤ 夫人却与女性主义运动联合。

　　总体说来，十九世纪发展起来的改革运动，由于是在平等中寻找正义，所以有利于女性主义。有一个引人注目的例外：蒲鲁东⑥。也许由于他的农民出身，他激烈反对圣西门的神秘主义；他是农业小地产私有制的拥护者，同时，他认为女人应该被禁锢在家庭中。"要么当家庭主妇，要么当妓女"，这是他把女人禁锢起来的窘境。到那时为止，对女性主义的攻击是由保守派进行的，他们同样猛烈地攻击社会主义：例如，《喧嚷》杂志在这里找到取之不尽的

---

① Amelia Jenks Bloomer（1818—1894），美国女改革家，创办妇女杂志《百合花》，争取女权，并提倡一种经她改革的女式长裤。
② Germaine de Staël（1766—1817），法国女作家，著有《台尔芬》、《柯丽娜》等。
③ George Sand（1804—1876），法国女作家，著有《魔沼》等。
④ Flora Tristan（1803—1844），法国女政治活动家，著有《贱民的跋涉》、《工人团结》等。
⑤ Delphine de Girardin（1804—1855），法国女作家，写作小说和戏剧，著有《巴黎通信》等。
⑥ Pierre-Joseph Proudhon（1809—1865），法国无政府主义之父，著有《什么是所有权》、《贫困的哲学》等。

嘲笑源泉；是蒲鲁东打破了女性主义和社会主义的联盟；他抨击由勒鲁主持的社会主义妇女的宴会，他斥责让娜·德库安。在《正义》这部著作中，他提出，女人应该始终从属于男人；唯有男人才算得上社会个体；在夫妻之间没有会使人联想到平等的合作关系，而是团结；女人低于男人，首先是因为她的体力只有男性体力的三分之二，其次是因为她在智力和精神上同等程度地低下：她的总体价值是 $2 \times 2 \times 2$，与男人的 $3 \times 3 \times 3$ 相比，即等于男性价值的 8/27。有两个女人，亚当夫人和德·埃里库夫人回答了他，一个非常坚决，第二个激烈而不够中肯，蒲鲁东通过《淫妇政治又名现代妇女》给以反驳。然而，像所有反女性主义者那样，他对作为男性奴隶和镜子的"真正的女人"说出热烈的连祷文；尽管是这样虔诚，他还是不得不承认，他给妻子的生活并没有使她幸福：蒲鲁东夫人的信充斥长篇的哀诉。

这些理论上的争论并没有影响事件的进程：更确切地说，它们犹豫地反映这些事件。女人之所以重新获得史前以来就失去的经济重要性，是因为她摆脱了家庭，在工厂中参加生产。是机器造成这种变化，因为男女劳动者之间体力的差异在大量情况下已经消除了。由于工业突飞猛进，对劳动力的需求超过了男性劳动者所能提供的，女人的合作就成为必然的了。这才是在十九世纪改变了女人的命运，为女人开辟了一个新时代的大革命。马克思和恩格斯衡量过这个新时代的全部意义，他们承诺妇女将会因无产者的解放而解放。确实，倍倍尔说："女人和男劳动者，两者有共同点：他们都是被压迫者。"由于技术发展使两者的生产劳动变得重要，他们将一起摆脱压迫。恩格斯指出，女人的命运与私有制的历史紧密联结在一起；一次灾难使父权制代替了母权制，使女人受到财产的奴役；但是，工业革命是对这种失势的补偿，将导致女性的解放。他写道："妇女的解放，只有在妇女可以大量地、社会规模地参加生产，而家务劳动只占她们极少的工夫的时候，才有可能。而这只有依靠现代大工业才能办到，现代大工业不仅容许大量的妇女劳动，而且是真正要求这样的劳动。"

十九世纪初期，妇女比男性劳动者更屈辱地受到剥削。家庭劳动构成英国人称之为"sweating system"① 的东西；尽管要持续劳动，女工所得仍不足以满足自己的需要。于勒·西蒙在《女工》中，甚至保守派的勒鲁瓦－博利厄② 在发表于一八七三年的《十九世纪的妇女劳动》中揭露了丑恶的流弊；后者宣称，有二十多万法国女工每天挣不到五十生丁③。可以理解，她们急于涌向手工场；再说，在工场之外，不久只剩下针线活、洗衣和家务劳动，都是只支付填不饱肚子的工资的奴隶活儿；甚至花边、针织品等等都被工厂夺走；相反，在棉布、羊毛、丝绸工业中有大量的用工需求。女工尤其用在纺纱和织布车间。老板往往更喜欢她们，而不是男人。"她们干得更好，工资更少。"这种无耻的说法阐明了妇女劳动的悲剧。因为女人正是通过劳动获得做人的尊严的，但这要特别艰苦和缓慢地获得。纺纱和织布是在糟糕的卫生条件下进行的。布朗基④ 写道："在里昂的边饰车间，有的女人不得不同时用脚和手，几乎吊在皮带上干活。"一八三一年，丝织业女工夏天从凌晨三点钟干到晚上十一点钟，每天干十七小时，诺贝尔·特吕甘说，这是

① 英文，血汗体系。
② Jules Simon (1814—1896)，法国政治家、哲学家，著有《女工》、《劳动》等；Paul Leroy-Beaulieu (1843—1916)，法国经济学家，创办《法国经济学家》，著有《财富分配》等。
③ 法国辅币名，等于法郎的百分之一。
④ Louis Auguste Blanqui (1805—1881)，法国社会主义理论家，主张采取冒险行动，组织秘密会社，密谋起义。

"在阳光从来照不进去的、往往不卫生的车间。这些少女中的一半在学徒期结束之前都得了肺病。当她们抱怨时，别人责备她们装腔作势"①。另外，代理人奸污年轻女工。《里昂运动真相》的匿名作者说："为了达到目的，他们无所不用其极，利用需要和饥饿。"有时，妇女兼做农活和工厂的活儿。人们无耻地剥削她们。马克思在《资本论》的一个注释中叙述道："工厂主 E 先生对我说，他只使用妇女来操纵他的机械织机；他喜欢使用已婚妇女，特别是必须养家糊口的妇女；这种女人要比未婚女人更专心更听话，她们不得不尽最大努力去取得必要的生活资料。这样一来，"马克思补充说，"美德，女性特有的美德，反而害了她们自己，她们温柔恭顺的天性，竟成为她们受奴役和苦难的手段。"② G·德维尔在概述《资本论》和评论倍倍尔的著作时写道："要么做宠物，要么做役畜，女人今日几乎只能如此。不工作的话，她要由男人供养，她累死累活，仍然要由男人供养。"女工的处境是如此悲惨，以至西斯蒙迪③、布朗基要求禁止女人到车间。原因部分在于，女人首先不会自卫、组成工会。妇女"联合会"从一八四八年开始出现，开初，这是生产联合会。运动进展极其缓慢，正如下列数字所表明的那样：

一九〇五年，在总共 781 392 个工会会员中，有 69 405 个女人；

一九〇八年，在总共 957 120 个工会会员中，有 88 906 个女人；

一九一二年，在总数 1 064 413 个工会会员中，有 92 336 个女人；

---

① 诺·特吕甘《一个无产者的回忆和冒险》，转引自 E·多莱昂斯《工人运动史》第一卷。——原注
② 马克思《资本论》第一卷，人民出版社，1975 年，第 441 页。
③ Jean de Sismondi（1773—1842），瑞士历史学家、经济学家，著有《政治经济学新原则》、《政治经济学研究》、《意大利共和国史》等。

一九二〇年，在1 580 967个劳动者中，有239 016个加入工会的女工和女职工，而在农业女工中，1 083 957个人中只有36 193个工会会员，也就是说在总数3 076 585个加入工会的劳动者中，一共有292 000个女人。这是由于忍辱负重和顺从的传统，缺乏团结和集体意识，才使她们面对新出现的可能性，毫无还手之力。

这种态度导致妇女劳动缓慢地、很晚才走上正轨。必须等到一八七四年才有法律加以干预；尽管在第一帝国时期[①]开展了运动，只有两个规定涉及女性：一个规定禁止未成年女工晚上干活，要求让她们在星期天和假日歇工；她们的工作时间限制在每天十二小时之内；至于二十一岁以上的女人，只限于禁止她们在矿井和采石场的地底下干活。第一个《妇女劳动宪章》始于一八九二年十一月二日：它禁止晚上干活，限制工厂的日工作时间；但它给各种各样的欺诈打开了大门。一九〇〇年，日工作时间限定在十小时；一九〇五年，每周的休息变得必不可少；一九〇七年，女工可以自由支配她的收入；一九〇九年，保证给生产的女人带薪产假；一九一一年，强行恢复一八九二年的规定；一九一三年，规定了关于妇女在生产前后的休息方式，禁止她们做危险的和过分劳累的工作。一个社会法规逐渐建立起来，妇女劳动附有卫生保障：要求女售货员有坐位，户外设摊禁止长期停留，等等。关于妇女劳动的卫生条件、在怀孕的情况下准许请假等，国际劳工组织达成了国际协定。

女工克制不作为的第二个后果，就是她们要满足于低工资。为什么妇女工资被确定在这么低的水平上？对于这个现象，人们提出了各种各样的解释，取决于各种因素。以女人的需要比男人少作为理由是不充分的：这只是一种后来的辩解。更确切地说，就像人们

———————

① 指拿破仑创立的帝国（1804—1814）。

看到的那样，女人不懂得自卫、反抗剥削者；她们要面对监狱的竞争，监狱把不需要支付劳动力的产品投放到市场上；她们还要互相竞争。另外必须指出，在一个存在夫妻共同体的社会内部，女人力图通过工作解放自己：她属于父亲、丈夫的家，往往满足于给家庭带来一点支持；她在家庭之外工作，却是为了家庭；既然对女工来说，并不用提供家庭的全部需要，她必然会接受远远低于男人所要求的报酬。很多妇女满足于压低的工资，全部妇女工资自然处于对雇主最有利的水平。

在法国，根据一八八九年至一八九三年进行的调查，女工的日工作时间与男工相等，只得到男性工资的一半。根据一九〇八年的调查，家庭女工每小时的最高收入不超过二十生丁，有的竟至低到五生丁：受这样剥削的女人要维持生活，不可能不接受施舍或者没有保护人。在美国，一九一八年，女人的工资只有男人的一半。大约在这个时期，在德国的煤矿开采同样数量的煤，女人得到的大约比男人少25%。在一九一一年至一九四三年之间，法国妇女的工资比男人的工资提高得要快一些，但是她们的工资仍然明显要低。

如果说雇主由于女人接受低工资而迫不及待地欢迎她们，同样的事实却引起了男工的抗拒。在无产者的事业和妇女的事业之间，并没有倍倍尔和恩格斯所认为的如此紧密的团结。这有点类似美国黑人劳工问题。一个社会最受压迫的少数人，情愿让压迫者用做一件武器，反对他们所依附的阶级的全体；同样，她们首先像敌人一样出现，必须对这种处境有更深入的认识，才能让黑人和白人、女工和男工的利益成功地结合起来，而不是互相对抗。可以理解，男工在这种廉价劳动力的竞争中，首先看到的是一种可怕的威胁，他们表现出敌意。仅仅当女人结合到工会生活中，她们才能保卫自身利益，不再把工人阶级的整体利益置于危险之中。

尽管有这一切困难，妇女劳动仍在继续变化。一九〇〇年，在法国，还有九十万家庭女工在制造衣服、皮具、丧葬花圈、手提包、玻璃器皿、巴黎的高级化妆品；但这数目已大大减少了。一九〇六年，42%达到工作年龄的女人（在十八至六十岁之间），在农业、工业、商业、银行、保险业、办公室、自由职业中当雇员。由于第一次世界大战和第二次世界大战引起的劳动力危机，这种变化迅速扩大到全世界。小资产阶级、中等资产阶级决定追随这种变化，女人也进入自由职业中。根据第二次大战之前最后一次人口普查，在全部十八到六十岁的女性中，法国有42%在工作，在芬兰有37%在工作，在德国有34.2%在工作，在印度有27.7%在工作，在英国有26.9%在工作，在荷兰有19.2%在工作，在美国有17.7%在工作。但在法国和印度，由于农村劳动很重要，百分比才这样高。如果排除了农村人口，一九四〇年在法国约有五十万企业首脑，一百万女雇员，两百万女工，一百五十万离群索居的女人或者失业的女人。在女工中，有六十五万人在家里工作；一百二十万人在加工工业中工作，其中四十四万人在纺织工业中工作，三十一万五千人在服装业中工作，三十八万人在家里做裁缝。至于商业、自由职业、公共服务业，法国、英国和美国差不多处于同样状况。

我们已经看到，妇女面对的主要问题之一是她的生育作用和生产劳动的作用如何协调。历史之初，让妇女做家务劳动，禁止她参与建设世界的深刻原因，就是让她屈从于生育职能。在雌性动物身上，有一种发情和季节的节奏配合，保证其节约力量；相反，就女人而言，从青春期到绝经，自然并不限制她的生育能力。某些文明禁止过早结合；可以举出某些印第安人部落，要求保证给女人在两次生育之间至少休息两年；但总的说来，在许多世纪中，女性的生育能力并没有被限制。从古代开始[①]，避孕措施一般用在女人身上：用药水、栓剂、阴道塞；但这些措施是妓女和医生的秘密；也许衰落时期的罗马女人已经知道这秘密了，讽刺作家责备她们生育少。但是中世纪却不知道这些措施；十八世纪之前找不到这些措施的蛛丝马迹。对很多女人来说，在这段时期里，生活是不断地怀孕；甚至作风轻佻的女人也经历多次怀孕，为她们的放荡付出代价。在某些时代，人类感到必须减少人口数量；但是与此同时，这些民族担心自身被削弱；在出现危机和贫困的时期，正是通过推迟未婚女人的结婚年龄，实现降低出生率。早婚和女人能怀上多少孩子就生多少孩子仍是大势所趋，唯有孩子夭折才能减少存活孩子的数目。十七世纪，德·普尔神父[②]已经对女人注定的"爱情肿胀"提出抗议；德·塞维尼夫人嘱咐她的女儿避免过多怀孕。但要到十八世纪，马尔萨斯[③]主义才在法国发展起来。首先是富裕阶级，然后是全体人民，认为根据父母的收入来限制孩子数目是合理的，避孕方法开始进入风俗。一七七八年，人口统计学家莫罗写道："不仅仅富有的女人把人类的繁殖看做古代的一种谎言，除了人，一切动物都不知道的这些不祥秘密已经深入到农村；直到村子里，人们都在欺骗自然。""中止性交"先是在资产阶级中传播，然后在农

---

① "已知最古老的避孕方法可能记载于公元前两千年的一张埃及纸莎草上，上面建议将鳄鱼粪便、蜜、泡碱和一种树胶的古怪合成物放入阴道中。"（P·阿里埃斯《法国人口史》）中世纪的波斯医生了解三十一种避孕方法，其中只有九种是用于男人的。在哈德良时代，索拉诺斯解释说，在射精时，不想要孩子的女人应该"屏住呼吸，身体向后退一点，让精液不能进入'子宫'，马上起来，蹲下去，并且打喷嚏"。——原注

② 参阅《女才子》（1656）。——原注

③ Thomas Robert Malthus（1766—1834），英国经济学家、人口学家，主张控制人口，著有《人口原理》等。

民和工人中流传开来；已有的用于避免性病的套子变成避孕工具，尤其在一八四〇年左右发现了硫化物以后传播开来。① 在盎格鲁-撒克逊民族的国家里，birth-control② 是正式允许的，而且已经发现了许多方法，能够分解不久以前难以分开的这两种功能：性功能和生育功能。维也纳医学准确地说明了受孕的机理，受孕的有利条件，也启发了回避受孕的方法。在法国，宣传避孕和出售子宫托、阴道塞等等是被禁止的；但是"节育"仍然传播开来。

至于堕胎，没有一个地方被法律正式准许。罗马法不给予胚胎生命特殊的保护；它不把 nasciturus③ 看成人，而是看做母体的一部分。Partus antequam edatur mulieris portio est vel viscerum. ④ 在罗马衰落时期，堕胎似乎是一种正常措施，即使立法者想鼓励生育，也不敢禁止。如果妻子不顾丈夫的意愿，不想要孩子，丈夫可以让她受惩罚，不过罪名是不服从丈夫。在整个东方文明和希腊罗马文明中，堕胎是被法律允许的。

是基督教赋予胚胎以灵魂，在这一点上推翻了伦理观；于是堕胎变成了对胎儿本身犯下的罪行。圣奥古斯丁说："但凡不能按自己的能力生育孩子的女人，就等于杀人一样有罪，企图在怀孕以后伤害自己的女人也一样是犯罪。"在拜占庭，堕胎的女人只受到暂时流放的惩罚；在杀婴的蛮族中，只有在违背母亲的意愿，通过暴力堕胎时才受到指责：只要付出了流血的代价，就可以补赎。但是，最初几次的主教会议反对这种"杀人罪"，给以最严厉的惩罚，不管胎儿预计有多大。然而一个问题成为无休无止的争论的话

---

① "一九三〇年左右，一个美国商号一年内出售了两千万个避孕套。十五个美国工厂每天生产一百五十万个避孕套。"（P·阿里埃斯）——原注
② 英文，节育。
③ 拉丁文，胎儿。
④ "孩子出生前是女人的一部分、一种内脏。"——原注

题：灵魂什么时候进入身体？托马斯·阿奎那和大部分作者确定大约在第四十天灵魂进入男孩身体，而女孩子是在第八十天；这是有灵魂的胎儿和没有灵魂的胎儿之间的一个分界线。在中世纪，悔罪书宣称："如果一个怀孕的女人在第四十五天以前让她的胎儿死去，她要悔罪一年。如果是在第六十天结束时，要悔罪三年。最后，如果孩子已经有了灵魂，她应该被看做犯了杀人罪。"然而，悔罪书又说："一个贫穷的女人由于无力抚育孩子而堕胎，和一个女人只是想隐藏通奸罪而堕胎，两者之间有很大不同。"一五五六年，亨利二世①颁布了关于隐瞒怀孕的著名敕令；普通的隐瞒就要处以死刑，由此得出，死刑更有理由用于惩罚堕胎了；事实上，敕令针对的是杀婴罪，但也允许对堕胎的当事人和同谋者处以死刑。有灵魂的胎儿和没有灵魂的胎儿的区分，在十八世纪左右消失了。在这一世纪末，贝卡里亚②在法国的影响十分巨大，他为不想要孩子的女人辩护。一七九一年的法律原谅不想要孩子的女人，但要惩罚她的同谋者"二十年镣铐"。堕胎是杀人罪的观点在十九世纪消失了：更确切地说，人们把它看做对国家的犯罪。一八一〇年的法律绝对禁止堕胎，否则对堕胎的女人和她的同谋者处以监禁和苦役；事实上，一旦母亲的生命危在旦夕，医生总是选择实施堕胎。甚至由于法律十分严厉，将近世纪末，法官不再执行这一法律，只有极少数人遭到逮捕，五分之四的被控告者获释。一九二三年，一部新法律仍然要求手术的同谋和主刀人服苦役，但是只惩罚女人监禁或罚款；一九三九年，一项新法令专门针对技术人员：不再给予他们任何缓期。一九四一年，堕胎被定为反对国家安全的罪行。在

---

① Henri II (1519—1559)，法国国王，反对新教，在比武中被矛刺中，受伤而死。
② Casare Beccaria (1738—1794)，意大利犯罪学家、经济学家，主张司法改革，减轻刑罚，《论犯罪和惩罚》在欧洲有很大影响。

其他国家，堕胎被当做一项轻罪来处理；然而在英国，这是一项重罪，受到监禁或服苦役的惩罚。总体说来，法典和法庭对堕胎的女人要比对同谋者宽容得多。然而，教会一点不宽容。一九一七年三月二十七日颁布的教会法宣称："实施堕胎者，包括母亲，一旦获得实证，都要照例革除教门，latœ sententiœ①。"任何理由都不足为凭，即使母亲面临死亡的危险。最近，教皇还宣称，在母亲的生命与孩子的生命之间，必须牺牲前者：事实上，受过洗礼的母亲可以进入天堂——奇怪的是，并没人考虑到地狱——而胎儿是要永远呆在炼狱的。②

堕胎只有在纳粹之前的德国、一九三六年之前的苏联短时期被正式允许过。尽管宗教和法律屡屡禁止，堕胎在所有国家占有重要地位。在法国，每年有八十万至一百万次——同出生一样多——三分之二的堕胎女人是已婚妇女，许多人已经有一两个孩子。尽管有偏见、抗拒、过时道德的残存，人们还是看到实现了从自由生育到国家或个人控制的生育。产科学的进步大大减少了分娩的危险；生孩子的痛苦正在消失；最近——一九四九年三月——英国规定，使用某些麻醉方法是必不可少的；这些方法已经在美国普遍使用，并开始在法国流传开来。人工授精使人类控制了生育职能。特别是这些变化对女人来说极其重要；她可以减少怀孕次数，使怀孕合理地

---

① 拉丁文，切切此令。
② 我们将在《第二性 II》中再讨论这种观点。这里仅仅指出，天主教徒远远没有严格地遵守圣奥古斯丁的理论。忏悔神父在年轻的未婚妻的婚礼前夕悄悄地对她说，她可以在性交"合理合法地"完成时，跟她的丈夫不管做什么事；积极实施节育——包括"中止性交"——是被禁止的；但人们有权利用维也纳的性学专家制定的日程表，在女人不可能怀孕的日子里，实施这种行为，虽然性行为唯一公认的目的是生育。有些精神导师甚至将这张日程表告诉他们的基督徒。事实上，有许多"基督徒母亲"只有两三个孩子，却在最后一次生育以后并不停止发生一切夫妻关系。——原注

与她的生活结合起来，而不是成为生育的奴隶。在十九世纪，轮到女人从自然中解放出来；她能够控制自己的身体。她在极大的程度上免去生育的奴役，可以完成在她面前出现的、保证她彻底独立的经济角色。

正是通过参加生产、摆脱生育奴役这两个因素的汇合，女性处境的变化得到了解释。正如恩格斯所预见的，她的社会和政治地位必然要改变。在法国由孔多塞，在英国由玛丽·沃斯通克拉夫特[①] 在她的著作《为女权辩护》中发起，然后在十九世纪初由圣西门主义者重新掀起的女性主义运动，缺乏具体基础，未能达到目的。目前，妇女的要求将会增加分量。这些要求在资产阶级内部响起。随着工业文明的迅速发展，地产较之动产的重要性减弱了：以家庭为单位的原则失去了它的力量。资本的流动性使拥有者不是被他的财产所占有，而是单方面拥有它和支配它。女人正是通过财产基本上依附于丈夫：财产被取消，他们的地位就是并列的，甚至孩子们构成的联系，也不能与利益的稳固性相比。因此，个体相对于群体得到确立；这种演变特别在资本主义的现代形式取得胜利的美国令人瞩目：离婚在那里很流行，丈夫和妻子只是暂时的合作者。在法国，农村人口很多，《拿破仑法典》保护已婚妇女，演变会是很缓慢的。一八八四年，离婚重新获准，妻子可以在丈夫犯有通奸的情况下获准离婚；然而，在刑罚方面，还维持性别的不同：通奸只有在妻子犯下时才是犯罪。一九〇七年加以限制的监护权，要到一九一七年才解除限制。一九一二年，允许寻找私生子的父亲。必须等到一九三八年和一九四二年，才会看到已婚妇女的地位改变：当时，废除了女子服从的责任，尽管父亲仍然是家长；他确定住处，

---

① Mary Wollstonecraft（1759—1797），英国作家、女权主义者。

但妻子可以反对他的选择，如果她有充足理由的话；她的权利增加了；但说法令人困惑："已婚女人充分拥有权利。这种权利只受到婚约和法律的限制。"前后两个条款相悖。夫妻平等还没有实现。

至于政治权利，在法国、英国、美国来之不易。一八六七年，斯图亚特·穆勒在英国议会上为妇女的选举权做了第一次辩护，在这以前，还没有人公开辩护过。他在自己的著述中强烈要求在家庭和社会内部男女平等。"我深信，以法律名义使一种性别从属于另一种性别的两性社会关系，本身是不好的，形成反对人类进步的主要障碍之一；我深信，这种关系应该让位于完全平等。"在他之后，英国女人在福西特夫人的领导下，在政治上联合起来；法国女人站在玛丽亚·德雷姆①身后，后者在一八六八年至一八七一年之间在一系列政治演讲中研究妇女命运；她在一场激烈的争论中支持对小仲马②的指责，小仲马向被不忠实的妻子欺骗的丈夫建议："把她杀死。"列昂·黎希埃才是女权主义的真正奠基者；一八六九年，他提出了"女权"，一八七八年举办了女权国际代表大会；选举权问题尚未涉及；女人只限于要求公民权利；在三十年内，在法国和英国，这个运动仍然十分小心翼翼地进行。但有一个女人于贝尔丁娜·奥克莱掀起了一场争取选举权的运动，她创办了一个组织"妇女选举"和一份报纸《女公民》。许多协会在她的影响下建立起来，但她们的行动不是很有效。女权运动的这种弱点其根源在于内部分裂；说实在的，就像之前已经指出的那样，女人作为女性，不是相互支持的：她们先是与自己的阶级联结在一起；资产阶级妇女的利益与无产者妇女的利益不相一致。革命的女权主义恢复

---

① Maria Deraismes（1828—1894），法国女权运动家。
② Alexandre Dumas fils（1824—1895），法国小说家、剧作家，著有《茶花女》、《半上流社会》、《私生子》等。

圣西门主义和马克思主义的传统；再说，必须指出，如路易丝·米歇尔①就反对女权主义，因为这个运动不断转移本来应该全部用于阶级斗争的力量；通过废除资本，妇女的命运才能解决。

一八七九年，社会党代表大会宣布两性平等，自此以后，女权主义与社会主义的联盟不再是秘密，但既然总的说来妇女是要从劳动者的解放中等待自由的到来，她们就只有以次要的方式关注她们自己的事业。相反，资产阶级妇女要求在现存社会中的新权利，她们不让自己成为革命者；她们希望将品行改革引入风俗中：消灭酗酒、色情文学和卖淫。一八九二年，召开了名为女权主义的代表大会，这次大会给这场运动冠名，大会并没有多大收获。一八九七年，通过了一项法律，允许妇女出庭作证，但是，一个企图登记做律师的法律女博士的请求被驳回。一八九八年，妇女在商务法庭、劳动高级法庭获得选举权和被选举权，能进入公共救济事业局委员会和美术学院。一九〇〇年，一次新的代表大会将女权主义者聚集在一起，但是它也没有获得重大成果。一九〇一年，妇女选举权的问题第一次由维维亚尼②在议会上提出：他还提出限制单身女子和离婚女人的选举权。当时，女权运动获得重要进展。一九〇九年，创立了争取妇女选举权的法国联盟，组织者是不伦瑞克夫人；她组织演讲、集会、代表大会、游行。一九〇九年，比松③就迪索苏瓦给予妇女在地方议会选举权的提议提出一份报告。一九一〇年，托马④提出一个为女性主张选举权的议案；一九一八年这个议案重新提出，一九一九年众议院通过了这个议案；但在一九二二年参议院

---

① Louise Michel (1830—1905)，法国女作家，无政府主义者，作品有《回忆录》等。
② René Viviani (1863—1925)，法国政治家、社会党成员。
③ Ferdinand Buisson (1841—1932)，法国教育家、政治家，诺贝尔和平奖获得者。
④ Albert Thomas (1878—1932)，法国政治家、历史学家，著有《德国工团主义》。

否决了它。情况相当复杂。在革命的女权主义、不伦瑞克夫人所谓的独立女权主义之外，要加上基督教女权主义：一九一九年，本笃十五世①宣布主张妇女有选举权，博德里亚主教和塞蒂扬热神父在这方面作了热烈的宣传；事实上，天主教徒认为，女人在法国代表保守和宗教的因素；这正是激进分子所担心的：他们反对的真正理由，在于他们害怕，要是妇女有选举权，票数会转移。在参议院，许多天主教徒，共和联盟的议员党团，另外还有极左党派，都赞成妇女有选举权，但是众议院中大多数人是反对的。直到一九三二年，众议院运用拖延方式，拒绝讨论关于妇女选举权的议案；但在一九三二年，众议院以三百一十九票对一票通过给予妇女选举权和被选举权的修正案，参议院开始一场辩论，持续了好几次会议：修正案被否决了。在《政府公报》上发表的报导意味深长；其中可以看到反女权主义者在半个世纪的著作中发挥的所有论据，要罗列这些著作会是枯燥乏味的。首先是雅致的、很有风度的论据：我们太喜欢女人，所以不让女人投票；他们以蒲鲁东的方式颂扬"真正的女人"，这种女人接受"要么当妓女要么当家庭主妇"的格言：女人投票会失去魅力，她坐在台座上，不会从上面掉下来；她成为女选民会丧失一切，什么也得不到，她统治男人不需要选票，等等。他们更加庄重地提出家庭利益来反对：女人的位置在家中；政治争论会带来夫妻不和。有些人认为应采取一种有节制的反女权主义。女人不同于男人。她们不要服兵役。妓女要投票吗？还有人狂妄地断言男性的优越：投票是一种负担而不是一种权利，女人与这种负担不相称。她们没有男人聪明，比男人受教育少。如果她们投票，

---

① Benedict XV（1854—1922），第二百五十六任教皇，第一次世界大战期间，他保持中立。

男人就会女性化了。她们没有受过政治教育。她们会听从丈夫的口令去投票。如果她们想自由，首先要摆脱她们的缝纫工作。他们也以一种美妙的天真提出这种论据：在法国女人比男人多。尽管所有这些异议理屈词穷，但要等到一九四五年法国女人才获得政治权利。

新西兰从一八九三年起给予妇女充分的权利；澳大利亚在一九〇八年紧随其后。而在英国和美国，胜利来之不易。维多利亚时代^①的英国严厉地将妇女限制在家中，简·奥斯丁^②躲藏起来写作；必须勇气十足、命运异乎寻常，才能成为乔治·艾略特、艾米莉·勃朗特^③；一八八八年，一个英国学者写道："女人不仅不是人，她们甚至不是人类的一半，而是仅仅专用于生育的亚种。"福西特夫人约在上世纪末创立了争取选举权的运动，但像在法国一样，这是一个小心翼翼的运动。约在一九〇三年，妇女的要求出现突变。潘克赫斯特^④一家在伦敦创建了"妇女社会政治同盟"，它与工党联合，采取坚定的战斗行动。在历史上破天荒第一次看到妇女作为女人做出努力：这给予英国和美国的"争取参政的妇女"的激烈行动以特殊意味。她们在十五年内采取施压政策，在某些方面令人想起甘地^⑤的态度：她们拒绝暴力，或多或少巧妙地发明代用品。她们在自由党大会期间，高举写着"争取妇女选举权"标语的布条，冲进艾伯特纪念堂；她们强行冲进阿斯奎斯爵士^⑥的办公室，在海德公

---

① 指英国女王维多利亚（Victoria, 1819—1901）的统治时期。

② Jane Austen（1775—1817），英国女小说家，最著名的作品是《傲慢与偏见》。

③ George Eliot（1819—1880），英国女小说家，著有《弗洛斯河上的磨坊》等；Emily Brontë（1818—1848），英国女诗人、小说家，著有《呼啸山庄》等。

④ Emmeline Pankhurst（1858—1928），英国女政治家。

⑤ Mohandas Karamchand Gandhi（1869—1948），印度哲学家、政治家，倡导非暴力主义，被称为"圣雄"。

⑥ Herbert Henry Asquith（1852—1928），英国政治家，自由党内阁首相。

园或者特拉法加尔广场集会，在街上高举标语牌游行，举行演讲会；在游行时，她们侮辱警察，或者用石块袭击他们，以挑起审讯；在监狱里，她们采取绝食策略；她们搜集资金，在自己周围聚集起几百万男女；她们激发起舆论，以至在一九○七年，有两百个议员设立了一个委员会，支持妇女有选举权；此后，每年，他们当中都有一些人提出一个给予妇女选举权的法律提案，每年都以同样的论据被否决。一九○七年，"争取妇女选举权联盟"第一次行进到议会去，有大量围着披巾的女工和一些贵族妇女参加这次行进；警察驱赶她们；但是翌年，由于当局威胁禁止已婚女人进入矿井的巷道工作，兰开夏的女工在"争取妇女选举权联盟"的号召下，在伦敦召开大会。被监禁的争取参政的妇女在一九○九年以长时间绝食回应新发生的逮捕事件。她们被释放后，又组织了游行：其中一个骑在马上，被人用石灰粉刷，她代表伊丽莎白女王。一九一○年七月十八日，这一天妇女选举权法要提交给议会，一个九公里长的游行队伍穿过伦敦，冉冉前行；这部法律被否决了，又举行新的大会，又有人被逮捕。一九一二年，她们采取更加激烈的策略：她们焚烧没人住的房子，撕毁油画，践踏花坛，向警察投掷石块；同时，她们一个代表团接一个代表团派遣到劳埃德·乔治、爱德华·格雷①那里；她们躲在艾伯特纪念堂，在劳埃德·乔治讲话时吵吵闹闹地干预。战争中止了她们的活动。很难知道这种行动在多大程度上促进了事件的发展。一九一八年，英国女人获得选举权，但带有诸多限制，然后在一九二八年取消了限制：大半是由于她们在战争中的效劳使她们获得了这场胜利。

---

① Lloyd George (1863—1945)，英国政治家，曾任首相；Edward Grey (1862—1933)，英国政治家，曾任外交大臣。

美国妇女先是比欧洲妇女获得更多的解放。十九世纪初期，女人要和男人一起参加艰苦的拓荒劳动，和他们并肩斗争；她们人数比他们少得多，因此很受重视。但她们的地位逐渐接近欧洲女人，男人还对她们献殷勤，她们保留着文化特权和家庭内部的统治地位，法律乐意给予她们一种宗教上的和道德上的作用，但是社会的操纵权仍然全部在男人手里。约在一八三〇年有些女人开始要求她们的政治权利。她们也开展一场支持黑人的运动。一八四〇年在伦敦召开的反对奴隶制代表大会一结束，公谊会女教徒柳克丽霞·莫特①便创建了一个女权主义协会。一八四〇年七月十八日，在塞尼卡福尔斯召开的年会上，她们起草了一个宣言，其中公谊会的思想占据了主导地位，这个宣言给美国的整个女权主义定了调。"男女生来是平等的，由造物主赋予不可剥夺的权利……政府建立起来是为了保障这些权利……男人把已婚女人变成一具死尸，虽然她也是公民……他剥夺了耶和华给予的特权，而只有耶和华能够给人指定行动范围。"三年后，斯陀夫人②写出《汤姆叔叔的小屋》，掀起支持黑人的舆论。爱默生和林肯③支持女权主义运动。当南北战争爆发时，妇女热情地参加；但她们要求给黑人选举权的修正案应这样起草却是徒劳："不管肤色和性别……都不对选举权构成障碍。"然而，修正案的一个条款含混不清，女权主义的杰出领袖安东尼④小姐以此为借口，与她的十四个同志在罗彻斯特投票；她被判处一百美元罚款。一八六九年，她创立了"全国争取妇女选举权

---

① Lucretia Mott（1793—1880），美国妇女运动先驱。
② Harriet Beecher Stowe（1811—1896），美国女小说家，著有《汤姆叔叔的小屋》等，引起激烈争论，影响到南北战争。
③ Ralph Waldo Emerson（1803—1883），美国散文家、哲学家；Abraham Lincoln（1809—1865），美国第十六任总统，主张解放黑奴。
④ Susan Brownell Anthony（1820—1906），美国女权主义先驱。

协会",同一年,怀俄明州给予妇女选举权。但直到一八九三年,科罗拉多州,然后在一八九六年爱达荷州和犹他州才追随这个榜样。随后的进展十分缓慢。但在经济方面,她们比欧洲妇女成功得多。一九〇〇年,美国有五百万妇女工作,其中一百三十万人从事工业,五十万人从事商业;在商业、工业和所有自由职业中有大量妇女。有女律师、女医生,三千三百七十三个女牧师。著名的玛丽·巴克·艾娣①创建了"基督教科学派"。妇女习惯参加俱乐部:一九〇〇年,俱乐部大约有两百万成员。

然而,只有九个州给予妇女选举权。一九一三年,争取妇女选举权的运动,根据英国运动模式组织起来。它由两个女子领导:史蒂文斯小姐和一个年轻的公谊会教徒艾丽丝·保尔②。她们从威尔逊③那里获得准许,举着旗帜、佩戴标志,进行大规模游行;随后她们组织了一场运动:举行演讲会、开大会、组织各种各样的游行示威。在妇女获得选举权的九个州中,有选举权的妇女身穿盛装到州政府大厦,要求全国妇女都有选举权。在芝加哥,妇女第一次集合成一个党,旨在解放女性:这次聚会形成"妇女党"。一九一七年,争取参政的妇女创造了一种新策略:她们久久地站在白宫前面,手里举着旗帜,往往把自己锁在铁栅上,让人无法驱赶她们。过了六个月,当局逮捕她们,她们被遭送到奥克斯卡加的教养院;她们绝食,最终获得释放。新的游行带来动乱端倪。政府最后同意在众议院任命一个选举委员会。妇女党执行委员会在华盛顿召开一次会议;会议结束时,将赋予妇女选举权的修正案提交给众议院,修正案于一九一八年一月十日投票通过。剩下的是要获得参议院通

---

① Marie Baker Eddy(1821—1910),美国基督教科学派的创始人。
② Alice Paul(1885—1977),美国女权运动领袖。
③ Woodrow Wilson(1856—1924),美国第二十八任总统,诺贝尔和平奖获得者。

过。威尔逊不答应施加足够压力，争取参政的妇女重新开始游行；她们在白宫门口举行集会。总统决定向参议院发出吁请，但修正案被两票的多数否决了。共和党占多数席位的国会在一九一九年六月投票通过修正案。随后争取两性完全平等的斗争持续了十年。在美洲国家联盟一九二八年于哈瓦那举行的第六次大会上，妇女取得同意设立一个妇女泛美委员会。一九三三年，《蒙得维的亚公约》以国际公约提高妇女地位。十九个美洲国家签署了给予妇女一切权利平等的公约。

在瑞典，还存在一个十分重要的女权主义运动。瑞典女人以古老传统的名义要求"受教育、工作、自由"的权利。尤其是女文人指挥战斗，妇女问题的精神方面首先使她们感兴趣；然后她们组织成一个个强大的协会，争取自由党人，但遭到保守党的敌视。一九〇七年，挪威女人获得选举权，一九〇六年，芬兰女人获得选举权，而瑞典女人还要再等待数年。

拉丁国家像东方国家一样，通过比法律还严厉的风俗压迫妇女。在意大利，法西斯一贯阻挠女权主义发展。奉行法西斯主义的意大利寻找教会的同盟，强调尊重家庭，延长妇女奴隶地位的传统，加倍奴役妇女：让女人隶属于政权和丈夫。在德国，情况很不相同。一七九〇年，大学生希佩尔抛出第一个德国女权主义宣言。十九世纪初，与乔治·桑类似的要求情感自由的女权主义盛行。一八四八年，第一个德国女权主义者路易丝·奥托[①]为妇女要求权利，协助改造她们的国家：她的女权主义主要是民族主义的。一八六五年，她创建了"德国妇女总协会"。德国社会党人与倍倍尔一

---

① Louise Otto (1819—1895)，德国女权运动先驱。

起，要求取消性别不平等。克拉拉·蔡特金①于一八九二年进入社会民主党委员会。可以看到女工协会和社会党妇女组成的联合会出现。一九一四年，德国妇女企图建立一支全国的娘子军，遭到失败，但是她们热烈参与为战争出力。德国败北后，她们获得选举权，参与政治生活；罗莎·卢森堡②在斯巴达克斯同盟中与李卜克内西③并肩战斗，一九一九年被杀害。大多数德国女人赞成执政党；其中好几位在德国国会占有席位。希特勒重新把拿破仑的理想强加给得到解放的妇女："Küche，Kirche，Kinder."④他宣称："一个女人的在场会给德国国会蒙羞。"由于纳粹是反对天主教和反对资产阶级的，它给母亲一个有特权的位置；给予未婚母亲和私生子的保护，大半把妇女从婚姻中解放出来；像在斯巴达一样，女人属于国家，而远不是属于任何个人，这比起生活在资本主义制度下的资产阶级女子，所给予的自主既多又少。

在苏联，女权主义运动获得最广泛的发展。十九世纪末，它在知识分子阶层的女大学生中酝酿；她们更多关注个人事业，而不是总体的革命行动；她们"走向人民"，用虚无主义方法反对公共安全秩序防卫部：薇拉·查苏利奇于一八七八年杀死警察厅长特列波夫。在日俄战争中，女人取代了男人的许多工作；她们意识到自身，"俄国争取女权联盟"要求两性在政治上平等；第一届杜马成立了一个争取女权的议会党团，但没有成效。劳动妇女的解放要来自革命。一九〇五年，她们已经广泛参加了在全国展开的群众政治

---

① Clara Zetkin (1857—1933)，德国女权主义者、社会主义者、共产党领袖。
② Rosa Luxembourg (1871—1919)，波兰裔德国工人运动女活动家，著有《群众罢工、党和工会》、《俄国革命》等。
③ Karl Liebknecht (1871—1919)，德国社会民主党人，著有《军国主义和反军国主义》等。
④ 德文，厨房，教堂，孩子。

性罢工，她们登上街垒。一九一七年，十月革命爆发前几天，正值国际妇女节（三月八日），她们在圣彼得堡的街上结队游行，要求面包、和平、丈夫归来。她们参加十月起义；在一九一八年至一九二〇年之间，她们在经济方面，甚至在苏联反对入侵者的斗争中起着巨大的作用。列宁忠于马克思主义的传统，将妇女解放与劳动者的解放结合起来；他给予她们政治平等和经济平等。

一九三六年的宪法第一二二条款提出："在苏联，妇女在经济、政务、文化、公众和政治的各个生活领域享受与男子同等的权利。"这些准则被共产国际明确化。共产国际要求："男女在法律和实际生活中实现社会平等。夫妇权利和家庭法规要彻底改变。承认生育具有社会职能。社会要承担家务、教育孩子和青少年的责任。组织文明的斗争，反对将妇女变成奴隶的意识形态和传统。"在经济领域，妇女取得的成果是辉煌的。她获得与男性劳动力相等的工资，她积极地参加生产；由此，她具有巨大的社会和政治重要性。在法苏协会最近出版的小册子中，提到一九三九年的全国选举，有四十五万七千个女公民入选区、专区、城市和乡村的苏维埃，有一千四百八十个女公民入选社会主义共和国的苏维埃，有二百二十七个女公民入选苏联最高苏维埃。将近一千万人加入工会。她们构成苏联工人和职工总数的40%；在斯达汉诺夫的工作者中有大量女工。众所周知，苏联妇女在多大程度上参加上一次战争；甚至在男性占主导地位的生产部门，她们也提供了大量劳动：冶金工业和采矿、放排、铁路，等等。她们以女飞行员、女跳伞员而闻名遐迩，她们组织过游击队。

妇女这样参与公众生活，挑起了一个难以解决的问题：她在家庭生活中的作用。在整整一个时期中，人们力图把妇女从家庭束缚中解放出来：一九二四年十一月十六日，第三国际的全会宣称：

"只要家庭的概念和家庭关系还残存，革命就还没有起到作用。"尊重自由结合、离婚手续简便、堕胎合法，保证了女人面对男人的自由处境；在产假、托儿所、幼儿园等方面立法，减轻了做母亲的负担。很难通过带偏见的、矛盾的证明，分清她的具体状况；可以肯定的是，今日，生育的要求带来了不同的家庭政策：家庭作为基本的社会单位而存在，女人同时是劳动者和主妇[1]。性道德十分严格；一九三六年六月颁布的法律被一九四一年六月七日颁布的法律加强，自此以来，禁止堕胎，离婚差不多被取消；通奸受到风俗的谴责。苏联妇女像所有的劳动者那样紧紧依附于国家，也与她的家庭紧紧联系起来，但参与政治生活并获得生产劳动给予的尊严，她的地位特殊，能够仔细地研究这种特殊性将是很有用的；不幸的是，情况不允许我这样做。

在联合国妇女地位委员会刚刚召开的会议中，要求两性权利的平等受到各国的承认，赞成好几个主张把这种合法地位变为具体现实的提案。因此，看来这场斗争取得了胜利。在未来，妇女会越来越深入地融合到以前属于男性的社会中。

如果我们对这部历史投以鸟瞰式的一瞥，我们会从中得出几个结论。首先是这个结论：整部妇女史是由男人写就的。同在美国一样，没有黑人问题，这是一个白人问题[2]；同样，"反犹不是一个犹太人问题：这是我们的问题"[3]；因此，妇女问题始终是一个男

---

[1] 共青团中央委员会书记奥尔嘉·米莎科娃在 1944 年的一次访问中宣称："苏联妇女应当力图使自己像本性和优雅情趣所允许的那样吸引人。战后，她们应该像女人那样穿着，具有女性的举止……人们告诉姑娘们，要像姑娘那样表现自己和走路，出于这种理由，她们会穿着也许很紧身的裙子，迫使她们举止优雅。"——原注
[2] 参阅米达尔《美国的困境》。——原注
[3] 参阅让-保罗·萨特《对犹太人问题的思考》。——原注

人的问题。可以看到，男人一开始是为何以体力取得精神的威信；他们创造了价值、风俗、宗教；女人从来没有跟他们争夺这种支配权。几个孤立的女人——萨福、克里斯蒂娜·德·皮桑、玛丽·沃斯通克拉夫特、奥兰普·德·古日——对妇女命运的严酷提出抗议；有时会激起集体的示威行动，但罗马妇女联合反对"奥契亚法"，或争取参政的盎格鲁-撒克逊妇女只是在男人准备好忍受的情况下，才成功地施加压力。他们总是把女人命运掌握在自己手里；他们并没有从女人的利益出发做出这种决定；他们关注的是自己的计划、自己的担心、自己的需要。他们尊敬女神—母亲，是因为大自然使他们恐惧，一旦青铜器工具的发明使他们能够反对她的地位，他们便建立起父权制；是家庭和国家的冲突确定了当时女人的地位；基督徒面对天主、世界和自己的肉体的态度，反映在他给女人指定的地位中；中世纪的"女人之争"是教士和非教职人员关于婚姻和单身的争论；正是建立在私有制基础之上的社会制度导致对已婚女子的监护，也正是由男人实现的技术革命解放了今日的妇女。正是男性伦理观的演变，导致许多家庭通过"节育"控制人口，部分地使女人从生育的奴役中解放出来。女权主义本身从来不是一个自主的运动：它部分是政治家手中的一个工具，部分是反映更深刻的社会悲剧的附加现象。女人从来没有构成一个独立的阶层：事实上，她们并没有力图作为女性在历史上起作用。要求女人作为肉体、生命和内在性，作为他者出现的理论，是男性的意识形态，绝不表达女性的要求。大多数妇女对命运逆来顺受，不想做出任何行动；企图加以改变的女子不想封闭在她们的特殊性中，不想使它获胜，而是想加以克服。当她们进入世界的进程时，是采取男人的观点、跟男人保持一致。

总的说来，这种干预作用是次要的，断断续续的。女人享受到某些经济自主并参加生产时，她们仍然属于被压迫阶级，作为劳动者，她们比男性劳动者更受奴役。统治阶级中的女人是寄生的，屈从于男性的法律：在这两种情况下，行动几乎不可能。法律和风俗并不总是一致的：在两者之间建立的平衡使女人从来得不到具体的自由。在古代的罗马共和国中，经济条件给女人具体的权力，但是她没有合法的独立身份；在农业文明和小商贩社会中往往也是这样；女人在家中是主妇—女仆，在社会上是次一等的。相反，在社会解体时期，女人获得解放；但当她不再是男人的臣属时，却失去了她的采邑；她只有一种否定的自由，只通过放荡和挥霍表现出来：在罗马的衰落时期、文艺复兴时期、十八世纪、督政时期①就是这样。或者她找到事做，但受到奴役；或者她被解放，但再没有什么事可做。其中，值得注意的是，已婚女子在社会中有地位，但享受不到任何权利；而单身的正派姑娘或者妓女却有和男人一样的一切权利；然而直至本世纪，她多少被排除出社会生活之外。从权利和风俗的这种相悖中，可以得出一个有趣的悖论：自由的爱情没有被法律禁止，而通奸是一种罪行；然而，往往"犯错误"的少女名誉扫地，而妻子的无行却受到宽恕；从十七世纪至今，大量少女结婚是为了能够自由地找情夫。通过这种巧妙的体制，广大女性受到紧紧的管束：必须出现异乎寻常的情况，女人的个性才能够在这两类抽象或具体的束缚中成功地确立。对于做出了能与男人媲美的业绩的女子，社会体制拥有的力量会超越一切性别差异加以颂扬。伊莎贝拉一世、伊丽莎白一世、叶卡捷琳娜二世既不是男性，也不是女性：是君主。值得注意的是，她们的女性身份在社会上被取消

---

① 由共和三年的宪法建立的政权（1795 年 8 月），至共和八年雾月十八日（1799 年 11 月 9 日）拿破仑上台为止，其时，经济和社会危机加剧。

了，不再构成劣势：有过辉煌统治时期的女王，其耀眼程度无比地高于杰出的国王。宗教也经历同样的变化：锡耶纳的圣凯瑟琳、圣德肋撒是超越一切生理条件的圣洁灵魂；她们的世俗生活和宗教生活，她们的行动和著述，升至很少有男人达到的高度。我们有权设想，其他女人不能青史留名，是因为她们被禁锢在自身的境况中。她们只能以否定的或者间接的方式干预生活。犹滴①、夏洛特·柯黛、薇拉·查苏利奇进行暗杀；投石党的女活动家进行密谋；在法国大革命和巴黎公社中，女人与男人并肩战斗，反对既存秩序；既然这种自由不意味着权利，也不带来权力，那就允许女人强硬地拒绝和反抗，但禁止她参与积极的建设；至多她成功地通过迂回的道路干预男人的事业。阿斯帕西娅、德·曼特农夫人、于尔森王妃，是别人言听计从的女顾问：还必须有人愿意听取她们的意见。当男人说服女人，她是最出色的时，他们是有意夸大这些影响的广度；然而事实上，凡是开始具体行动时，女人的声音便沉默了；她们可以挑起战争，却不能为一场战役出谋划策；她们只有在政治限于搞阴谋时，才能左右政治：真正控制世界的权力从来不在女人手里；她们既没有对技术发展也没有对经济变革采取过行动，她们既没有缔造也没有毁灭过国家，她们没有发现新大陆。某些事件是由她们掀起的，可是她们大半是借口，而不是经手人。卢克雷蒂娅的自杀只有象征价值。被压迫者可以当做牺牲品；在基督教徒受迫害的时期，在社会或国家崩溃之后，女人扮演了这种证人的角色；但是牺牲者从来改变不了世界面貌。甚至妇女的游行和主动精神，也只有在男人决定让它们有效地延续下去时才具有价值。在斯陀夫人周围

---

① Judith，《圣经》外典《犹滴传》中的女英雄，她为了挽救贝图利亚，引诱敌将荷罗孚尼，将他灌醉后，割下他的头颅。

组织起来的美国女人，激烈地掀起反对奴隶制的舆论，然而南北战争的真正起因不是情感方面的。一九一七年三月八日的"妇女节"也许加速了俄国革命，不过它只是一个讯号。大多数女英雄都是属于古怪类型的：女冒险家、特立独行的女人，是由于她们命运的特殊性，而不是由于她们行动的重要性才显得与众不同的；因此，贞德、罗兰夫人、弗洛拉·特里斯坦，如果人们把她们与黎塞留、丹东、列宁相比，就会看到，她们的伟大主要是主观性的：这是典范的形象，而不是历史的经手人。伟大人物从群众中产生，他被时势载着走：妇女群众处在历史的边缘，对她们每一个人来说，时势是一个障碍，而不是一个跳板。为了改变世界面貌，首先必须牢牢地扎根在其中；但牢牢地扎根在社会中的女人，却是屈从于社会的女人；除非被神力选中——在这种情况下，她们表现出和男人一样能干——雄心勃勃的女人、女英雄都是怪人。女人直到开始感到自身生活在这个世界上，才出现了像罗莎·卢森堡、居里夫人[①]这样的例子。她们光辉地表明，不是女人的低下决定了她们在历史上的无足轻重，而是她们在历史上的无足轻重，使她们注定了低下。[②]

在她们最为成功地确立自身的领域里，就是说在文化领域里，事实是很明显的。她们的命运与文学艺术的命运深入地联结在一起；在日耳曼人中，预言者、祭司的职责由女人承担；因为她们处在世界边缘，当男人通过文化竭力越过他们的宇宙界限，达到他者

①　Marie Curie (1867—1934)，法国女物理学家，原籍波兰，与丈夫一起发现了钋和镭，获得诺贝尔物理学奖和化学奖。
②　值得注意的是，在巴黎，一千个塑像中（如果排除出于纯粹建筑上的原因、构成卢森堡花园的圆形花坛的王后塑像），只有十个塑像是女性。有三个是献给贞德的。其他几个是德·塞居尔夫人、乔治·桑、萨拉·贝因哈特、布里柯夫人和德·希尔施男爵夫人、玛丽亚·德雷姆、罗莎·博纳尔。——原注

时，便转向了她们。骑士诗歌的神秘主义，人文主义的好奇心，意大利文艺复兴时期繁荣的对美的品味，十七世纪的故作风雅，十八世纪的进步理想，在不同形式中颂扬女性。于是女人成了诗歌的中心、艺术作品的要义所在；女人拥有的闲暇使她们投身于精神的乐趣中：她们作为作家的缪斯、评判者和读者，变成作家的竞争对手；往往是女人使一种感觉方式、一种给男性心灵提供养料的伦理观占据上风，女人以此干预自身的命运：女子教育大半是女性的成果。然而，如果说有知识的女子所起的这种集体作用是重要的，她们的个人贡献总的说来价值却很小。这是因为只有女子在思想和艺术领域占有特殊位置，她才能介入行动；但是艺术和思想活生生的源泉是在行动中，对于想再现世界，又处于世界边缘的人，这不是有利的处境：这里，为了超越既定，仍然首先需要深深植根于其中。当集体处于人类等级的劣势中，个人有所作为几乎是不可能的。玛丽·巴什基尔采夫[1]问道："穿着裙子，您指望我们去哪儿？"司汤达说："凡是生为女人的天才，都是为公众幸福送命的。"说实话，人不是生来是天才，是变成天才的；至今女人的地位使这种变化成为不可能。

反女性主义者从对历史的审察得出两个互相矛盾的论据：第一，女人从来没有创造出伟大的东西；第二，女人的处境从来不阻止伟大女性的成长。在这两个断言中，有着自欺；好些有天赋的女人的成功，既不能补偿也不能作为女人整体水平一贯低下的借口；这些成功很少见和很有限的事实，恰好证明了时势对她们是不利的。正如克里斯蒂娜·德·皮森、普兰·德·拉巴尔、孔多塞、斯图亚特·穆勒、司汤达所赞同的那样，在任何领域，女人从来没有

---

① Marie Bashkirtseff (1860—1884)，俄国女画家，有日记存世。

机会。因此，今日她们之中有许多人要求新的地位；她们并非要求使她们的女性气质得到彰显：她们希望像全人类一样，在自己身上超越性压倒内在性；她们希望最终能给予她们抽象的权利和具体的可能性，没有这两者的结合，自由只是一种欺骗。①

这种意愿正在实现。但我们经历的时期是一个过渡时期；这个始终属于男人的世界，仍然掌握在他们手中；大部分父权制文明的体制和价值还残存着。抽象权利还远远没有在各地完全赋予女人：在瑞士，妇女还没有选举权；在法国，一九四二年颁布的法律稍加弱化，但仍然维持丈夫的优越地位。我们刚才说过，抽象权利从来不足以保证让女人具体地控制世界：在两性之间，今日还没有真正的平等。

首先，婚姻的负担对女人来说远远比男人沉重。可以看到，生育的束缚要么公开地，要么秘密地由"节育"来减轻；但是，这没有普遍地展开，也没有严格地实行；由于堕胎正式受到禁止，许多女人要么通过不受监督的堕胎手术损害身体，要么要忍受多次生育。照料孩子和家庭还几乎完全要由女人来承担。特别在法国，反女性主义的传统是这样顽固，以至男人认为分担以前属于女人做的家务就是降低了地位。这就导致女人比男人更难将家庭生活和劳动者的角色调和起来。在社会要求女人做出这种努力的情况下，她的生存要比丈夫艰难得多。

例如，我们来看一看农妇的命运。在法国，她们构成参加生产劳动的妇女的多数，她们一般说来都结了婚。事实上，单身农妇往

---

① 这里，反女性主义者仍然在玩弄模棱两可的词句。有时，他们认为抽象自由一无是处，赞扬被奴役的女人能够在这个世界上起到伟大作用：因此，她们还要求什么呢？有时，他们不承认这个事实：否定性的放荡开辟不了任何具体的可能性，他们责备抽象地获得解放的妇女没有表明过自身价值。——原注

往在父亲家中，或者在兄弟家中，或者在姐妹家中仍然是女仆；她只有在接受一个丈夫的统治的情况下才变成主妇；风俗和传统在各个地区给她指定了不同的角色：诺曼底的农妇要做饭，而科西嘉岛的女人不跟男人坐在同一张桌上吃饭；但无论如何，农妇在家庭经济中起着一种极为重要的作用，她与男人共同承担责任，跟他的利益紧密相联，和他分享财产；她受到尊敬，往往实际上是她在管理：她的处境令人想起女人在古代农业共同体中所占据的地位。她时常跟丈夫有一样多或者更多的精神威望，但是她的具体条件要艰苦得多。照料园子、家禽饲养棚、牲口圈和猪圈的工作落在她一人身上；她参加重体力劳动：打扫马厩、施肥、播种、耕作、锄草、割草；她锄地，除莠草，收获庄稼，收获葡萄，有时帮助往车上装草和卸车，收割牧草，砍柴，捆柴禾，褥草，等等。另外，她要准备饭餐，做家务：洗衣，缝补，等等。她要完成生育和照料孩子的艰苦负担。她黎明即起，喂养家禽和小家畜，准备男人们的早餐，照料孩子们，到地里，或者树林里，或者菜园里干活；她要到泉水去打水，准备午饭，洗餐具，重新到地里去干活，直到吃晚饭，吃完晚饭，她要在临睡前缝补、打扫、脱玉米粒，等等。由于她没有空闲照顾自己的身体，即使是在怀孕期间也如此，她很快变形，过早衰老和憔悴，疾病缠身。男人不时在社会生活中找到的一些补偿，农妇是没份儿的：每逢星期天和赶集的日子，他到城里去，会见其他男人，上咖啡馆，喝酒，玩纸牌，他打猎、钓鱼。她呆在农场里，没有任何乐趣。只有富裕的农妇有女仆做帮手，或者免去田间劳动，过着幸福而平衡的生活：她们在社会上受到尊敬，在家里享有很大的威望，不被劳动压垮。但是，大部分时间，农村劳动把女人逼到役畜的地位。

女商贩、管理小企业的老板娘，任何时候都享有特权；从中世纪以来，只有她们是法典承认有公民权利的；杂货店老板娘、奶品店老板娘、旅馆老板娘、烟店老板娘，具有同男人一样的地位；不管单身还是寡妇，她们本身就在社会上构成存在的理由；结婚以后，她们与丈夫有同样的自主权。她们很幸运能够在家里工作，而且一般说来用不着全神贯注。

对女工、女职员、女秘书、女售货员这样在外面工作的人来说，情况就完全不一样了。想把她们的职业和照顾家务（购买东西、准备饭餐、打扫、料理衣服，至少要求每天工作三小时半，星期天则要六小时；还要加上工厂或者办公室的工作时间，数目就很大了）结合起来要困难得多。至于自由职业，即使是女律师、女医生、女教师，她们的家务劳动会有人帮手，对她们来说，家庭和孩子也是负担，需要挂心，这是沉重的障碍。在美国，家务由于有巧妙的技术手段而简单化；但是，要求女工注意衣着和打扮，则强加另一种束缚；她仍然要照料家庭和孩子。另一方面，在工作中寻找独立的女人，要比男性竞争者少很多机会。她的工资在很多职业中低于男人的工资；她的工作专业化程度低，因此工资要远低于技工的工资；同样的工作，她的报酬要少。由于她在男人的世界里是一个新来者，她成功的机会比他们少。听从女人的命令工作，无论男女都同样气恼；他们总是更相信男人；做女人要不是一个污点，至少也是一种怪异。为了"爬上去"，女人得到男人的支持是有用的。男人占据着最有利的位置，他们拥有最重要的岗位。强调这一点是很重要的：男人和女人在经济上构成两个阶层。①

---

① 在美国，巨额财产往往最终落在女人手里：她们比丈夫年轻，比他们活得久，继承丈夫的财产；但是她们已经年老了，很少主动进行新的投资；她们宁可食利，而不做老板。实际上是男人掌握着资本。无论如何，这些富有的享有特权的女人，只是很少一部分人。在美国更甚于欧洲，一个女人要当律师、医生等等，爬到一个很高的社会地位，几乎是不可能的。——原注

左右着女人目前状况的事实是，在正在成形的新文明中还残存着最古老传统的痼弊。这正是那些匆匆做出判断的观察家不了解的情况，他们认为女人不能胜任今日摆在她们面前的机会，或者在这些机会中只看到危险的诱惑。真相是女人的处境正失去平衡，正因此，女人很难适应。是给女人敞开了工厂、办公室、院系的大门，但是，人们继续认为，对女人来说，结婚是最体面的生涯，能使女人完全不用参与集体生活。就像在原始文明中，做爱是她有权让人或多或少直接付费的一种服务。除了在苏联①，到处都允许现代女人把自己的身体看做一笔可以利用的资本。卖淫是被容忍的②，卖弄色相受到鼓励。允许已婚女人受丈夫供养；再者，她拥有比单身女人更高的社会尊严。风俗不准单身女人拥有与单身男人同样的性自由；特别是她几乎被禁止生育，未婚母亲是丑闻的对象。灰姑娘的传说③怎会不保留它的全部价值呢？一切都仍然在鼓励少女期待从“白马王子”那里获得财富和幸福，而不是独自尝试困难而不一定成功的征服。特别是，她可以期望依仗他进入高于她的阶层，这个奇迹是她工作一辈子也不能带来的。但这样一种希冀是有害的，因为它将她的力量和利益分割开来④；这种分割对女人来说兴许是最严重的障碍。父母抚养女儿是为了让她结婚，他们并不想鼓励她的个人发展；她在婚姻中看到那么多的利益，以至她本人希望结

① 至少根据官方的理论。——原注
② 在盎格鲁-撒逊民族的国家，卖淫问题从来未被解决。直至1900年，英美的习惯法规定只有在卖淫成为丑闻，并且产生混乱时才被看做是轻罪。后来，卖淫或多或少被严厉地制止，在英国和美国的各个州或多或少取得成功，美国的立法在这一点各不相同。在法国，随着长期的废奴运动，1946年4月13日颁布的法律下令关闭妓院和加强整顿拉皮条：“理由是，妓院的存在与人类尊严的基本原则和给予女人在现代社会中的角色不相调和……”然而卖淫依然继续存在。显然不是通过否定性的和虚伪的措施，就能改变局面的。——原注
③ 参阅菲利普·怀利《蝮蛇的一代》。——原注
④ 我们在《第二性 II》还要详尽地回到这一点上来。——原注

婚；这就使得她往往不如她的兄弟们受到那么多的专业训练，受到那么扎实的培养，她不是那么全身心投入到自己的职业中；由此，她注定要处于低下的地位；恶性循环形成了： 这种低下加强了她要找到一个丈夫的愿望。凡是利益背面总有负担；但如果负担太严重，利益就无异于束缚；今日对大多数劳动者来说，工作是一种讨厌的徭役： 对女人来说，这种徭役没有使她得到具体社会尊严、作风自由、经济独立的补偿；十分自然的是，大量女工和女职员只把劳动的权利看做一种义务，结婚才能使她们从这种义务中解脱出来。由于她意识到自身，也由于她可以通过工作摆脱婚姻，她也不肯顺从地接受婚姻的隶属关系。她期待兼顾家庭生活与职业不需要她使出累人的绝招。即使在这时候，只要还存在便利的诱惑——由于对某些人有利的经济不平等和承认女人拥有向这些享有特权者出卖自身的权利——她仍然需要做出比男人更大的精神努力，去选择获得独立的道路。人们不是很明白，诱惑也是障碍，甚至是最危险的障碍之一。这里，诱惑双倍加大了欺骗性，因为美满婚事的彩票中只有千分之一的中奖者。眼下这个时代鼓励女人，甚至逼迫她们工作；但在她们的眼中闪耀出逍遥和欢乐的天堂： 颂扬处于那些被束缚在人间的女人之上的中奖者。

男人拥有的经济特权，他们的社会价值，婚姻的威望，得到一个男人支持的益处，这一切鼓励女人热烈地要取悦男人。她们整体还处于附庸地位。因此，女人并非为其所是，而是作为男人所确定的那样认识自己和做出选择。因此，我们必须首先按照男人所想象的那样描绘女人，因为"她为了男人而存在"是她的具体境况的基本要素之一。

第三部　神话

第一章

　　历史向我们表明，男人总是掌握所有的具体权力；从父权制开始，男人就认为将女人保持在从属的地位是有用的；他们的法典是为了对付女人而设立的；女人就是这样具体构成他者。这种状况服务于男性的经济利益，但是它也适合他们的本体论的和伦理的要求。一旦主体力图确立，限制主体和否定它的他者仍然必不可少：主体只有通过这种不是它本身的实体才能到达自身。因此，男人的生活从来不是充实和休憩，它是缺失和活动，它是斗争。男人面对自己，与大自然相遇；他有办法控制它，力图使它驯服。但是它无法满足他。要么它只作为纯粹抽象的对立面而存在，它是障碍，与他格格不入；要么它被动地忍受男人的愿望，让他掌握；他只在消耗它，也就是说在摧毁它的时候才掌握它。在这两种情况下，他是单独的人；他触到一块石头的时候是单独的，他消化一颗果实时是单独的。只有当他者面对自身在场时，才有他者的在场：就是说，真正的他性是与自我意识分离、又与之同一的意识的他性。是其他人的存在使每个男人摆脱他的内在性，使他能够完成自身存在的实在性，能够作为超越，作为向客体的逃逸，作为计划，达到自我完善。但是这种外在的自由既确认我的自由，也与之发生冲突：这是不幸意识的悲剧；每个意识都企图作为至高无上的主体单独出现。每一个意识都力图把另一个意识压制到奴役状态来达到自我完善。可是，在劳动和恐惧中的奴隶也感到自身是本质，根据辩证法，主人变成非本质。这出戏剧可以通过每个人在他者中的自由确认，通过每个人同时将自身和他者当做客体、又反过来当做主体来完成。不过，具体实现这种确认自由的友谊和宽容，却不是很容易具有的品德；它们无疑是人的最高完善，人正是由此处于真实之中，但这种真实是不断形成又不断消失的斗争的真实；它要求人在每一时刻自我克服。我们也可以换另一种说法，当男人放弃为了承担他的生存而存在时，便接触到一种本真的道德态度；通过这种转变，男人就放弃一切占有，因为占有是一种寻找存在的方式；可是他由此达到真正明智的转变却永远完成不了，但必须不断去完成，这转变要求持续不断的紧张。以至男人如果不能在孤独中达到自我完善时，在与他人的关系中便不断处于危险状态：他的生活是一项艰难的事业，永远不能保证一定成功。

但是男人不喜欢困难；他害怕危险。男人矛盾地渴望生活和休憩、生存和存在；他很清楚，"精神不安"是其发展的代价，男人与客体的距离是面对自身在场的代价；然而，男人梦想在不安中得到宁静，梦想意识所存身的晦暗不明的充实。这个梦想的化身，正是女人；她是外在于男人的自然和与之过于相像的同类之间理想的媒介①。她既不以大自然敌对的沉默去对抗他，也不以互相承认的严厉要求去对抗他；她通过独一无二的特权，成为一种意识，似

---

① 米歇尔·卡鲁日写道："……女人不是男人的无用重复，而是男人和大自然活生生的结合得以完成的迷人所在。一旦她消失，便只剩下男人，在一个冰冷的世界中成为没有护照的外国人。她是大地本身，被推到生活的顶峰，是变得有感觉的和欢乐的大地；没有她，对于男人来说，大地便是无声的、死寂的。"（《女人的能力》，《南方笔记》第292期。）——原注

乎可以在她的肉体中占有这个意识。靠了她，便有了一种逃避主奴之间无情的辩证关系的方法，这种关系的根源就在自由的相互性中。

我们已经看到，最初不存在获得解放的妇女，也没有男性去奴役她们，性别的区分也绝不会构成阶级之分。把女人比做奴隶是一个错误；有些女人是奴隶，但总是存在自由的女人，就是说，她们具有宗教和社会的尊严：她们接受男人的至高无上，男人并不感到会使他们沦为客体的反抗的威胁。这样，女人表现为非本质，永远不会变为本质，就像不需互换的绝对他者。关于创世的所有神话都表达了这种重视男性的信念，其中就有《创世记》的传说，它通过基督教，在西方文明中延续下去。夏娃没有同男人一起创造出来；她既不是用不同的物质创造的，也不是用塑造亚当的泥巴创造的：她是从第一个男性的肋骨抽取出来的。她的出生本身就不是自主的；天主没有自发地选择了为了她本身去创造她，为的是反过来让她直接受到宠爱：天主把她指定给男人；正是为了不让亚当孤独，天主把她给了他，她的因果都在丈夫身上；她是按照非本质的方式创造的他的补充。因此，她像是一种有特权的猎物。她是升至意识的半透明状态的自然，她是自然而然顺从的一种意识。这正是男人往往在女人身上寄托的美好希望：他期望在肉体上占有一个存在，通过用驯顺的自由使自己在自身的自由中获得确认，作为存在达到自我完善。任何男人都不会同意成为女人，而所有男人都希望有女人。"我们感谢天主创造了女人。""大自然是仁慈的，因为它把女人赐予男人。"在这些句子和其他类似的句子中，男人再一次以狂妄而幼稚的口吻断言，他在这世界上的在场是不可避免的事实和权利，而女人的存在是一个普通的偶然事件，不过这是一个美妙的偶然事件。女人作为他者，与男人在自身感到虚无的存在相比，显得是一种存在的充实；他者在主体看来是客体，是自在，因而被确立为存在。生存者心中的那种缺失，积极地体现在女人身上，男人正是通过她与之汇合，期待自我实现。

然而，对他来说，她并不代表他者的唯一化身，她在历史的进程中并不总是保持同样的重要性。有时，她被其他偶像遮没了。当城邦、国家吞没了公民时，便再也没有可能考虑到个人命运。斯巴达女人忠于国家，地位高于其他希腊女人。但她也没有被任何男性梦想所美化。对领袖的崇拜，不管是拿破仑、墨索里尼还是希特勒，排除了其他一切崇拜。在军事专政和极权制度下，女人不再是一个有特权的客体。大家明白，在公民不太清楚生活意义的富裕国家里，女人会被神化：美国的情况就是这样。相反，社会主义的意识形态要求人人平等，从现在直至未来都拒绝任何一类人成为客体或偶像：在马克思宣布的真正民主的社会里，没有他者的位置。然而，很少男人完全符合自己选择做的士兵、战斗者的形象；在他们作为个体的情况下，他们认为女人保留着特殊的价值。我读过德国士兵写给法国妓女的信，信中不顾纳粹主义，多愁善感的习俗显得天真活泼。共产党作家，例如法国的阿拉贡、意大利的维多里尼①，在他们的作品中都给予女人——情人或母亲——头等重要的位置。也许女人神话有朝一日会消失：女人越是作为人而确立，他者的美好品质就越要在她们身上消失。但是今日他者仍然存在于所有男人的心中。

一切神话都牵涉到一个主体，它把自己的希望和恐惧投向超越的天空。女人由于不是作为主体确立的，没有创造反映她们计划的

---

① Louis Aragon（1897—1982），法国作家，1928 年加入法国共产党，著有诗集《断肠集》、《爱尔莎的眼睛》、小说《圣周风雨录》等；Elio Vittorini（1908—1966），意大利作家，1942 年加入意大利共产党，著有《红石竹花》、《人与非人》等。

男性神话；女人没有属于自己的宗教和诗歌：她们仍然是通过男人的梦想去梦想。她们崇拜的是男人创造的天神。男人创造出伟大的男性形象来自我歌颂：赫拉克勒斯、普罗米修斯、帕尔齐法尔①；在这些英雄的命运中，女人只起次要作用。无疑存在一些在男人与女人的关系中抓住的粗线条的男性形象：父亲、诱惑者、丈夫、嫉妒者、好儿子、坏儿子；但这也是男人确定的，它们达不到神话的崇高；它们只不过是一些老生常谈。而女人特别是在她与男人的关系中被确定的。男女两个类别的不对称，表现在有关性的神话的单向构成中。人们有时用"le sexe"②来指女人；因为她是肉体及其快乐和危险：对女人来说，男人是有性特征的，有肉欲的，这是一个真理，却从来没有被宣布过，因为没有人宣布。将世界呈现为世界，是男人的活动；他们以自己的观点描绘世界，把自己的观点和绝对真理混淆起来。

要描绘一种神话总是很难的；它不让人把握，也不让人勾勒轮廓，它纠缠着意识，却不让自身作为凝固的东西摆在意识面前。它如此变化无常和矛盾，以至人们一开始无法觉察它是统一的：大利拉③和犹滴，阿斯帕西娅和卢克雷蒂娅，潘朵拉和雅典娜④，女人同时是夏娃和圣母马利亚。她是一个偶像、一个女仆、生命的源泉、黑暗的势力；她是沉默真理，她是诡计、多嘴多舌、谎言；她是医者，又是女巫；她是男人的猎物，她是他的不幸，她是他没有和想拥有的一切，是他的否定和存在理由。

---

① Prometheus，希腊神话中的泰坦神，为人类盗取天火，被钉在高加索山上，有只鹰不断吞吃他的肝脏。Parceval，亚瑟王传奇中的一个英雄人物。
② 见第9页脚注③。
③ Dalila，《圣经》中的人物，她引诱大力士参孙，得知他的力量来自头发，于是在他睡熟时剃光他的头发，出卖了他。这是个背信弃义的女人形象。
④ Athena，希腊神话中的战争、工艺和智慧的女神。

克尔恺郭尔①说："成为女人是某种非常古怪、非常混杂、非常复杂的东西，以至任何谓语都表达不出来，人们想运用的多个谓语自相矛盾到了这般田地，以至于只有一个女人才受得了。"②这是由于女人没有受到积极看待，就像她是自为的存在那样，而是被否定地看待，就像她在男人看来那样。因为即使有其他不同于女人的他者，女人仍然总是被定名为他者。她的含糊不清，是他者概念本身含糊不清：是人类状况在它与他者的关系中确立时含糊不清。有人已经说过，他者就是恶；但对善必不可少，反过来又回到善；我正是通过它达到一切，但正是它把我和整体分离；它是无限之门和我的有限之尺度。因此，女人不体现任何凝固的概念；通过她，不断地完成从希望到失败，从仇恨到爱，从善到恶，从恶到善。不管通过什么角度看待她，正是这种矛盾的双重性首先引人注目。

男人在女人身上寻找他者，看成自然，看成他的同类。但是我们知道，男人对于自然有着何种矛盾的情感。人开垦自然，但自然压垮他，人产生于自然，又死于自然中；自然是他存在的源泉，又是他使之顺从自己意志的王国；这是一种灵魂受困其中的物质，这是最高的实体；它是偶然性和概念，有限和全部；它是与精神相对的东西和精神本身。它时而是同盟者，时而是敌人，像生命从中涌现的黑暗混沌，像生命本身，又像生命趋向的彼世：女人作为母亲、妻子和概念概括了自然；这些形象时而相混，时而相互对立，每一种形象都有双重面貌。

人将自己植根于自然中；人像动物和植物一样产生；他很清

---

① Søren Kierkegaard（1813—1855），丹麦神学家、思想家，著有《恐惧与颤栗》、《论生活道路的各阶段》、《致死的疾病》等。
② 见《论生活道路的各阶段》。 ——原注

楚，只有活着才能存在。但自从父权制出现以来，生命在人的眼里具有双重面貌：它是意识、意志、超越性，它是精神；它又是物质、被动性、内在性，它是肉体。埃斯库罗斯、亚里士多德、希波克拉底宣称，在人间和奥林匹斯山①，男性本原是有真正的创造力的，由此产生形式、数量、运动；有了得墨忒耳，麦穗才会增加，但麦穗的根源和它的实体是在宙斯身上；女人的繁殖力只被看做一种被动的品质。她是土地，男人是种子，她是水，而他是火。创造往往被想象成火与水的结合；是温热的潮湿产生了活生生的存在；太阳是海洋的丈夫；太阳、火是男性的神；而海洋是找得到的最普遍的母性象征之一。不活动的水受火热阳光的作用，阳光使水受精。同样，农夫犁开的土地一动不动地在犁沟里接受种子。但她的作用是必不可少的：是她供养胚芽，给胚芽以庇护，并提供养料。因此，即使大母神被废黜，人类还是继续崇拜生育女神②；人类靠了库柏勒，获得丰收、畜群和兴旺。人类自身的生命得之于她。人赞美水同赞美火一样。歌德在《浮士德·悲剧第二部》中写道："光荣属于大海！光荣属于她环绕着圣火的波涛！光荣属于波浪！光荣属于火！光荣属于奇特的冒险！"人颂扬大地，就像布莱克③称之为"The matron Clay"④那样。一个印度的先知建议他的弟子们不要锄地，因为"这是以农业劳动伤害或者切割、撕裂我们共同的母亲……我会拿一把刀戳入我母亲的怀里吗？……我会切开

① Olympia，希腊神话中的圣山，是众神居住的地方。
② 一首荷马时代的赞歌说："我要歌唱大地，她是有坚实基础的普天下的母亲，是可尊敬的老祖宗，在她的泥土中供养一切存在物。"埃斯库罗斯也赞颂大地"孕育了所有的人，养育他们，然后重新接受他们繁殖的胚芽"。——原注
③ William Blake (1757—1827)，英国诗人、画家，著有《诗的素描》、《天真之歌》、《经验之歌》等。
④ 英文，泥土主妇。

她的肉体，一直切到她的骨头吗？……我怎么敢割掉我母亲的长发呢？"在印度中部的"拜加人"也认为"用犁撕开大地母亲的胸怀"是罪过。反过来，埃斯库罗斯提到俄狄浦斯时说，他"敢于在将他形成的神圣犁沟里播种"。索福克勒斯① 谈到"父性的犁沟"和"农夫，他是播种时节只拜访一次的远方田野的主人"。在埃及的一首歌曲中，被爱的人宣称："我是大地！"在伊斯兰的典籍中，女人被称做"田野……葡萄园"。阿西西的圣方济各② 在他的一首赞歌中提到"我们的姐妹，大地，我们的母亲，保存我们，给我们照料，开出五颜六色的花，长出青草，结出各种各样的果实"。在阿基洗泥浴的米什莱感叹道："我们亲爱的共同母亲！我们是一体的。我来自你，又回到你那里！……"甚至有些时代盛行一种活力论的浪漫主义，期望生命战胜精神：大地、女人的神奇生殖力显得比男性共同协力进行的活动更美妙；男人梦想重新与母性的黑暗融合，为的是重新找到他的存在的真正源泉。母亲是伸到宇宙深处的根，汲取其中的汁液，她是喷射出活水的泉源，这活水也是有营养的奶汁、一股温热的泉水、土和水混合而成并富有再生力的泥。③

但是，男人身上对肉体状态的反叛更为常见；他将自己看成一个失势的神；他的不幸是，从光辉的、秩序井然的天上，掉到母腹的混沌黑暗中。他期待从中认出自己的这团火、这股主动而纯粹的气息，被女人禁闭在烂泥里。他期望自己像纯粹的概念，像一、一切、绝对精神一样必然；他感到自己被关在一个狭小的身体里，关

---

① Sophocles（前496—前406），古希腊悲剧作家，著有《俄狄浦斯王》、《厄勒克特拉》等。
② San Francesco d'Assisi（1181 或 1182—1226），方济各会的创始人。
③ "按字面说，女人是伊希斯、丰饶的大自然。她是河流和河床、根和玫瑰、土地和樱桃树、葡萄树和葡萄。"（米·卡鲁日，出处见上文所引。）——原注

在一个不是他所选择的时空里，他没有被召唤到那里，一无用处，笨重，荒诞。肉体的偶然性，这就是他的存在本身的偶然性，他要在孤单中，在无法证明其合理的无偿性中忍受这种偶然性。这也必然置他于死地。 在子宫（就像坟墓一样神秘和封闭的子宫）里成形的这种颤动的胶质，太容易令人想起腐尸柔软的黏滞性，以至他不会不带着战栗转过头去。但凡生命正在形成的地方，萌芽、发酵，都会引起厌恶，因为它是在分崩离析中成形的；黏性的胚胎开始了一个周期，这个周期要在死亡的腐烂中结束。因为人厌恶无偿性和死亡，所以厌恶被生出来；人想否认自己的动物性关系；残忍的大自然凭借出生这一事实控制着人类。在原始人身上，分娩受到最严格的禁忌包围；特别是，应该仔细地烧掉胎盘，或者把胎盘扔到海里去，因为任何获得胎盘的人，都会把新生儿的命运掌握在自己手里；形成胎儿的这种物质，是胎儿附属性的标志；消灭了胎盘，就让个体摆脱活的黏稠物质，实现自主。生孩子的污物溅到母亲身上。《利未记》和所有的古代法典将洁身礼强加给产妇；在许多农村地区，安产感谢礼的仪式维持着这种传统。人们知道，面对一个怀孕女人的肚子和奶妈鼓胀的乳房，孩子、少女和男人感到多么局促不安，这种本能的局促不安往往在嘲笑中掩饰过去。在迪皮特伦①博物馆里，好奇的人带着病态的兴味，观看蜡做的胚胎和保存下来的胎儿，他们会带着同样的兴味去掘开一个坟墓。尽管社会对生育投以尊敬，生育职能却使人产生本能的反感。如果小男孩在幼年时耽于肉欲，依恋母亲的肉体，等到他长大，踏上社会，意识到自己的个体存在时，这肉体就令他恐惧；他不想知晓这肉体，在他

---

① Guillaume Dupuytren（1777—1835），法国外科医生、病理学家，病理解剖学的奠基人之一。

的母亲身上只想看到一个精神上的人；如果他坚持认为她是纯洁的、圣洁的，这更多是因为不想承认她有身体，而不是出于爱的嫉妒。一个青年和他的同学们一起散步时，遇到他的母亲、姐妹们、他家的某个女人，便感到窘迫，脸涨得通红，这是因为她们的在场使他想起他力图逃离的内在性区域；这暴露了他力图摆脱的根底。当母亲抱吻小男孩，爱抚他时，他的恼怒具有同样的意义；他否认家庭、母亲、母亲的怀抱。他想像雅典娜一样从头到脚武装起来，刀枪不入，出现在成人的世界上。[①] 被怀上，被生出来，这是压在他的命运之上的诅咒，不洁玷污他的存在。这是他的死亡的预告。崇拜生育总是与崇拜死人联结在一起。大地—母亲把她的孩子们的骸骨埋葬在她的怀抱里。是女人——帕耳开和摩伊赖[②]——在纺织人的命运，但也是她们切断这些线。在大多数民间故事中，死神是女人，为死者哭泣也属于女人的事，因为死亡是她们的作品。[③]

　　因此，女人—母亲有一副黑暗的脸：她是混沌，一切从那里产生，有朝一日一切又回到那里；她是虚无。在黑夜中，日光显示的世界的各种面貌互相混同：封闭在物质的一般性和不透明中的精神之夜、睡眠和虚无之夜中。在大海的中心笼罩着黑夜：女人是古代航行者恐惧的 Mare tenebrarum[④]；在大地的深处是黑夜。人受到沉入这黑夜的威胁，它是生殖力的反面，使人恐惧。人渴望天空、亮

---

① 参阅下文我们关于蒙泰朗的研究，他是这种态度的杰出代表。——原注
② Parcae，罗马神话中的命运三女神，Moirae，希腊神话中的命运三女神。 克洛托掌管命运之线，拉刻西斯掌管命运之线的长短和命运的盛衰，阿特罗波斯掌管切断生命之线。这三个老妇人都有些跛足，以示命运变化之慢。
③ 得墨忒耳是 mater dolorosa（痛苦的母亲）的典型。但是其他女神——伊什塔尔和阿耳忒弥斯——是残忍的。迦利手中拿着一只盛满鲜血的脑壳。印度的一首诗这样说她："你刚被杀死的几个儿子的头颅像项链一样挂在你的脖子上……你的外形像雨云一样美，你的脚沾满了鲜血。"——原注
④ 拉丁文，黑暗的大海。

光、阳光灿烂的峰顶、蓝天纯粹而晶莹的寒冷；在人的脚下，有一个潮湿的、热烘烘的、幽暗的、时刻准备逮住人的深渊；许多传说告诉我们，英雄重新陷入母性的黑暗中：岩洞、深渊、地狱，万劫不复。

但这里，双重性重新起作用：如果生育总是与死亡相连，那么死亡也与生育相连。受到憎恨的死亡显得像新生一样，于是它也受到祝福。死去的英雄像俄赛里斯一样每到春天复活，通过新的分娩再生。荣格① 说，人的最高希望"就是死亡幽暗的水变成生命之水，死亡和它冰冷的拥抱是母亲的怀抱，一切就像大海一样，尽管太阳没入它的深处，却在其中再生"② 。太阳神沉入大海的怀抱及其光辉的再现，是许多神话学的共同题材。人同时想活，又渴望休憩、睡眠和虚无。人不希望不朽，由此，人可以学会热爱死亡。"无机物质是母亲的怀抱，"尼采③ 写道，"摆脱了生命，重新变成真实，才是尽善尽美。懂得这一点的人会把重新回到无感觉的尘土中看成一个节日。"乔叟④ 让这篇祈祷从一个长生不死的老人的嘴里念出：

> 我用棍子日日夜夜
>
> 敲打我母亲的大门——土地，
>
> 我说：亲爱的母亲啊，让我进去吧。

---

① Carl Gustav Jung (1875—1961)，瑞士心理学家，提出集体无意识的概念，著有《里比多的变形》、《心理类型》、《心理学与宗教》等。
② 见《里比多的变形》。——原注
③ Friedrich Nietzsche (1844—1900)，德国哲学家，提出"强力意志"和"超人"概念，著有《悲剧的诞生》、《查拉图斯特拉如是说》等。
④ Geoffrey Chaucer (约 1342—1400)，英国作家、诗人，著有《禽鸟的议会》、《好女人的传说》、《坎特伯雷故事集》等。

男人希望确定个体的存在，骄傲地依靠"本质差异"，但他也希望粉碎自我的樊篱，与水、大地、黑夜混合，与虚无混合，与一切混合。把男人置于有限中的女人，也允许他超越自己的局限，她拥有的模棱两可的魔力由此而来。

在一切文明中，直到今日，女人仍然让男人恐惧：这是对他投射在她身上的、自己肉体的偶然性的恐惧。未到青春期的小姑娘不包含威胁，她不是任何禁忌的对象，不具有任何神圣性。在许多原始社会中，她的性别本身显得是无邪的：从童年开始，允许男孩子和姑娘玩色情游戏。从女人能生育之日起，她变得不纯洁。人们经常描绘原始社会中，小姑娘初潮之日围绕着她的严厉禁忌；甚至在女人受到特别重视的埃及，她在来月经期间要受到禁闭。① 往往让她呆在屋顶上，把她打发到村子范围之外的小屋中，既不能去看她，也不得触摸她：更有甚者，她不能用自己的手触摸自己；在捉虱子成为家常便饭的民族中，人们交给她一根小棍子，她可以用来给自己搔痒；她不应该用手指去碰食物；有时，她被完全禁止吃东西；还有的时候，母亲和姐妹可以用一个工具喂她进食；但是，凡是在这期间同她接触过的东西都应该烧掉。通过这第一次考验，月经禁忌就不那么严厉了，不过，禁忌还是严格的。在《利未记》中尤其可以看到："女人行经，必污秽七天，凡摸她的，必不洁净到晚上。凡摸她床的……在女人的床上，或在她坐的物上，若有别的物件，人一摸了，必不洁净到晚上。"这篇文字与谈到漏症在男人身上产生的不洁恰好是对应的。净化的祭品在两种情况下是相同的。必须要有七天时间来排出月经，而且要带着两只斑鸠或者两只

---

① 神秘的、神话的信仰与个人的信念之间的区别，在下列事实中是明显的：莱维-斯特劳斯指出："尼姆巴戈的年轻男人，利用女人月经期间被规定所处的孤独状态形成的绝密环境，去看他们的情妇。"——原注

雏鸽到祭司那里，他会把它们献给神。需要指出的是，在母权制社会，与月经相连的效力是模糊不清的。一方面，月经使社会活动瘫痪，摧毁生命活力，使花朵憔悴，使果实掉落下来；可是它也有好效果：月经用在春药和治疗中，特别用来医治割破的伤口和瘀血。直到今日，有些印第安人出发去攻打常常光顾河边的怪兽时，在船头放上沾满月经血污的纤维团：流出的血对他们超自然的敌人是不祥的。某些希腊城邦的少女把沾上她们初潮鲜血的布送到阿斯塔特的神庙去敬奉。但是，自从父权制产生以来，就只认为女性身上流出的可疑液体是不祥的。普林尼在《博物史》中说："来月经的女人会糟蹋庄稼，使园子凋零，扼杀胚芽，使果实落地，杀死蜜蜂；如果她碰到酒，酒就变成醋；奶会变酸……"

一个英国古代的诗人表达了同样的情感，他写道：

噢！女人，你的月经是灾害
必须保护整个自然不受损害。

这些信念强有力地延续到今日。一八七八年，英国医学协会的一个成员在《英国医学杂志》上刊登了一篇学术报告，文章中宣称："肉一旦被来月经的妇女碰过以后就要腐烂，这是一个不争的事实"；他说自己经历过两个火腿在这样的情况下变质的案例。本世纪初，在法国北部的制糖厂里，有条规定禁止被盎格鲁-撒克逊人称做"curse"[①]、"灾祸"的东西触及的妇女进入工厂：因为糖会变黑。在西贡，鸦片工厂里不用女工：由于月经的关系，鸦片会变苦。这些信念在法国的许多农村地区还残存着。所有的厨娘都知

---

① 英文，月经。该词还有"受诅咒物"之意。

道，如果她来月经，或者只不过面对一个来月经的女人，就不可能做成蛋黄酱。最近在安茹①，有一个老园丁把当年收获的苹果酒存放在食物贮藏室里，写信告诉主人说："必须要求家中的年轻太太和女宾在每月的某几天不要穿过食物贮藏室：她们会妨碍苹果酒发酵。"厨娘了解到这封信的内容后，耸耸肩说："这从来没有妨碍过苹果酒发酵，这仅仅对肥肉不好：不能在一个来月经的女人面前腌肉；肉会腐烂。"②

把这种厌恶归结于一般对血的厌恶，说服力是非常不够的：当然，血本身是一种比任何别的"神力"更神圣、更深邃的元素，它同时是生与死。经血的不祥能力更为奇特。它体现了女性的本质。因此，流血使女人本身处于危险之中，她的"神力"就这样被物质化了。在沙戈民族的秘密祭礼中，怂恿女孩子小心隐瞒经血。"不要给你的母亲看见，她会死去的。不要给你的女伴看见，因为可能有一个坏女孩把你用来擦拭的布搞到手，你结婚后就会不生育。不要给一个恶妇看见，她会把这块布放在她的草房上面……那样的话，你就不会有孩子。不要把布扔在小径上或者扔在灌木丛里，一个恶人会拿来干坏事。把它埋在土里。不要让你的父亲、你的兄弟们和姐妹们看见这血。如果你让人看见，这是一个罪过。"③ 在阿留申人④ 那里，如果女儿刚来月经时被父亲看见，她就有变成瞎子

---

① Anjou，法国西部地区。
② 一个谢尔的医生向我指出，在他居住的地区，在同样的情况下，禁止妇女进入蘑菇房。今天还有人讨论这些偏见有无根据的问题。比奈医生提出有利于他们的唯一一事实是辛克的一个观察（维涅举的例）。辛克可能见过鲜花在一个来月经的女仆手里枯萎；由这个女人制造的发酵蛋糕只升高三厘米，而不是平时正常应该达到的五厘米。无论如何，这些事实十分贫乏，缺乏根据，因为要看到，这种信念传播得既深又广，根源无疑是神秘的。——原注
③ 参阅列维-斯特劳斯《亲属的基本结构》。——原注
④ Aleut，阿留申群岛和阿拉斯加半岛西部的土著。

或聋子的危险。他们认为，这时女人被精灵附身，具有危险的能力。有些原始人相信，月经是由于被蛇咬引起的，女人与蛇和蜥蜴有可疑的亲缘关系：月经会有爬行动物的毒素。《利未记》将月经与漏症相提并论；流血的女性不仅有一个伤口，而且有一个可疑的伤口。维尼[①] 把玷污的概念和生病的概念结合在一起，他写道："女人是生病的孩子，十二倍的不纯。"作为复杂的体内炼金术的结果，这种女人要忍受的周期性出血，奇特地与月亮的周期一致：月亮也是危险地反复无常的[②]。女人参与这种可怕的齿轮传动，它控制着行星和太阳运行，女人是制约星辰、潮汐命运的宇宙力量的猎物，男人要忍受她令人不安的辐射。尤其令人惊讶的是，月经的出血与变质的奶油、不凝结的蛋黄酱、发酵、解体的概念相连；还有人认为，这血很可能引起易碎物质破裂；它可能使小提琴和竖琴的琴弦断裂；但它尤其对有机物质有影响，介于物质和生命中间；这并非由于它是血，而是因为它是从生殖器官中流出来的；人们甚至并不了解它准确的作用，就知道它与生命的孕育相连：古人不知道卵巢的存在，竟然在月经中看到精液的补充物。事实上，并非这血使女人变成不洁，更确切地说，它彰显出不洁；它出现在女人可能受孕的时候；等到它消失了，女人一般来说再次变得不孕；它从胎儿成形的肚子中喷射而出。通过它，表达了男人对女性生育所感到的恐惧。

---

① Alfred de Vigny (1797—1863)，法国浪漫派作家，著有《古今诗集》、《命运集》等。

② 月亮是生育能力的源泉；她作为"女人的主人"出现；人们常常以为，她变做一个男人或者一条蛇与女人交媾。蛇是月亮的显灵；它蜕皮和更新，它是不死的，这是一种分配丰产和学问的力量。是它掌管着神圣的源泉、生命之树、青春之泉，等等。但也是它夺走了人长生不老的能力。据说它与女人交媾。波斯人的传统，还有犹太人的文化传统都认为，月经源于第一个女人同蛇的关系。——原注

在关于处在不洁状态的女人的禁忌中，没有一个像禁止这时同她进行性交那样严厉。《利未记》判定违反规定的男人七天不洁。《摩奴法典》更加严厉："一个接近被月经排泄物玷污的女人的男人，要彻底失去智慧、能量、力量、活力。"苦修修士命令与月经期女人发生性关系的男人苦修五十天。因为在那时女性本原被认为达到它的力量的顶点，人们担心在亲密的接触中，它会战胜男性本原。男人更加朦胧地厌恶在他占有的女人身上，重新找到他所恐惧的母亲的本质；他竭力分开女性的这两种面貌，因此，禁止乱伦以异族通婚的形式，或者以更现代的形式，成为普遍的法则；因此，在女人更为专注于她的生育角色时，即在月经期、怀孕期、哺乳期，男人远离女人，不与之性交。恋母情结——必须修正这个概念——并不与这种态度相悖，而是相反，与此相连。男人把女人当做世界混沌的源泉和有机体的混乱变化来加以防范。

　　然而，也正是在这种形象中，她使得与宇宙和天神分离的社会继续同它们保持联系。今日，她仍然在贝都因人、易洛魁人[①]中保证田野的丰收；在古希腊，她倾听地底的声音；她截取风和树的语言：她是皮提亚、西比尔[②]、女先知；死人和天神借她的嘴说话。今日她保留着这些神化的权力：她是通灵人、手相家、用纸牌算命的女人、预言家、受神灵启示的人；她听到各种声音，看到异象。当男人感到需要重新投入动植物生命的怀抱中时——就像安泰俄斯[③]接触大地能恢复力量一样——他们便求助于女人。对土地的崇拜，经过希腊和罗马的理性文明还残存下来。这些崇拜通常是脱离

---

① Iroquois，在北美生活的操易洛魁语的印第安人。
② Pythia，希腊神话中特尔菲城阿波罗神庙中的女祭司。Sibyl，指古希腊的女先知。
③ Antaeus，希腊神话中海神波塞冬和地神该亚之子，只要他同大地接触，他的母亲就不断赋予他新的力量。

正式宗教生活展开的；最后甚至像在埃莱夫西斯① 那样，采取秘密仪式的形式：它们的含义与太阳崇拜的含义相反，在太阳崇拜中，男人肯定自己的分离意志和精神意志；它们是这种意志的补充；男人竭力通过出神状态摆脱自身的孤独：这就是秘密仪式、酒神节的目的。在男性重新征服的世界中，是一个男性的神狄俄尼索斯剥夺了伊什塔尔、阿斯塔特的魔力和蛮力；但仍然是女人在他的形象周围肆虐：梅纳德、梯伊阿得、巴尚特② 呼吁男人来到宗教的迷醉和神圣的疯狂中。神圣的卖淫的作用也是相同的：这同时是发泄和疏导生育的力量。今日，民间节日仍然以纵欲为特点；女人在其中不仅仅是一种享乐对象，而且是一种达到个体在其中自我超越的 hybris③ 的方法。乔治·巴塔耶④ 写道："一个人在自己内心深处具有的失落感、悲剧感，即'盲目的神奇'，只能在一张床上遇到。"

发泄性欲时，男人拥抱着情人，竭力迷失在肉体的无限神秘中。但我们看到，相反，正常的性欲将母亲与妻子区分开来。男人对神秘的生命炼金术感到厌恶，而他自己的生命却从大地的甜美果实中得到养料和满足；他希望将果实据为己有；他觊觎芙蓉出水的维纳斯。女人首先是作为妻子出现在父权制中，因为最高的创造者是男性。夏娃在成为人类的母亲之前，是亚当的女伴；她被献给男人，是为了让他占有她，让她怀孕，就像他占有土地和使土地丰收；通过她，他把整个大自然变成他的王国。男人在性行为中寻找的不仅是一种主观的短暂乐趣。他想征服、攫取、占有；拥有一个

---

① Eleusis，古希腊港口城市，以埃莱夫西斯秘仪的发源地而闻名。
② Maenad，Thyiad，Bacchant，分别是酒神的女祭司，女信徒和崇拜者。
③ 源自古希腊文，一作 hubris，僭妄。
④ Georges Bataille（1897—1962），法国作家，著有《拉斯卡，又名艺术的产生》、《文学和恶》等。

女人，就是战胜她；他深入到她体内，就像犁刀插入犁沟中；他把她变成自己的东西，就像他把耕作的田地变成自己的那样；他耕耘、种植、播种：这些意象如同文字一样古老；从古至今，人们可以举出上千个这种例子：《摩奴法典》说："女人像农田，而男人像种子。"在安德烈·马松[1] 的一幅画中，可以看到一个男人手里拿着一把铲子，在挖掘一个女性生殖器形状的园子[2]。女人是她丈夫的猎物、他的财产。

男性在恐惧和欲望之间、在担心被不可控制的力量占有和攫取这些力量的意愿之间的犹豫不决，鲜明地表现在童贞的神话中。男性时而惧怕它，时而期待或者甚至苛求它，它好像女性神秘最完美的形式；于是，它同时成了女性神秘最令人不安和最迷惑人的表现。根据男人感到自己被包围的力量压倒，或者根据他骄傲地自认为能够吞并这些力量，他拒绝或者要求他的妻子嫁给他时是处女。在最原始的社会中，女人的能力受到颂扬，恐惧占了上风；女人在新婚之夜最好不是处女。马可·波罗[3] 关于西藏人是这样断言的："他们之中谁也不愿意娶一个可能是处女的姑娘做妻子。"人们有时以理性的方式解释这种拒绝：男人不愿意要一个没有挑起过男人性欲的妻子。阿拉伯地理学家贝克里谈到斯拉夫人时说："如果一个男人结婚时发现他的妻子是处女，他便对她说：'如果你有点价值，男人就会爱上你，就会有一个人夺走你的童贞。'"然后他把她赶走和休掉。有人甚至认为，有些原始人只接受同一个已经是母亲、表现出她有生育能力的女人结婚。但是，不要处女为妻的习俗

---

① André Masson（1896—1987），法国超现实主义画家。
② 拉伯雷把男性器官称为"大自然的农夫"。前文已分析过将男性生殖器犁、女人犁沟相对照的宗教和历史的根源。——原注
③ Marco Polo（约1254—1324），意大利旅行家，1271—1295 年从欧洲到亚洲旅行，其间在中国逗留 17 年。

流传如此广泛的真正原因是神秘的。有些民族设想，在阴道里有一条蛇，在处女膜破裂时会咬丈夫；人们赋予童贞的血以可怕的功能，认为它与经血相似，也能够毁灭男性的活力。这些意象表明了如下观点，即女性本原如果原封不动的话，就更有力量，包含更大的威胁。① 有时候，不会出现非处女的问题；例如，在马林诺夫斯基② 描绘的土著人中，由于性行为从童年起就被允许，因此姑娘绝对不是处女。有时，母亲、姐姐或者某个收生婆有步骤地破坏小姑娘的童贞，在她的整个童年时期，扩大阴道口。也有时破坏童贞是在青春期由女人们用一根棍子、一块骨头、一块石头进行的，仅仅被当作外科手术看待。在其他部落，小姑娘到了青春期，要屈从于一次野蛮的秘密祭礼：男人们把她拖出村外，用工具破坏她的童贞，或者奸污她。最常见的仪式之一是把处女提供给过路的异乡人，要么认为他们对于"神力"没有反应，这种"神力"只对部落的男性有危险；要么不在乎不幸会落在他们身上。更常见的是，祭司、医生、酋长，或者部落首领，在举行婚礼的前一夜破坏未婚妻的童贞；在马拉巴尔③ 海岸，婆罗门负责做这种事，看起来他们并无乐趣，却要求巨额报酬。众所周知，凡是神圣的东西对不信教的人都是危险的，而祝圣的人却能运用而没有危险；因此可以理解，祭司和首领能够驯服邪恶的力量，而丈夫应该对这种力量加以防范。在罗马，这类习俗只留下一种象征性的仪式：人们让未婚妻坐

---

① 由此得出一种力量，在战斗中把这种力量归于处女：比如瓦尔基里女神（译者按，古斯堪的纳维亚神话中，为奥丁神服务并被派赴战场选择有资格进入瓦尔哈拉殿堂的阵亡者的少女。）、奥尔良的童贞女（译者按，即贞德）。——原注
② Bronislaw Kasper Malinowski（1884—1942），波兰籍英国人类学家，研究澳大利亚、新几内亚和特罗布里昂诸岛部落的性和家庭习俗。他否定恋母情结。
③ Malabar，印度西部地区。

在一个普里阿普斯①石像的生殖器上，这有双重目的：提高生殖力，并且消耗她身上过于强有力、因而甚至有害的流体。丈夫还用其他方法来自卫：他亲自破坏处女的童贞，但这必须与保护他不受侵害的仪式同时进行；比如，他当着全村人的面，用一根棍子或一块骨头来做。在萨摩亚②，他事先用白布裹在手指上，再把沾上血迹的碎布片分发给与会者。有时，男人也被允许以正常方式破坏妻子的童贞，但是三天内不能在她身上射精，避免受精的胚胎被处女膜的血玷污。

神圣与否的分别常出现一百八十度的转变：处女血在不那么原始的社会中变成一种吉利的象征。在法国，还有些村庄，婚礼后的早晨，要在亲朋好友面前展示带血的床单。这是因为在父权制中男人变成了妻子的主人；在动物中使人害怕的特点，或者未被驯服的因素，对懂得驯养的主人来说，则变成宝贵的特点。男人把野马的暴烈、雷霆和瀑布的万钧之力变成使他兴旺的工具。因此，他希望把妻子整个原封未动归为己有。在强加给少女的关于德行的禁令中，理性的动因无疑起着作用：就像妻子的贞洁一样，未婚妻的纯洁是必要的，为的是不让父亲有任何危险将自己的财产遗留给外人的孩子。可是，当男人把妻子看做自己的个人财产时，就更直接地要求女人保持童贞。首先，积极地实现占有这一概念总是不可能的；事实上，人永远也拥有不了什么，也拥有不了任何人；因此便企图以否定的方式来实现；确定财产属于自己的最稳妥方式，就是阻止别人享用它。其次，对人来说，没有什么比从来不属于任何人的东西更加令人渴望了。于是，征服就显现为独一无二的、绝对的

---

① Priapus，希腊神话中的生育之神。
② Samoa，位于太平洋的波利尼西亚群岛。

事。处女地总是吸引着探险者；每年登山运动员为了想闯入无人踏足过的一座山，甚至仅仅想在山坡上开辟一条新路，都会付出生命代价；好奇的人冒生命危险，下到从来没有探测过的岩洞底部。人们已经驯服的东西，变成一个工具；从根底被切断，就失去最深邃的品质：未被征服的湍流比公共喷泉的水包含更多的希望。一个处女的身体有着暗泉的清新，有着清晨含苞欲放的花冠的毛绒绒，就像阳光还没有抚摸过的珍珠般的东方。岩洞、神庙、殿堂、秘密的花园，犹如孩子那样，男人被任何意识都从没有触动过的、暗影幢幢和封闭的地方所迷惑，这个地方正期待着被赋予灵魂：如果他是唯一一个去抓住和深入这些东西的人，他觉得事实上是他创造了它。再说，一切欲望所追逐的目的之一，就是享用激起他欲望的、招引他去毁灭的东西。比起插入时让处女膜完好无损，男人破坏处女膜对女性身体的占有方式更为亲密；在这种不可逆转的行动中，他毫不含糊地把女人身体变成一个被动的东西，他确定了对它的占有。这意义非常准确地表现在骑士的传说里：他在荆棘丛生的灌木中艰难地开辟一条道路，为的是采摘一朵没有人闻过的玫瑰；他不仅发现了它，而且折断了花茎，于是他征服了它。形象是如此清晰，在民间语言中，用"摘花"来比喻占有一个女人，就意味着毁掉她的童贞，"破坏童贞"①这个词即来源于此。

但是，只有童贞和青春联系起来，才具有这种性的吸引力；否则，神秘就会重新变得令人不安了。今日，许多男人面对时间拖得过长的处女感到厌恶，将"老姑娘"看成尖酸刻薄的恶女人，不仅仅是出于心理原因。诅咒是在她们的肉体本身，这个肉体不对任何主体构成客体，任何欲望也没有对它发生兴趣，在男人的世界里找

---

① 法文 défloration，源于拉丁文 deflorare，即 enlever la fleur（采摘花朵）。

不到一席之地就开放和憔悴了；它脱离了自身命运，变成一个古怪的东西，就像一个无法与人交流思想的疯子那样令人不安。有一个四十岁的女人，风韵犹存，但被推定为处女，我听到过一个男人粗野地说她："里面布满了蜘蛛网……"确实，无人问津、毫无用处的地窖和阁楼，充满了不干净的神秘；幽灵乐意光顾那里；被人抛弃的房子，变成精灵的住地。除非女子的童贞献给一位天神，否则人们会认为她要同魔鬼成亲。男人控制不了的处女，摆脱了男人力量的老女人，比其他女人更容易被看做女巫；因为女人的命运注定属于另一个人，如果她没有被男人的枷锁套住，她就准备接受魔鬼的枷锁。

新嫁娘通过破坏童贞的仪式被驱魔，或者相反，因她的童贞获得净化，可以被看作令人垂青的猎物。情人抱吻她，是期望占有生活的所有财富。她是整个动物界，整个人间的植物界：瞪羚、母鹿、百合和玫瑰、毛茸茸的桃子、香喷喷的覆盆子；她是宝石、贝壳、玛瑙、珍珠、丝绸、天蓝色、泉水的清冽、空气、火焰、大地和水。东方和西方所有的诗人都把女人的身体变成鲜花、果实、鸟儿。这里，仍然必须援引古代、中世纪和现代整部厚厚的选集。大家相当熟悉《圣经·雅歌》，意中人对他的心上人说：

> 你的眼好像鸽子眼……
>
> 你的头发如同山羊……
>
> 你的牙齿如新剪毛的一群母羊……
>
> 你的面颊如同一块石榴……
>
> 你的双乳好像一对小鹿……
>
> 你的舌下有蜜，有奶……

在《秘术 17》中，安德烈·布勒东①重复这永恒的赞歌："梅吕齐娜听到第二下叫声：她从不成球状的髋部喷射出来，她的肚子是八月的整个收获，她的身躯从弯成弓形的腰肢发出烟火，腰里长出两只燕子的翅膀，她的乳房是在叫声中被逮住的白鼬，由于被燃烧的嘴中炽热的煤闪闪发光而目眩神迷。她的手臂是在吟唱和发出芬芳的小溪的灵魂……"

在女人身上，男人重新发现闪烁的繁星和梦幻般的月亮，阳光，岩洞的幽暗；反过来，灌木中的野花、花园里骄傲的玫瑰是女人。山林水泽的女仙、美人鱼、水精、仙女，常常出没于田野、树林、湖泊、海洋、荒原。在男人的心中，没有什么比这种万物有灵论更根深蒂固的了。在水手看来，大海是一个危险的、忘恩负义的、难以征服的女人，但是他要通过自己的努力温存她，以便制服她。对登山者来说，大山是女人，骄傲、桀骜不驯、贞洁而又凶恶，他要冒着生命危险去占有她。人们经常认为，这些比喻表现了性的升华；确切地说，它们表达了女人与各种元素之间有一种像性欲本身那样本来就存在的亲缘关系。男人对占有女人的期待，有别于征服本能；她是一个特殊对象，通过这个对象，他征服自然。别的对象也可能起到这种作用。有时，男人在年轻的男孩子身上寻找海滩的沙子、黑夜的柔美、金银花的清香。但是性的插入不是实现对土地的肉体占有的唯一方式。在斯坦贝克②的小说《致未知之神》中，描写一个人在自己和大自然之间选择了一块长满苔藓的岩

---

① André Breton（1896—1966），法国超现实主义理论家、诗人，著有《超现实主义宣言》、《娜嘉》、《秘术 17》等。
② John Steinbeck（1902—1968），美国小说家，诺贝尔文学奖获得者，著有《愤怒的葡萄》、《珍珠》等。

石作为中介；在《牝猫》中，柯莱特^① 描绘了一个年轻丈夫，他把自己的爱集中在他喜爱的牝猫身上，因为通过这只温柔而野性的动物，他可以掌握肉欲世界，这是他妻子的肉体不能给他的。在大海中，在高山上，他者可以像在女人身上一样完美地体现出来；它们以同样被动和意料不到的反抗对付男人，使他能够自我实现；它们是一种要克服的拒绝行为，一个要占有的猎物。如果大海和高山是女人，这是因为女人对情人来说，也是大海和高山。^②

但是，并非随便哪个女人都能在男人和世界之间充当中介；男人并不满足于在他的女伴身上找到他自己的性器官的补充器官。她必须体现生命神奇的快乐，同时遮盖生活混沌的神秘。因此，男人首先要求她年轻和健康，因为男人将一个活生生的东西抱在怀里，只有当他忘记死亡寓于一切生命中，他才能对此感到入迷。他还要进一步期望：意中人是美丽的。女性美的理想是多变的；但是某些要求是持续不变的；既然女人的命运是被占有，就必须让她的身体具有物品那种惰性的、被动的性质。男性美是身体对活动职能的适

---

① Sidonie-Gabrielle Colette（1873—1954），法国女小说家，著有《流浪女伶》、《茜多》、《牝猫》等。
② 巴什拉在《大地和意志的梦想》中所援引的萨米维尔的话是意味深长的："这些围绕我一圈而睡的大山，我逐渐不再把它们看做要与之战斗的敌人，要用脚踩的雌性或者要获得的战利品，为的是向我自己提供，并且向别人提供一个我自己的价值的证明。"高山—女人的双重含义，通过"要与之战斗的敌人"、"战利品"、强权的"证明"一致的想法而确立起来。
　　例如，可以在桑戈尔（译者按，塞内加尔诗人）的这两首诗中看到这种相互性：
　　赤裸的女人，暗黑的女人！
　　肉质坚实的熟果子，黑色葡萄酒的阴暗的沉醉，使我的嘴变得抒情。
　　天际明净的热带草原，在东风热烈的抚摸下战栗的热带草原。
　　以及：
　　噢！噢！躺在你的森林之床上的刚果，在被征服的非洲的女王
　　愿山峰的男性生殖器托高你的楼宇
　　因为通过我的头、我的舌头，你是女人，因为通过我的肚子你是女人。
　　——原注

应，是力量、敏捷、灵活，表现出一种超越性，它激励肉体永远不应沉沦。只有在像斯巴达、法西斯时期的意大利、纳粹时期的德国这样的社会中，女性理想才是与男性理想对称的，这些社会将女人隶属于国家，而不是个人，只将女人看做母亲，决不给肉欲任何位置。但是，当女人被当做财产交给男人时，男人所要求的是，在她身上，肉体呈现出纯粹的人为性。她的身体不是作为主体性的发散，而是作为充满内在性的东西来看待的，这个身体不应该返回到世界的其余部分，它不应该给有别于自身的另一事物提供希望：它应当遏止欲望。这种要求最幼稚的形式，就是霍屯督人①欣慕的臀部过肥的维纳斯的那种理想的模样，臀部是身体上神经分布最少的部分，那部分肉体就像没有用途的既定。东方人对肥胖女人的爱好属于同一类型；他们喜欢这种荒诞的过分的脂肪增多，这决不是由任何计划引起的，除存在于此没有其他意义。② 即使在感觉更敏锐的文明中（形式与和谐的概念已经渗入那里），乳房和臀部由于发育的无偿性和偶然性，仍然是有特殊意义的东西。习俗和时尚往往致力于将女人的身体同她的超越性隔绝开来：裹脚的中国女人几乎不能走路，好莱坞女明星精心护理的指甲使她失去她的手，高跟鞋、女用紧身褡、裙环、裙撑、有衬架支撑的女裙，与其说是用来强调女性身体的曲线，不如说是用来增加肢体的不灵便。因肥胖而变得笨重，或者相反，瘦得面色苍白，寸步难行，因不合适的衣服和礼仪而难以行动，正是这时，在男人看来，这身体就像属于他的

---

① Hottentot，非洲南部地区的游牧民族，一作科伊科伊人。

② "霍屯督女人的臀部不像布什曼女人一样肥大和持恒，霍屯督人把这种构形看成是美的，从童年起就按摩他们的女儿的臀部，使之发达。同样，女人人为的增肥，真正的填喂法（主要的两种方法是不活动和大量吃适当的食物，特别是乳汁）在非洲各地可以看到。在阿尔及利亚、突尼斯和摩洛哥，城里富裕的阿拉伯人和以色列人还在这样做。"（吕凯《心理学日记》，1934年。《岩洞的维纳斯》。）——原注

东西。涂脂抹粉、首饰也使身体和脸僵化。首饰的作用十分复杂；在有些原始人看来，它有一种神圣的性质；但它最通常的作用是把女人变成偶像。这是具有两重性的偶像：男人希望她肉感，她的美属于花朵和果实的美；而她也应该像宝石一样是平滑的、坚硬的、永恒的。首饰的作用是同时让她更密切地属于自然和使她摆脱自然，这是将人为的凝固的必要性赋予活生生的生命。女人使自己变成植物、豹子、钻石、珍珠，将花朵、皮裘、宝石、贝壳、羽毛和她的身体混合起来；她使自己变得香气扑鼻，像玫瑰和百合一样散发出芬芳，但羽毛、丝绸、珍珠和香水也用来掩盖她的肉体和气味的动物似的粗俗特点。她涂口红，搽胭脂，给予它们面具似的一动不动的牢固；她的目光，她使之约束在厚厚的眼线和睫毛膏中，只剩下眼睛的闪烁装饰；她的头发扎成辫子，烫成小卷，像雕塑般优美，失去了令人不安的植物性的神秘。在打扮过的女人身上，自然虽然在场，但是被一种人的意愿俘房了，按照男人的欲望被重新塑造了。一个女人，自然在她身上越充分地展现魅力、受到越严格的控制，她就越发秀色可餐："精心修饰的"女人总是理想的肉欲对象。对更自然的美的爱好，往往只是精心打扮的一种似是而非的形式。雷米·德·古尔蒙[1] 希望女人头发飘拂，像溪水和牧场的草一样自由自在，但要在维罗尼卡·莱克[2] 的发型上，而不是在真正任其处于自然状态的蓬乱头发上，才能有抚摸水波和麦浪之感。一个女人越年轻健康，她的有光泽的处女身看来越是具有永恒的清新，矫揉造作对她越是没用；但必须对男人隐瞒他拥抱的这个猎物的肉体弱点以及威胁着它的衰退。这也是因为男人惧怕女人的偶然命运，因

---

① Rémy de Gourmont（1858—1915），法国作家、批评家，著有《文学漫步》、《哲学漫步》等。
② Veronica Lake（1922—1973），美国演员，在电影中总是留着波浪长发。

为他梦想她是不变的，必然的，所以他在她脸上、躯体和腿上寻找某种概念的正确。在原始民族中，这一概念仅仅是大众典型的完美呈现：厚嘴唇、扁鼻子的种族塑造出厚嘴唇、扁鼻子的维纳斯；后来，人们将更复杂的审美标准用于女人。无论如何，一个女人的脸型和比例越是和谐，她就越是获得男人的欢心，因为她好像摆脱了自然事物的变形。这样就导致古怪的悖论：男人期待在女人身上把握自然，不过是改变了的自然，便将女人推到矫揉造作中。女人不仅是自然的，而且同样是反自然的；这不仅是在用电烫发、用蜡脱毛、用乳胶紧身带的文明中，而且也是在头顶托盘的女黑人的国度中，在中国和地球上的所有地方。斯威夫特①在有名的《西莉亚颂》中揭露过这种弄虚作假；他带着厌恶描绘卖俏女人的用具，又带着厌恶请人注意她的身体动物般的顺从；他表示愤慨是错上加错；因为男人既希望女人是动物和植物，又希望她隐藏在人造的盔甲后面；他喜欢她从水波中和从一间时装店中出来，赤身裸体又穿着衣服，在衣服下面光着身子，正像他在人类世界中遇到的她那样。城市人在女人身上寻找动物性；但对服兵役的年轻农民来说，妓院体现了城市的全部魅力。女人是田野和牧场，但她也是巴比伦。

然而，这正是第一个谎言，女人的第一次叛变：这是生命本身的叛变，哪怕生命具有最吸引人的形式，其中也存在老年和死亡的酵母。男人对她的享用本身，毁掉了她最宝贵的性质：多次怀孕使她变胖，她丧失了性感的魅力；即使不生育，岁月的流逝也足以改变她的魅力。女人变得衰弱、丑陋、衰老，令人憎恶。俗话说，她

---

① Jonathan Swift（1667—1745），英裔爱尔兰小说家、讽刺散文家，著有《格列佛游记》等。

憔悴了，凋谢了，仿佛在指一棵植物。当然，在男人身上也是如此，衰老令人害怕；可是，正常的男人不会在其他男人身上体验肉体；他和这些自主的别人的身体只有抽象的联系。正是在属于他的这个女人的身体上，男人才明显感到肉体的衰败。正是以男人敌视的目光，维庸①笔下的"美丽的制盔女"审视自己身体的衰老。老女人、丑女人不仅是没有吸引力的对象，她们还会引起混杂着恐惧的厌恶。在她们身上，可以重新看到母亲令人不安的形象，妻子的魅力已然消失。

妻子本身是一个危险的猎物。在从水波中出现、像水沫般鲜活、像收获的庄稼般金黄的维纳斯身上，得墨忒耳得以继续存在；男人通过从女人身上得到的享受，将她占为己有，也在她身上唤醒还混沌不清的生育能力；他插入的和生育孩子的是同一器官。因此，在一切社会中，男人受到那么多的禁忌保护，对付女性的威胁。反过来则不同，女人没有什么要害怕男人；男人的性器官被看做是世俗的。男性生殖器可以提高到神的尊严地位：在对它的崇拜中，没有加入任何恐惧因素，而在日常生活中，女人用不着从神秘主义角度上防备它；它对她来说仅仅是有利的。另外，值得指出的是，在许多母权制社会中，性关系十分自由；但这仅仅是在女人的童年时期、青春初期，这时性交还没有与生育的概念相连。马林诺夫斯基有点惊讶地叙述，一起自由地睡在"单身者之家"的年轻人，主动表达他们的爱情；这是因为未婚姑娘被看做不能生孩子，而性行为只是一种平静的世俗的乐趣。相反，她一旦结婚，丈夫就不应该再给她任何公开的爱的表示，他不应该碰触她，一切对他们

① François Villon（约1431—1463以后），一译维永，法国诗人，著有《小遗言集》、《大遗言集》、《绞刑犯谣曲》等。《美丽的制盔女》描写一个制盔女在晚年对青春娇态的回忆。

亲密关系的暗示都是渎神的：这是因为这时她已经具有母亲的可怕本质，性交变成了神圣的行为。此后，性交被禁忌包围，行动要格外小心。耕地、播种和种植时，禁止性交：因为在这种情况下，人们不愿意让生殖力浪费在性交中，生殖力对庄稼丰收，因而对共同体的财产是必不可少的；正是出于对与生育有关的能力的尊重，人们下令要节欲。而在大多数情况下，禁欲保护着丈夫的生殖力；当男人出发去捕鱼、打猎、尤其准备去打仗时，实行禁欲；在同女人结合时，男性本原被削弱了，因此，每当他需要使用全部体力时，他必须避免与女人结合。人们寻思，男人对女人感到的恐惧是否来自一般而言性带来的恐惧，或者相反。人们看到，特别在《利未记》中，遗精被看做一种耻辱，虽然女人没有参与。在我们现代社会，手淫被看做一种危险和罪过：许多沉浸其中的孩子和年轻人，这样做时会感到可怕的焦虑。社会的干预，特别是父母的干预，使这种孤独的乐趣成为一种恶习；可是，不止一个年轻小伙子本能地受到开头几次射精的惊吓：流血或者射出精液，凡是他自身的物质的排泄都令他不安；是他的生命、他的"神力"离他而去。然而，即使主观上一个男人可以在女人不在场的情况下经历肉欲的体验，客观上，女人还是牵连到他的性欲中：正如柏拉图在两性人的神话中所说的，男性的机体也预示了女人的机体。他在发现自己的性器官的同时，也发现了女人，即令她没有在肉体上，也没有在想象中委身于他；反过来，女人在作为性的象征时是可怕的。人们永远不能把生命经验的内在一面同超越的一面分开：我所害怕或者期待的，总是我自己的存在的一个化身，但是任何东西只有通过不是我的东西才能到达我身上。非我与遗精相连，与阴茎勃起相连，如果不是以女人的准确形象，至少作为自然和生命出现：个体感到被外来的魔力控制。因此，他对女人的感情的双重性也出现在他对自己的性器官的态度上：他为此而骄傲，他嘲笑它，他感到羞耻。小男孩挑战似的将他的阴茎与他的伙伴们的阴茎相比；它的第一次勃起令他骄傲，同时又使他害怕。男人让人把他的性器官看做超越性和力量的象征；他同时从横纹肌中和从一种魔力中引以为荣：这是一种自由，充满了自由向往的既定的全部偶然性；他正是受到这种矛盾的外表迷惑；不过他怀疑是圈套；他以为通过这个器官自我确立，这个器官却不服从他；它由于欲望得不到满足而难受，意想不到地勃起，有时是在梦中卸除负担，表现出一种可疑的、任性的生命力。男人以为使精神战胜生命，使主动战胜被动；他的意识让自然保持距离，他的意志则改变自然，但是在性器官的形象中，他重新找到生命、自然和被动。叔本华写道："性器官是意志的真正中心，其相反的一极是大脑。"他所称为意志的东西，是对生命的依恋，是痛苦和死亡，而大脑是思想，它在呈现生命的同时也摆脱生命：性羞耻，据他看来，就是我们在对肉欲愚蠢的迷恋面前感到的羞耻。即使人们拒绝他的理论固有的悲观主义，他在性器官—大脑的对立中看到人的二元性表现是对的。人作为主体，确定世界，他呆在自己确定的世界之外，让自己成为世界的主宰；如果他把自己把握为肉体，把握为性器官，他就不再是自主的意识，透明的自由：他介入世界，就是一个有限的、要消亡的客体。无疑生育行为超越了身体的界限，但在同一时刻，它又设立这些界限。作为生殖之父的阴茎，与母体的子宫是对称的；男人来自女人肚子里受到供养的胚胎，本身又是胚胎的承载者，通过这一给予生命的种子，他自己的生命否认自身。黑格尔说："孩子的出生，是父母的死亡。"射精是死亡的许诺，它确定了物种，与个体对立；性器官的存在及其主动性否定了主体引以为荣的特殊性。这样用生命否定精神，使性器官成为耻辱的对象。男人在把男性生殖器看做超越性和主动性，看做将他者变为己有的方式的情况下，颂扬男性生殖器；而当他在其中只看到一个被动的肉体，因为这肉体，他成为生命看不见的力量的玩偶时，他又对生殖器感到羞耻。这种羞耻会隐藏在讽刺中。他人的性器官很容易引起笑声；由于阴茎勃起模仿一种自然的动作，却并非自愿，所以常常显得可笑；生殖器官一旦显露，一旦提及，就引起快乐。马林诺夫斯基叙述，在和他一起生活的野蛮人中，只要一说出这些"可耻部分"的名字，就会引起抑制不住的笑声；许多粗俗的玩笑，都仅仅是些基本的文字游戏。在有些原始人中，在给园子锄草的日子里，女人有权残暴地侵害任何一个冒冒失失闯进村子的外来人；她们往往群起而攻之，把他打得半死；部落的男人嘲笑这种业绩；经过这种侵害，受害者成为被动的依附性的肉体；他被女人占有了，而且通过她们，被她们的丈夫占有了；而在正常的性交中，男人却想确立自己为占有者。

正是在这时，他将最为明显地体会到他的肉体处境的两重性。只有在他的性行为成为将他者据为己有的方式，他才能骄傲地承担它，而这个占有的梦想只会导致失败。在真正占有时，他者作为他者消失了，被消耗和被毁灭了：只有《一千零一夜》中的苏丹才有权在黎明把他的妃子从他的床上拉走，砍下她们的头颅；女人在与男人的交欢以后活下来，甚至由此而摆脱他；一旦他松开双臂，他的猎物便又与他格格不入；她变得崭新、原封不动、随时准备让一个新情人以同样短暂的方式占有。男性的梦想之一是给女人"打上烙印"，使她永远属于自己；但最狂妄的人也知道，最后只剩回忆，最热烈的意象同感受相比也显得冷冰冰。全部文学都揭示了这一失败。人们将这失败归因于女人，称她朝三暮四、水性杨花，因为她的身体使她注定属于一般意义上的男人，而不是属于一个特定的男人。她的背叛格外忘恩负义：是她把情人变成一个猎物。只有一个身体能够接触另一个身体；男人只有在自身变为肉体时，才能控制被觊觎的肉体；夏娃被献给亚当，是为了让他在她身上完成他的超越性，她却把他带到内在性的黑夜里；母亲为儿子创造了这黑暗的子宫，他却想逃避，情妇又在快感的昏眩中，在他周围重新封闭子宫不透明的黏壁。他想占有，却被占有。气味、潮湿、疲惫、无聊，全部文学描绘了成为肉体的意识的这种沮丧的激情。往往包含着厌恶的欲望，得到满足时，便又返回厌恶。"Post coïtum homo animal triste."[1] "肉体是忧郁的。"然而，甚至在情人的怀里，男人也没有找到最终的平静。不久，欲望又在他身上产生了；往往这不是对一般女人的欲望，而是对这个特定女人的欲望。她于是具有特别令人不安的力量。因为在他自己的体内，男人感到性欲需要，就像一种与饥饿或者干渴类似、并无特定对象的一般需要：把他依附于这个特定女人的身体的联系，是由他者铸造的。这是一种神秘的联系，就像他的根基就在其中的、不纯洁的、生殖力强的腹部，这是一种被动的力量：它是有魔力的。在连载小说中，女人被描绘成巫婆、魔法师，她迷惑男人，用魔法蛊惑男人；这类小说的陈词滥调，反映了最古老的和最有普遍性的神话。女人注定懂魔法。阿兰[2]说，魔法就是事物中拖曳着的精神；当一个行动不是来自原动力，而是来自被动性时，它就是有魔力的；准确地说，男人总是把女人看作既定的内在性；她收获庄稼和生育孩子，并不是通过她的意志产生的行为；她不是主体、超越性、创造力，而是载满流体的客体。在男人崇拜这种神秘性的社会里，女人由于这些品质，与崇拜相连，被尊

---

① 拉丁文，性交后人这种动物是忧郁的。
② Alain，原名 Emile-Auguste Chartier (1868—1951)，法国哲学家、散文家，著有《闲话》、《论幸福》等。

为女祭司；当男人为了让社会战胜自然，让理智战胜生命，让意志战胜惰性既定而斗争时，女人于是被看做女巫。大家知道区分祭司和巫师的不同：前者以所有成员的名义，为共同体的利益，与神灵和法律取得一致，控制和引导他所驾驭的力量；巫师在社会之外活动，按照自己的情感，违背神和法律。然而，女人没有完全融入男人的世界；作为他者，她与男人是对立的；很自然，她运用自身掌握的力量，不是为了让超越性的影响贯穿人类共同体而扩展到未来，而是由于被分开，被对立，要把男人带往分离的孤独和内在性的黑暗中。她是海妖，她的歌声引诱水手撞上暗礁；她是把自己的情人们变成牲畜的喀耳刻①，是吸引钓鱼者沉到池塘底部的水精。被她的魅力俘虏的男人再也没有意志，再也没有计划，再也没有未来；他不再是公民，而是受自己欲望奴役的肉体，他从共同体中被勾销了，关在一刹那中，被动地被快感的折磨束缚住；邪恶的女巫师以情欲对抗责任，以现时对抗时间的总体，她把旅行者留在远离家园的地方，她倾泻遗忘。在千方百计将他者据为己有的同时，男人必须仍然是他自己；在无法占有的失败中，他力图变成这个他无法与之结合的他者；于是他异化了，迷失了，喝下春药，变成异于自身的人，他沉没到致人死命的水流之底。母亲在给儿子生命的同时，又注定他死亡；恋女使情郎舍弃生命，投身于长眠。这种将爱情与死亡相结合的联系，在特里斯坦②的传说中得到动人的表现，但它具有更原始的真理。男人从肉体中生出，作为肉体在爱情中自我完成，而肉体是许诺给坟墓的。由此，证实了女人与死亡的联

---

① Circe，希腊神话中的女巫，精通魔法。奥德修斯的伙伴喝了她调制的魔酒而变成猪。

② Tristan，骑士诗中最动人的诗篇《特里斯坦和伊瑟》的主人公，他和王后因误喝魔药，产生永生不渝的爱情，终至酿成悲剧。

盟；巨大的收割机的形象与使麦穗生长的繁殖力的形象截然相反。可是它也显得像可怕的新嫁娘，她的骨架在骗人的柔软肉体中显现。[①]

因此，男人在作为情人或母亲的女人身上首先热爱和憎恨的东西，是她动物性的命运的凝固形象，是她的存在必不可少、却又注定她有限的和死亡的生命。从他出生那一日起，男人便开始迈向死亡：这是母亲体现的真理。在繁衍时，他便相对于物种确立自身：这是他在妻子的怀里学到的东西；在骚动和快感中，甚至在繁殖之前，他忘却了特殊的自我。虽然他想加以分辨，但他在这一个女人和另一个女人身上只找到一个显著的事实：她的肉体。他一面希望尊敬他的母亲，渴望他的情妇；一面在厌恶和恐惧中反抗她们。

有一篇含义丰富的文字，我们从中找到几乎所有神话的综合，这就是让-里夏尔·布洛克[②] 在《库尔德之夜》中描绘年轻的萨德同比他年长许多、但风韵犹存的一个女人在一座城市遭洗劫时的交欢：

> 黑夜抹去了事物和感受的轮廓。他不再抱紧女人，将她靠在自己身上。他终于到达从世界肇始以来无尽的旅行的目的地。他逐渐消失在无限中，这无限在他周围不停地、无形地摇摆着。所有女人融合在一个巨大的、自我封闭的、像欲望一样阴沉沉的、像夏天一样灼热的国度……他带着惶恐，赞赏地认出封闭在女人身上的力量、像缎子一样伸展的长

---

① 比如在普雷维尔编剧的芭蕾舞剧《约会》中，以及在科克托编剧的芭蕾舞剧《年轻人和死神》中，死神是以被爱少女的容貌出现的。——原注
② Jean-Richard Bloch（1884—1947），法国作家，著有《莱维》、《公司》、《库尔德之夜》等。

腿、像两座象牙山冈的膝盖。当他溯背脊光滑的轴心而上，经过腰，直到肩膀时，他觉得跑遍了支撑着世界的穹顶本身。而肚子使他不断想起一切生命产生和返回的有弹性和柔滑的海洋，它有着潮汐、天际、无边无际的表面，是隐居地中的隐居地。

这时，想戳破这美妙的外表，到它的美之源泉本身去的狂热抓住了他。一阵同时袭来的震荡使两人交缠在一起。女人只为了像土地一样裂开，为了向他露出她的内脏，为了充满意中人的情绪而存在。欢乐变成杀手。他们联合起来，像要向人捅一刀。

……他，孤立的人，被割裂的人，被分离的人，被肢解的人，即将从自己的本质中喷射而出，摆脱他肉体的牢狱，终于连同物质和灵魂，滚到宇宙的物质之中。至今还没有被人感受过的最高幸福属于他，这是超越创造物的界限，将主体和客体、问题和答案融化在同一赞颂中，将一切非存在物合并到存在之中，通过最后的痉挛达到不可达到的王国的幸福。

……琴弓的每一次来回，都在他掌握的宝贵乐器中唤醒越来越尖厉的颤栗。突然，最后一次痉挛使萨德脱离天穹，把他扔向地面和烂泥。

女人的欲望并没有得到满足，她把她的情人夹在大腿间，他不由自主地感到欲望再生：于是，他觉得她像一种敌对的力量夺走他的男性生殖力，他一面重新占有她，一面深深地咬她的喉咙，把她杀死。这样，从母亲到情妇，到死亡，通过复杂的迂回曲折的周期循环又回到了原点。

根据男人强调肉欲这出戏剧的这一方面或那一方面，他有许多可以采取的态度。如果一个男人没有想到生命只有一次，如果他并不担忧他的特殊命运，如果他不怕死，他就会愉快地接受他的动物性。在穆斯林那里，由于社会的封建结构不允许求助于国家以反对家庭，由于宗教表达了这种文明的武士理想，直接将男人从属于死神，剥夺了女人的魔力，女人便被降到屈辱的状态：那个分分秒秒准备沉浸在穆罕默德的天堂飨宴中的男人，在人间有什么可恐惧的呢？于是男人可以安心地享用女人，用不着反对自身，也用不着反对女人。《一千零一夜》的故事把女人看做跟水果、果酱、华美的蛋糕、香油一样的甜蜜欢乐的源泉。今天，在许多地中海沿岸的民族中，还可以找到这种追求感官享乐的态度：满足于一时，不追求不朽，南欧的男人透过天空和海洋的光辉，把握大自然奢华的一面，喜欢女人不厌其多；在传统上，他蔑视女人，不把她们当做人：在喜欢女人身体与喜欢沙和水之间不做大的区别；在她们身上和在他自己身上，他都感受不到对肉体的恐惧。在《西西里的谈话》中，维多里尼带着平静的赞赏态度说是在七岁时发现了女人的裸体。希腊和罗马的理性思维证实了这种本能的态度。希腊的乐观主义哲学超越了毕达哥拉斯的善恶二元论；低等服从于高级，这样的观念对他是有用的：这种和谐的意识形态对肉体不表示任何敌意。个体转向概念的天空，或者转向城邦或国家，像 Noῦς[①] 一样思索，或者作为公民以为克服了自身的动物状态：不管他沉湎于肉欲，还是奉行禁欲主义，女人即使稳固地融入男性社会也只有次要的地位。当然，理性主义从来都没有取得完全胜利，肉欲体验在这些文明中保留双重性：礼仪、神话、文学即是明证。但女性的吸引力和危险却只以弱化的形式表现在其中。正是基督教使女人重新具有令人畏惧的威信：对另一性别的恐惧，在男人看来，是痛苦的意

---

① 希腊文，精神。

识被撕裂的表现。基督徒同自身分裂开来；肉体和灵魂、生命和精神彼此分离： 原罪使身体变成灵魂的敌人；凡是肉体的爱慕都显得邪恶①。人通过基督的赎罪，转向天堂，才能得救；但从本原来说，人却是腐朽的；他的出生使他不仅注定死亡，而且注定罚入地狱；正是因为神的恩宠，天堂才会向他开放，可是，在他的自然存在的各种变化中，有着一种诅咒。恶是绝对的现实；肉体是罪恶。当然，既然女人一直是他者，人们就不会认为男性和女性彼此互为肉体： 对于基督徒来说，肉体是怀有敌意的他者，就是女人。尘世、性和魔鬼的诱惑就体现在她身上。所有的教父都强调她引导亚当犯罪的事实。必须重新举出德尔图良的话： "女人！你是魔鬼之门。你说服连魔鬼都不敢正面攻击的那个人。正是由于你，天主之子不得不死。你应该永远穿上丧服和破衣烂衫，然后滚开。" 整个基督教文学都竭力夸大男人对女人感到的厌恶。德尔图良把女人定义为 Templum aedificatum super cloacam②。圣奥古斯丁厌恶地强调性器官和排泄器官的混合： Inter fœces et urinam nascimur③。基督教对女人身体的厌恶发展到同意给天主屈辱性的死，而让他免去出生的玷污： 东仪天主教会的以弗所会议，西方的拉特兰会议④ 都断定基督是处女怀孕孕育的。最初的几位教父——奥利金、德尔图良、哲罗姆——都认为马利亚像其他女人一样，是在血与污秽中分娩的；不过，是圣安布罗斯和圣奥古斯丁的见解占了上风。圣母的

---

① 直至十二世纪末，神学家们——除了圣安塞姆以外——都根据圣奥古斯丁的理论，认为原罪与生育的法则本身相连。圣奥古斯丁写道： "贪欲是一种恶习……人的肉体通过它而出生，是罪恶的肉体。" 托马斯·阿奎那说： "两性的结合自从原罪以来伴随着贪欲，又把原罪传给孩子。" ——原注
② 拉丁文，建在下水道上的神庙。
③ 拉丁文，我们于屎尿之间出生。
④ 指基督教会主教及其他领导人讨论并解决教义、教会管理和其他问题的会议。 以弗所会议于 431 年召开；拉特兰会议举行过多次 (1123—1516)。

怀抱仍然是封闭的。自中世纪以来，拥有一个身体的事实，在女人身上被看做一个耻辱。甚至科学也长期被这种厌恶搞得止步不前。林奈① 在他对自然的论述中，将研究女人的生殖器官看做"可恶的"而搁置一边。法国医生德洛朗愤慨地寻思："这种被称为男人的充满理性和判断的神圣动物，怎么会被女人的这些淫邪部位所吸引，这些部位被体液弄得污秽不堪，可耻地位于躯干的最下方。"今日，许多其他说法与基督教的说法相互影响；甚至基督教的说法也不止一个方面；例如，在清教徒的世界里，对肉体的仇视延续下来；例如反映在福克纳的《八月之光》② 中；主人公最初的性经验，在他身上引起可怕的精神震动。在所有文学作品中，经常可见表现一个年轻人在第一次性交后心理紊乱，直至呕吐；即使事实上这样的反应很罕见，反复描写这种情况却不是偶然的。特别是在清教主义所渗透的盎格鲁-撒克逊国家中，女人在大多数青少年和许多男人身上引起多少被承认的恐惧。这种恐惧在法国相当根深蒂固地存在着。米歇尔·莱里斯③ 在《人的时代》中写道："我经常倾向于把女性器官看做肮脏的东西，或者一个伤口，因此更吸引人，但本身具有危险，就像一切血淋淋的、分泌黏液的、传染疾病的东西。"关于花柳病的观念表达了这种恐惧；并非疾病使女人变得可怕；疾病显得可怕，因为它们来自女人；有人给我举出一些年轻人的例子，他们设想过度发生性关系足以产生淋病。人们也乐意相信，通过性交，男人失去体力、脑子的明晰，身体中的磷会耗尽，他的感觉会变迟钝。的确，手淫会产生同样的危

① Carl von Linné (1707—1778)，瑞典植物学家、探险家，对物种进行分类。
② 福克纳的《八月之光》发表于 1932 年。
③ Michel Leiris (1901—1990)，法国作家、人类学家，著有《基点》、《人的时代》、《杂凑》等。

险；甚至出于道德的理由，社会把手淫看作比正常的性行为更为有害。合法婚姻和生育的愿望防止肉欲带来的危害。但是我已经说过，他者被牵连到一切性行为中；他者最通常以女人的面貌出现。正是面对女人，男人最明显地感到自身肉体的被动性。女人是吸血鬼、食尸鬼、吃人妖、酒鬼；她的性器官贪婪地从男性性器官中吸取营养。有些精神分析学家企图给这些设想以科学根据：女人从性交中获得的全部乐趣，来自她象征性地给男人去势，将他的性器官据为己有。似乎这些理论本身就需要进行精神分析，杜撰这些理论的医生在其中投射了祖先的恐惧。①

这些恐惧的根源来自于这一点：他性越过一切合并，存在于他者中。在父权制社会里，女人保留了许多在原始社会中拥有的令人不安的品质。因此，人们从不把她交给自然，用禁忌围绕她，给她行洁身礼，把她置于祭司的控制下；人们教导男人绝对不要在她处于原始的裸体状态时接近她，而是要通过使她摆脱大地、摆脱肉体、变成人这种造物的仪式和圣事来接近她：这时，她拥有的魔力就被疏导了，正如在发明了避雷针和电站以后，雷电被消解一样。甚至可以利用她来为集体利益服务：这里可以看到这种标志男女关系特征的钟摆运动的另一个阶段。他爱她是以她属于他为前提的，他对她感到恐惧是因为她仍然是他者；但正由于她是可怕的他者，他竭力让她更进一步属于他：这一点导致他把她提高到一个人的尊严地位，承认她是他的同类。

在父权制家庭中，女人的魔力被深深地驯化。女人让社会把宇宙的力量融入她的体内。杜梅齐尔在他的作品《密多罗—伐楼拿》

① 我们在前文已说明雌螳螂的神话并不具有生物学依据。——原注

237

中指出，在印度和罗马，男性权力有两种方式确立自身：在伐楼拿和罗慕路斯① 身上，在乾闼婆和卢波库斯② 身上，它是袭击、劫持、混乱、僭妄；这时女人作为必须被抢走、被施以强暴的人出现；被抢走的萨宾女人如果不生育，人们便用山羊皮带抽打她们，用暴力来补偿过度的暴力。相反，密多罗、努马·庞皮利马斯、婆罗门和古罗马祭司却保证城邦的秩序和理性的平衡：女人通过仪式复杂的婚姻与丈夫联结在一起，她同他合作，为他保证掌握自然中一切雌性力量；在罗马，如果朱庇特的祭司的妻子去世，他就辞去他的职责。在埃及，伊希斯就是这样失去她母亲—女神的最高权力，但仍然是宽宏的、微笑的、仁慈的和明智的，是俄赛里斯出色的妻子。当女人这样作为男人的合作者、他的补充、他的另一半出现时，她就必然拥有一种意识、一个灵魂；否则他不会如此亲密地依附于一个不具备人的本质的人。我们已经看到，《摩奴法典》允许合法妻子与丈夫一样升入天堂。男人越是个体化并且要求他的个体性，他就越在自己的妻子身上认识到这是一个个体，她有自由。对自己命运无忧无虑的东方人，满足于只把女人作为享乐对象；但是，西方人一旦提升至意识到他的存在的特殊性，他的梦想便是被一种外来的、驯顺的自由承认。希腊人在闺房的女俘中，找不到他所要求的同类；因此，他把爱情转移到男性同伴身上，他们的肉体像他的一样，潜藏着一种意识和一种自由，或者他把爱情献给高等妓女，她们的独立、学养和精神几乎与他并驾齐驱。当情况允许的时候，妻子能最好地满足男人的要求。罗马公民在主妇身上看到的是一个人：在科涅利亚、阿里亚身上，他占有的是他的分身。奇特

---

① Romulus，传说中罗马的创建者和第一位国王。
② Gandharva，印度教的神，司音乐；Lupercus，古罗马的畜牧神。

的是，基督教在某个方面要求男女平等。它憎恶她身上的肉体；如果她否定自己的肉体，她就同男性一样是天主的创造物，被救世主赎回： 她便排列在男性旁边，位于将会获得天堂快乐的灵魂中间。男女都是天主的仆从，几乎同天使一样没有性别，并得到天恩的帮助，一同推拒尘世的诱惑。如果女人同意否定自身的动物性，由于她曾代表了罪恶，她也是战胜了罪恶的选民获得胜利的光辉化身。[①] 当然，为人类赎罪的神圣救世主是男性；人类必须为自身的得救合作，女人正是在最令人羞耻、最邪恶的形象中，受到召唤，表现其顺从的良好意愿。基督是天主；但正是圣母，一个女人，统治着全人类。只有在社会边缘发展起来的教派，才在女人身上复活伟大女神的古代特权。教会表达的是父权制文明，并为之效劳，在这种文明中，女人最好能附属于男人。她让自己成为他恭顺的女仆，也就成为一个受祝福的圣女。因此，在中世纪盛期，耸立着对男人有利的最完美的女人形象： 被荣耀围绕的基督母亲的脸。她是女罪人夏娃的相反形象；她把蛇踩死在脚下；她是得救的中介，就像夏娃是下地狱的中介一样。

女人作为母亲是可怕的；必须在怀孕中使她变形和屈服。马利亚的童贞特别有一种否定的价值： 通过她，肉体被赎回，而她是没有肉欲的；她没有被碰触过，也没有被占有过。对于亚洲的大母神，人们也不承认她有丈夫： 她孕育了世界，孤独地统治它；她可以出于任性而有贪欲，但在她身上，母亲的伟大没有被强加于妻子的屈从所降低。因此，马利亚没有经历性欲带来的玷污。她同女战士密涅瓦有亲缘关系，是象牙塔、城堡、不可攻克的塔楼。古代的女祭司像大部分基督教圣女一样，也是处女： 献身于善的女人，应

---

① 例如，她在克洛岱尔作品中的特殊位置由此而来，参阅第三部第二章第三节。——原注

该在她体力完整无损的光辉中将自身奉献出去；她必须在未被征服的完整中保持女性的本原。人们拒绝马利亚的妻子身份，是因为要更纯粹地在她身上赞美女人——母亲。她仅仅是接受了给她指定的从属作用，才受到赞美。"我是主的使女。"在人类历史上是第一次母亲跪在儿子面前；她坦率地承认自己的低下。这里，男性最崇高的胜利在对马利亚的崇拜中实现了：用失败结局来为女人恢复名誉。伊什塔尔、阿斯塔特、库柏勒是残忍的、任性的、淫荡的；她们是强大的；既是死的源泉，又是生的源泉，她们生下男人，让他们成为自己的奴隶。在基督教中，生与死是只属于天主的事，从母体出生的男人永远摆脱了母体，大地只等待他的尸骨；他的灵魂的命运不在母亲的权力所及范围内；洗礼圣事使烧掉胎盘或者扔到水里的仪式变得可笑了。在人间再也没有魔法的位置：天主是唯一的王。人性本恶，但面对天恩，人性无能为力。怀孕作为自然现象，不赋予女人任何权力。因此，如果女人想克服身上的原罪污点，她只能在天主面前俯首听命，天主的意志要她服从男人。通过这种服从，她可以在男性的神话体系中扮演一个新角色。当她想成为统治者，而且只要她尚未明确让位时，她被打败，让人踩在脚下，却可以作为臣民受到尊重。她没有失去任何原始属性，但这些属性改变了标志，它们从不祥的变成吉祥的；妖术变成神术。作为女仆，女人有权获得最辉煌的荣誉。

既然她是作为母亲受到奴役，她首先作为母亲受到敬爱和尊重。在母性的两种古代面孔中，今日的男人只愿意承认含笑的面孔。男人局限在时间和空间中，只有一个身体和一次有限的生命，在外于自身的自然和历史的怀抱里只是一个个体。女人像他一样是有限的，因为精神驻留在她身上而与他是同类，她属于自然，被生命的无限流水穿越而过；因此，她显得像是个体和宇宙的中介，当母亲的形象变得令人放心和圣洁时，男人自然而然怀着爱转向她。他迷失在自然中时竭力要摆脱自然，可是一旦与自然分离，他又希望回到自然。母亲稳固地处在家庭和社会中，与法律和风俗和谐一致，她是善的化身：她参与自然，使之变得美好；她不再是精神的敌人；如果她仍然是神秘的，那么这是一种带着微笑的神秘，就像达·芬奇笔下圣母的神秘微笑。男人不愿成为女人，但是他梦想身上包含一切、因此也包含与他有别的这个女人：在他对自己母亲的崇拜中，他想把外在于他的财富据为己有。承认自己是母亲的儿子，就是在他身上承认母亲，就是将女性与大地、生命、过去相融合并将其归入自身。在维多里尼的《西西里的谈话》中，主人公在他母亲身边寻找的就是故乡的土地、它的气息和果实、他的童年、对他的祖先的回忆、传统、他的个人生活已经脱离的根。这种扎根本身在男人身上激发超越的骄傲；他高兴地赞赏自己挣脱母亲的怀抱，出发去寻找冒险、开拓未来，去打仗；如果没有人企图挽留他，他的出发就不会这样激动人心：它就会显得像一次偶然事件，而不是艰难获得的胜利。他也很高兴地知道母亲的怀抱仍然准备迎接他。在行动的紧张过后，主人公喜爱重新在母亲身边品味内在性的休息：母亲是庇护所，是睡眠；通过她的手，他重新沉浸在自然的怀抱里，他让自己被生命的大河载着走，像在子宫里一样平静，像在坟墓里一样平静。如果传统要求他死时呼唤母亲，这是因为在母亲的目光下，甚至与出生相对称、不可分割地与整个肉体生活相连的死亡也被驯服了。母亲仍然像命运女神帕耳卡的古代神话中那样，与死亡相连；埋葬和哭丧都属于她来管。她的作用正是将死与生命、社会、善融合在一起。因此，对"英雄母亲"的崇拜一贯受到鼓励：如果社会得到母亲们的同意，让儿子去赴难，它就自认为有权利把他们杀死。由于母亲对儿子有影响，拉拢母亲对社会是有利的：因此，母亲受到那么多尊敬的包围，人们赋予她各种美德，为她创造一种宗教，禁止回避它，否则就是渎圣、渎神；人们把她当成道德的守护人；她作为男人的仆人和权力的仆人，慢慢地引导她的孩子们走上规划好的路。一个群体越是坚决地主张乐观，它就越顺从地接受这温柔的权威，母亲就越是变得美好。美国人的"Mom"①变成一种偶像，菲利普·怀利在《蝮蛇的一代》中作了描绘，因为美国的官方意识形态是最固执的乐观主义。颂扬母亲，就是接受在动物和社会两种形式下的出生、生命和死亡，就是宣布自然与社会的和谐。正是因为梦想完成这种结合，奥古斯特·孔德把女人变成未来人类的神。但是也正是因此，一切反叛者都激烈地指责母亲的形象：他们嘲笑母亲，拒绝人们通过这一风俗和法律的守护者强加给他们的既定。②

---

① 英文，妈妈。
② 这里必须援引米歇尔·莱里斯题为《母亲》的整首诗。下文是几段有特点的摘录：

黑色的、淡紫色的、紫色的母亲——窃取黑夜的女贼——是拥有隐蔽的职业的女巫生下了你，摇晃你、疼爱你、给你入殓，当她还没有蜷着身体把最后的玩具交到你手里，而你把它温柔地放进棺材中。……

母亲——眇目的塑像，矗立在完好的殿堂中央的命运女神——这是抚摸你的大自然，熏香你的风，整个儿进入你身体、让你升到天堂（托你到多重圈之上）、使你腐朽的世界。……

母亲——不管是年轻还是年老，漂亮还是丑陋，宽宏还是固执——就是讽刺画像、爱嫉妒的女魔、失败的原型——如果观念（栖居在严格的大写字母的三脚支架上憔悴的女预言者）真的只是活泼的、轻巧的、闪烁的思想的戏仿……

母亲——不论她的臀部浑圆还是干瘪，她的乳房抖动还是坚硬——从一开始一切女人注定的衰微，就是月经来潮之下闪光的岩石逐渐变成碎末，就是一长列满载华美货物的沙漠商队缓慢地隐没在年深月久的大漠沙子下面。

母亲——窥伺的死亡天使，紧抱的宇宙天使，由时间的浪潮抛掷爱的天使——就是有荒诞图案的贝壳（肯定有毒的标志）为被遗忘的水塘产生一圈圈涟漪，它要投向深深的承水盆。

母亲——永远为一切、为我们穿丧服的幽暗水坑——就是呈现虹彩、正在消失的、冒气的恶臭，一个接一个气泡，鼓起兽性的大阴影（它羞于自身的肉体和乳汁），一个还在酝酿之中的雷霆要撕碎的绷紧的风帆……

这些无辜的婊子是否想过为了赎补将我们生下来的罪过而赤脚在时间中慢行？
——原注

母亲被赋予的尊敬的光轮和包围着她的禁忌，压抑住敌对的厌恶，这种厌恶自发地与她激发的肉欲的温柔混合起来。但在潜伏的形式下，对怀孕的恐惧残留下来。特别有趣的是，需要指出在法国，自从中世纪以来，人们创造了一个次要神话，它让这些厌恶自由地表达出来：这就是岳母（后母）①的神话。从韵文故事诗到滑稽剧，男人通过嘲弄不受任何禁忌保护的岳母，嘲弄的是普遍意义的生育。他仇恨自己所爱的妻子被生出来：岳母是衰老的明显形象，她生出了女儿，同时让女儿衰老，她的肥胖，她的皱纹，预示了年轻的新嫁娘也要变胖起皱，她的未来就这样不妙地被预示出来了；在自己母亲旁边，她不再是一个个体，而是一个物种的这一刻；她不再是被追逐的猎物、受宠爱的妻子，因为她的特殊存在消解在普遍生命之中。她的特殊性被普遍性嘲弄地否定了，精神的自主因它扎根于过去和肉体之中而被否定了：男人是在一个滑稽人物身上把这种嘲弄具体化的；但在他的嘲笑中有如许的怨恨，这是因为他很清楚，他妻子的命运就是全人类的命运：这是他的命运。在所有国家中，传说和故事也在续弦身上体现母性的残酷一面。是后母竭力要让白雪公主死掉。在恶毒的后母身上——在德·塞居尔夫人②的书中，菲希尼太太鞭打索菲——戴着骷髅项链的古代的迦利延续下来了。

　　然而，在神圣化的母亲背后，聚集着一群女性白魔法师，她们用草药汁和星星的闪光为男人效劳：祖母、目光慈祥的老妇人、好心肠的女仆、修女、妙手回春的女护士、像魏尔伦③所梦想的

---

① Belle‑Mère，法文中岳母和后母为同一词。
② Madame de Ségur (1799—1874)，法国女作家，著有《一头驴子的回忆录》、《索菲的不幸》、《典范的小姑娘》等。
③ Paul Verlaine (1844—1896)，法国诗人，象征派先驱，注重诗歌的音乐性，著有《忧郁诗章》、《佳节集》、《美好的歌》、《无言的情歌》、《智慧集》等。

恋女：

> 她温柔、爱遐想、褐发、从不惊奇，
> 有时吻你的额头，像一个孩子。

人们赋予她们有虬结的葡萄藤和清凉的水那样明晰的神秘；她们给伤口包扎和治愈病患；她们的智慧是生命的沉静的智慧，她们不用你开口，善解人意。男人在她们身边忘却了一切骄傲；他体验到沉醉和重新变成孩子的柔情，因为从他到她，不用争夺任何威信：他不会羡慕自然的非人品质；这些在行的聪明人忠心耿耿，照料他，自认为是他的女仆；他折服于她们仁爱的魅力，因为他知道，他虽然顺从，仍然是她们的主人。姐妹们、童年的女友、纯洁的少女们，所有未来的母亲都属于这群受到祝福的人。甚至妻子，当她的肉体魅力消失了的时候，对于许多男人来说，她不像一个情人，而更像他们的孩子的母亲。从母亲受到敬重和奴役之日起，可以毫无恐惧地在妻子身上重新找到她，她也受到敬重和奴役。赎回母亲，就是赎回肉体，因此，是赎回肉体结合和妻子。

　　"贤妻"被结婚仪式剥夺了魔法武器，在经济上和社会上从属于她的丈夫，对男人来说，这是最宝贵的财富。她是这样完全属于他，以至同他具有一样的本质："你盖尤斯在哪儿，我盖亚就在哪儿"；她用他的姓氏，信奉他的神，他为她负责：他把她称为自己的另一半。他为自己的妻子，正像为他的房子、他的土地、他的畜群、他的财产一样感到骄傲，有时更有甚者；正是通过她，在世人眼里，他表现出自己的力量：她是他的尺度，他在人间的份额。在东方人那里，妻子要使自己肥胖：人们看到她吃得好睡得好，使她的主人脸上有光。[1] 一个穆斯林拥有的妻子越多，她们看来身体越健康，他就越受到尊敬。在资产阶级社会，女人的作用之一，就是炫耀自己：她的美丽、她的魅力、她的聪明、她的优雅，是丈夫财产的外在标志，同他的小轿车的车身具有同等价值。他要是富有，就让她一身绫罗绸缎、珠光宝气。他要是穷一点，就夸耀她的道德品质和持家才能；哪怕他没有财产，要是有一个伺候他的妻子，便认为在人间拥有某样东西：《驯悍记》[2] 的男主人公召集所有的邻居，向他们显示他善于以淫威制服他的妻子。凡是男人都多少重现康道里斯[3]：他炫耀自己的妻子，因为他认为这样是展示自己的价值。

女人不仅取悦男人的社会虚荣心；她也使他感到更隐秘的骄傲；他沉醉于对她的控制；当女人被看成一个人的时候，在犁刀划破田沟的自然界形象之上，重叠着更为精神性的象征；丈夫不仅是在性爱意义上的，而且在精神上和智力上"塑造"他的妻子；他教育她，给她留下标记，给她打下他的烙印。男人喜爱的梦想之一，是用他的意志浸润事物，塑造事物的形式，渗透事物的实质：女人尤其是"软面团"，被动地让人揉捏和塑造，她一面让步，一面抵抗，这就使得男性的行动延续下去。可塑性过高的物质，因其柔顺而自行消亡；女人身上宝贵之处，是有样东西没完没了地逃脱一切约束；因此，男人主宰的是这样一个实体，尤其因为它要越出他的范围，它就更值得控制。她在他身上唤醒一个未知的存在，他骄傲地承认这是自身；在夫妻适度的狂欢中，他发现自己动物性的光彩：他是雄性；女人相应地是雌性，但此时，这个词具有最悦耳的

---

① 参阅本章第223页注。——原注
② The Taming of the Shrew，莎士比亚的剧本。
③ Candaules（前735—前708），吕底亚的国王，传说他的虚荣心发展到让宠臣躲起来偷看王后沐浴，赞赏她的美。

声音： 雌性孕育、喂奶、舔幼兽、保护它们、冒着生命危险去救它们，对人类来说这是一个典范： 男人动情地要求他的妻子有这种耐心、这种忠诚；家长想关在家里的仍然是自然，但它必须包含一切对社会、对家庭、对家长有利的品德。孩子和男人共有的愿望之一，就是揭露隐藏在事物内部的秘密；从这个观点出发，物质是靠不住的： 一个肚子洞穿的布娃娃，它的肚子露在外面，它再没有内在；活生生的内心更加不可洞悉；女人的肚子是内在性和深处的象征；它部分透露自身的秘密，例如，是在女人的面孔显出快感的时候；但它也保留这些秘密；男人把生命隐秘的颤动引入家里，这占有却毁掉其秘密。在人类世界中，女人转换了雌性动物的职能： 她维持生命，她控制内在性的区域；她将子宫的热力和亲近转到家庭中；是她保留和激发积淀往昔和预示未来之处；她生下未来的一代，养儿育女；靠了她，男人在工作和行动中所消耗的存在，又汇集起来，同时重新投入她的内在性中： 当晚上他回到家里的时候，他便抛锚上岸；通过妻子，日子的延续得到保证；不管他在外面的世界遇到多少意外的事，她总是保证有饭吃，有觉睡；她修补因活动而毁坏或者损耗的一切： 她为疲乏的劳动者准备食物，如果他病了，她照顾他，她缝补、洗涮。在她建立和延续的夫妇世界中，她引进整个广阔的世界： 她点燃炉火，在家里摆上花，驯服来自太阳、水和大地的气息。倍倍尔引用的一个资产阶级作家，这样严肃地概括这个理想： "男人想要这样一个人，不仅她的心为他而跳动，而且她的手为他的额头擦汗，他希望每天回家时都看到和平、秩序、平静、沉静的权威笼罩在他身上和事物上面；他想要这样一个人，把女人难以名状的香气，也就是家庭生活朝气蓬勃的热力散布到一切事物之上。"

人们看到，自从基督教出现以来，女人的形象精神化了；男人希望通过她把握的美丽、热烈、亲密，不再是可感知的品质；她不但没有概括事物美妙的外表，反而变成它们的灵魂；比肉体的神秘更加深邃，她的心中有一种隐秘的、纯粹的在场，世界的真相反映在其中。她是住宅、家庭、家园的灵魂。她也是更广泛的群体的灵魂：城市、省份或国家。荣格指出，由于城邦内部包容着公民，所以总是被比做母亲：因此，库柏勒戴着塔楼的冠冕出现；出于同样的理由，人们说"祖国母亲"；这不仅是抚育人的土地，这也是因为更微妙的实在性在女人身上找到象征。在《旧约》和《启示录》中，耶路撒冷、巴比伦不仅是母亲：它们也是妻子。存在处女城市和像巴比伦和推罗① 这样的妓女城市。人们也将法国称为教会的"长女"；法国和意大利是拉丁语系的姐妹。女人的职能并没有规定，而仅仅代表法国、罗马、日耳曼，协和广场上代表斯特拉斯堡和里昂的雕像是女性。这种等同不仅是象征性的：实际上许多人深有同感。② 旅行者常常向女人探询他游览的地方的关键：当他拥抱一个意大利女人、一个西班牙女人时，他仿佛掌握了意大利、西班牙的美妙本质。有个新闻记者说："来到一个新城市时，我总是先去一个妓院。"如果一块桂皮巧克力能使纪德发现整个西班牙，那么一个异国人的亲吻更加会将一个国家连同它的植物、动物、传统、文化都给予情人。女人既不概括政治机构，也不概括经济财富，但是她同时体现肉体和神力。在拉马丁的《格拉齐耶拉》到洛

---

① Tyr，腓尼基的古城，建立在海岛上，在公元前十六世纪已经繁荣，公元前十二世纪成为东地中海的主要港口。
② 在克洛岱尔最近所写的一首可耻的诗中，这是讽喻的，他把印度支那称为"这个黄种女人"；在黑人诗人的诗中，相反，这种等同是有感情的：

　　祖先沉睡其中的黑色国家的灵魂
　　生活和说话
　　今天晚上
　　在不安的力量中沿着你凹下去的腰部。——原注

蒂和莫朗① 的小说中，外国人正是通过女人，力图将一个地区的灵魂据为己有。迷娘、西尔薇、米蕾依、高龙巴、嘉尔曼，揭示了意大利、瓦莱、普罗旺斯、科西嘉岛和安达卢西亚最内在的真实。歌德被腓特烈时代的阿尔萨斯女子爱上，在德国人看来是阿尔萨斯并入德国的象征；反过来，柯莱特·博多什拒绝嫁给一个德国人，在巴雷斯② 看来，是阿尔萨斯拒绝了德国。贝蕾尼丝这个小人物象征了艾格莫尔特③ 和整个高雅而谨慎的文明；她也代表作家本人的敏锐。因为在作为自然、城市和宇宙的灵魂的女人身上，男人也看到了自身神秘的分身；男人的灵魂是一个女人普赛克④ 。

普赛克在爱伦·坡⑤ 的《尤娜路姆》中有着女性的特点："这里，有一次，经过一条巨大的柏树路，我同我的灵魂一起游荡——和我的灵魂普赛克一起在一条柏树路上……于是，我安抚普赛克，亲吻她……我说：温柔的姐妹，门上写着什么？"

而马拉美⑥ 在同"一个灵魂或者我们的思想"（也就是出现在人的头脑中的神）的戏剧对话中，把它称为"一个如此美妙的不正常的太太（原文如此）"⑦ 。

---

① Alfonde de Lamartine（1790—1869），法国浪漫派诗人，著有《沉思集》等，《格拉齐耶拉》是他后期的小说；Pierre Loti（1850—1923），法国小说家、海军军官，多以异国风情为题材，著有《冰岛渔夫》、《菊子夫人》等；Paul Morand（1888—1976），法国作家、外交家，著有《被压迫的人》、《塞尔的索菲·多罗泰长眠于此》等。

② Maurice Barrès（1862—1923），法国作家，著有"自我崇拜"三部曲和《民族毅力小说》、《柯莱特·博多什》、《受神灵启示的山冈》等。

③ Aigues-Mortes，法国南方近海村镇。

④ Psyche，希腊神话中人类灵魂的化身，以长着翅膀的少女形象出现。

⑤ Edgar Allan Poe（1809—1849），美国诗人、小说家，著有《黑猫》、《红色死亡的假面舞会》、《金甲虫》等。

⑥ Stéphane Mallarmé（1842—1898），法国诗人，诗歌象征派运动领袖，著有《海风》、《牧神午后》等。

⑦ 见《剧院草图》。——原注

和谐的自我不同于一个梦

　　顺从而坚定的女人沉默之后

　　紧随着纯洁的行动！……

　　神秘的自我……

瓦莱里①如此招呼她。基督教用不那么肉感的在场代替山林水泽女神和仙女，但不可触摸的女性气质仍然缠绕家庭、风景、城市和个体本身。

　　这个埋没在黑夜中的真相也在天空中发出光芒；灵魂既是完美的内在性，同时是超越性、概念。不仅城市和国家，而且实体、抽象的制度也具有女性特点：教堂、犹太教堂、共和国、人类都是女人，和平、战争、自由、革命、胜利也是女人。②男人面对自身作为本质的他者确立的理想，他使之女性化，因为女人是他性的可感知的形象；因此，在寓言和画集中，所有的比喻都是女人。③女人作为灵魂和概念，也是两者的中介：她是引导基督徒走向天主的天恩，她是引导但丁游天国的贝雅特里齐，是召唤彼特拉克④走向诗歌最高峰的劳拉。在一切把自然与精神等同的理论中，她是以和谐、理性、真理的身份出现的。诺斯替派⑤将智慧变成一个女人：索菲；他们把世人的得救，甚至世界的创造都归功于她。于是，女

---

① Paul Valéry (1871—1945)，法国象征派诗人，著有《年轻的命运女神》、《海滨墓园》、《幻美集》等。
② 这些名词在法文中都是阴性。
③ 语文学在这个问题上不如说是神秘的；所有的语言学家一致认为，各个具体词语的阴阳性分类纯粹是偶然的。但在法文中，大多数实体都是阴性：美、忠诚，等等。在德文中，大多数外来词、他者是阴性：酒吧，等等。——原注
④ Francesco Petrarch (1304—1374)，意大利诗人，以十四行诗闻名，著有《阿非利加》、《歌集》等。劳拉是他诗歌中思慕的意中人。
⑤ Gnosticism，公元二世纪盛行于希腊-罗马世界的一种哲学和宗教运动，促使基督教制订正典、信经和主教制。

人不再是肉体，而是光荣的身体；人们不再想要占有她，而是在不可触摸的光辉中尊崇她；爱伦·坡笔下苍白的女尸像水、像风、像回忆一样是流动的；对骑士之爱、对女才子来说，以及在一切风流的传统中，女人不再是一个动物，而是一个飘逸的存在，一股气息，一注光芒。正因此，女性之夜的朦胧变为透明，黑暗变为纯洁，就像在诺瓦利斯^①的这些篇章中：

> 夜晚的沉醉，美妙的睡眠，你朝我降落下来；景色缓缓地升起，在景色之上翱翔着我解脱的、再生的精神。文字变成一片云彩，透过云彩，我瞥见意中人改变的面容。

> 对你来说，幽暗的夜，我们令你愉快吗？……一种珍贵的香膏从你的手中流出，一注光芒从你的花束中落下。你留住灵魂沉甸甸的翅膀。一股隐晦的、难以名状的激动攫住我们：我看到一个严肃的、又快乐又恐惧的面孔温柔地、沉思默想地迎向我，我在这些束紧的发卷下认出**母亲**宝贵的青春……黑夜在我们心中张开的无限之眼，在我们看来它们比这些闪烁的星星更加美妙。

女人所起的向下的吸引力倒转过来了；她不再把男人引向地心，而是引向天空。

永恒的女性
吸引我们向上。

---

① Novalis（1772—1801），德国浪漫派诗人，因未婚妻早逝著有《夜歌》等，夜在他笔下是神圣一体的象征。

歌德在《浮士德·悲剧第二部》的结尾这样宣称。

　　既然圣母马利亚是最完美的形象，是再生和献身于善的女人中最普遍受崇敬的一位，研究一下她是怎样通过文学和画集出现的，将会大有裨益。下面是中世纪虔诚的基督徒向圣母默念的连祷文的一段摘录：

　　……崇高的圣母，你是多产的露水、快乐之泉、仁慈之渠、平息我们的狂热的活水之井。

　　你是天主给孤儿喂奶的乳房……

　　你是一切善的骨髓、面包心和核心。

　　你是不使诡计、爱从不改变的女人……

　　你是牺牲洗涤池、治愈麻风病人的药、灵活的物理学家，在萨莱诺和蒙彼利埃① 无出其右……

　　你是妙手回春的贵妇，你那么美、那么白、那么长的手指治愈病人的鼻子、嘴巴，造出新的眼睛和新的耳朵。你平息狂热，使瘫痪的人重新活动起来，使懒惰的人振作起来，使死人复活。

　　在这些祈祷文中，可以看到上文所说的大部分女性特质。圣母是生殖力、露水、生命的源泉；很多形象把她安排在井、泉水、喷泉旁边；"生命之泉"的说法是流行最广的说法之一；她不是造物主，但她使土地肥沃，使埋藏在地底下的东西在阳光下喷发。她是事物外表下封闭着的深邃事实：核心、骨髓。因为她，欲望平息了：她献身给男人以满足他。凡是生命受到威胁的地方，她去拯救

---

① Salerno，意大利南部城市；Montpellier，法国南部城市，濒临地中海。

这生命，使它复原：她治愈人，使人强壮。因为生命来自天主，作为人和生命之间的中介，她也是人类和天主之间的代言人。德尔图良说"魔鬼之门"，但变形之后，她成了天堂之门；绘画给我们表现的是她向天堂打开一扇门或者一扇窗户；或者，在大地和天空之间竖起一架云梯。更明晰的是，她成了律师，在她的儿子身边，为人类的得救辩护：许多描绘末日审判的油画表现圣母敞开胸怀，以光荣的母性的名义，恳求基督。她把孩子放在大衣的皱褶中保护他们；她仁慈的爱紧随他们到海洋、战场，经历重重危险。她以仁慈的名义打动神的法庭：可以看到"掌管天平的圣母"微笑着使放上灵魂的秤盘向善的一边倾斜。

这个仁慈和温柔的角色，是一切归于女人的最重要的角色之一。女人即使融入社会，也灵活地越出界限，因为她具有生命潜伏着的宽宏。在男人想要实现的计划和自然的偶然性之间存在的距离，在某些情况下似乎是令人不安的；当女人过于驯顺，不会威胁男人的事业，只限于充实这事业和使它过于扎眼的方面变得灵活一些的时候，她就变成有用了。男性的神代表命运；在女神这一边，可以看到抽象的善良、任性的恩惠。基督教的天主有着正义的严厉；圣母有着仁慈的温柔。在人间，男人是法律、理性、必然性的保卫者；女人了解男人和他相信的必然性所固有的偶然性；在她的嘴唇上面绽开的神秘的讽刺和她灵活的宽宏大度由此而来。她在痛苦中生孩子，她照料男人的伤口，她给新生儿喂奶和埋葬死人；她从男人那里了解到一切侮辱他的骄傲和意志的东西。她一边在他面前屈膝，让肉体屈从于精神，一边坚守住精神的肉欲界限；她怀疑男人坚实的建筑的严肃性，她磨平这些建筑的棱角；她加进无偿的奢华和意想不到的妩媚；她对男人的魅力，来自这一事实：她能温柔地使他们虚心意识到他们真正的状况；这是她醒悟的、痛苦的、

252

带讽刺意味的、多情的智慧之秘密所在。甚至轻佻、任性和无知在她身上也是迷人的品质，因为它们在世界之内和之外得到发展，而男人选择在这个世界中生活，但不愿感到被禁闭其中。面对确定的意义、按有用目的制造的工具，她彰显原封不动的事物的神秘；她让诗歌的气息掠过城市街道和耕作过的田野。诗歌要截取日常的散文之外存在的东西：女人是有巨大诗意的实体，因为男人在她身上投射了他决定不愿成为的一切。她象征着梦；对男人来说，梦是最内在又最外在的在场，是他不愿意要、不愿意做却又渴望和不能达到的东西；作为深邃的内在性和遥远的超越性的神秘他者，把自己的特点赋予他。正因此，奥蕾莉亚拜访梦中的奈瓦尔①，她以梦的形象赋予他整个世界。"她开始在明亮的阳光下长大，花园逐渐成形，花坛和树木变成她衣服的蔷薇花饰和齿形边饰；而她的脸和手臂把它们的轮廓印在天空紫红的云彩上。我目睹她随着变形而消失，因为她好像消失在自己的巨大形体之中。'不要离我而去！'我喊道，'因为大自然随着你而死去。'"

既然女人是男人诗歌活动的内容，那么女人就是他的缪斯：缪斯是女人。缪斯是造物主和他从中汲取的自然源泉之间的中介。男人正是通过其精神深深扎入自然中的女人，探测寂静和丰产黑夜的深渊。缪斯自身什么也没有创造；是变得聪明的西比尔驯顺地成为主人的女仆。即使在具体和实用的领域中她的建议也将会是有用的，男人想在不要他的同类援助的情况下达到他设想的目的，他往往讨厌另一个男人的意见；他设想女人以其他价值的名义，以他不想掌握的、超过他本能的、更直接与真实一致的智慧的名义

---

① Gérard de Nerval（1808—1855），法国诗人，擅长写梦，著有《奥蕾莉亚》、《幻想集》等。

同他说话；这是埃吉里娅①给予咨询者的"直觉"；他谦逊地询问她，就像询问繁星那样。这种"直觉"一直介入到事务或者政治中：阿斯帕西娅和德·曼特农夫人今日还从事这种兴旺发达的职业。②

男人乐意给女人的还有另外一种职能：她作为男人活动的目的和他们做决定的源泉，同时还是价值的尺度。她是一个有特权的法官。男人梦想有个他者不仅为了占有它，也是为了得到他者的肯定；他必须保持一种持续的紧张，才可能被同类的男人肯定：因此，他希望来自外界的注视给予他的生活、他的事业、他本人一种绝对价值。天主的注视是隐蔽的，陌生的，令人不安的：即使在信仰的时代，也只有几个神秘主义者为此而激动。这个神圣的角色，往往转到女人身上。她接近男人，由男人控制，不会提出与他格格不入的价值：由于她是他者，她仍然外在于男人的世界，因此能够客观地把握他。是她在每一次特殊的情况中揭示出勇气、力量和美的在场或缺乏，同时从外部确认它们的普遍价值。男人过于在意男人之间的合作关系和斗争关系，不能互相成为观察者：他们互不凝视。女人外在于他们的活动，不参与他们的比武和搏斗：她的整个处境使她注定扮演这个注视的角色。骑士是为他的贵妇在比武中搏斗；诗人力求得到的是女人的赞同。当拉斯蒂涅想征服巴黎的时候，他首先想到的是拥有女人，不完全是为了拥有她们的肉体，而更多的是为了享受只有她们才能够给一个男人创造的这种声誉。巴尔扎克把自己青年时期的经历投射到他的年轻主人公身上：他正是在年长的情妇身边开始成长的；女人不仅在《幽谷百合》中扮演教

---

① Egeria，古罗马宗教中的精灵，传说她是努马·庞皮利乌斯国王的妻子和顾问。
② 毫无疑问，她们确实表现了与男人完全一样的智力。——原注

育者的角色；在《情感教育》、司汤达的小说和其他许多教育小说中的女人也被赋予这个角色。我们已经看到，女人既是自然，又是反自然：像体现自然一样，她也体现了社会；在她身上概括了一个时代的文明、它的文化，就像在骑士诗歌中，在《十日谈》中，在《阿丝特蕾》中所看到的一样；她引领时尚，主持沙龙，引导和反映舆论。名声、光荣是女人。马拉美说："群众是女人。"在女人带领下，年轻男人初次进入"上流社会"和所谓"生活"这复杂的现实。她是英雄、冒险家、个人主义者追求的特殊目标之一。在古代，可以看到珀尔修斯救出安德洛墨达①，俄耳甫斯到地狱寻找欧律狄克②，特洛伊人战斗，是为了保住美丽的海伦。骑士传奇除了解救被俘的公主，不知道有别的骁勇。如果白马王子不唤醒睡美人，不赠与"驴皮"礼物，他会做什么呢？国王娶牧羊女的神话既取悦男人，也取悦女人。富有的男人需要赠送，否则他无用的财富就是抽象的：他面前必须有一个人可以赠送东西。灰姑娘的神话被菲利普·怀利在《蝮蛇的一代》中渲染了一番，尤其在繁荣的国家里十分流行；它在美国比在其他地方更有魅力，因为那里的男人对他们的财富更加不知道怎么办：他们一辈子致力于挣钱，如果不把钱献给一个女人，怎么来花掉呢？其中，奥尔逊·威尔斯③在《公民凯恩》中体现了这种虚假的豪爽的强权行为：正是为了确认自己的力量，凯恩选择用自己的赠与压垮一个默默无闻的歌女，把她作

① Perseus，希腊神话中的英雄，宙斯之子，他杀死海怪，救出埃塞俄比亚的国王之女安德洛墨达（Andromeda）。
② Orpheus，希腊神话中的歌手，欧律狄克（Eurydice）是他的妻子，被毒蛇咬死；他到地狱去，用音乐迷住冥王，冥王准欧律狄克复生，但要求他在引她返回阳间的路上不得回头看她，他未能做到，结果她仍被抓回阴间。
③ Orson Welles（1915—1985），美国电影导演，作品有《公民凯恩》、《从上海来的女人》等。

为一个伟大的歌唱家强加给观众。我们还可以举出在法国有许多小型的公民凯恩。在另外一部电影《剃刀边缘》中，当主人公从印度回来时拥有高度智慧，他只用来做一件事，就是扶植一个妓女。显而易见，男人梦想成为赠与者、解放者、救世主，还是希望奴役女人；因为，为了唤醒睡美人，必须让她睡着；必须有吃人妖魔和恶龙，才会有被囚禁的公主。男人越是有兴味从事艰难的事业，他便越是乐于让女人独立。征服比解救和给予更为吸引人。西方一般男人的理想，是女人自由地忍受他的主宰，她不经过争论不会接受他的想法，但向他的理智让步，明智地抗拒他，最后让他说服。他的自尊心越是增强，他越是喜欢冒更大的危险：制服彭忒西勒亚①比娶一个俯首听命的灰姑娘更美。"武士喜欢危险和游戏，"尼采说，"因此，他喜欢女人，因为她们是最危险的游戏。"喜欢危险和游戏的男人，如果还想制服女人，会很高兴看到她变成女战士②：他心里所要求的是，这场斗争对他是一场游戏，而女人将自己的命运投进去；这是作为解放者或征服者的男人的真正胜利：因为女人自由地承认这是自己的命运。

因此，"有一个女人"的说法包含双重含义：对象和法官的职能没有分割。从女人被看做人的时候开始，只有在她同意的情况下才能征服她；必须战胜她。是睡美人的微笑使王子感到满足：被囚的公主王妃幸福和感激的眼泪证明了骑士的骁勇。反过来，她的注视没有男人注视抽象的严厉，它让人着迷。因此，英雄主义和诗意是引诱的方式，但女人让人诱惑，赞扬英雄主义和诗意。在强调个

---

① Penthesilea，希腊神话中亚马孙人的女王，美丽而勇敢，受到阿喀琉斯的赞美，一说被他杀死。

② 美国侦探小说——或者美式侦探小说——是一个引人注目的例子。比如，彼得·切尼的主人公总是与一个极其危险、除了他们别人都不能制服的女人交手：整部小说是一场决斗，她最后被康皮荣或者卡拉汉战胜，落入他的怀抱。——原注

体的人看来，她掌握一种更本质的特权：他认为她不是得到普遍承认的价值尺度，而是他的特殊价值和存在的揭示。一个男人是被他的同类根据他所做的事客观地、按一般尺度来评判的。但他的某些品质，特别是他维持生命必需的品质，只会让女人感兴趣；他要让她感到刚强有力、可爱、迷人、温柔、无情：如果他看重这些更隐秘的品质，那他对她有绝对需要；他通过她了解到成为另一个人的奇迹，这另一个人也是最深刻的自我。马尔罗① 有一篇文字，出色地表达了个人主义者对所爱女人的期待。乔思忖："人们用耳朵听到别人的声音，用喉咙听到他自己的声音。是的。人们用喉咙也听到他的生命和别人的生命吗？……对别人来说，我是我做过的事……只有对梅来说，他不是他做过的事；只有对他来说，她完全不同于她的生平。爱情通过交欢，将两个人粘连在一起，抵抗孤独，她不是给男人带来帮助；这是给疯子、给无可比拟的胜过一切的魔鬼，凡是人都是为他自己，他在自己心里疼爱人。自从他的母亲去世，梅是唯一的这样一个人，对她而言，他不是乔·吉佐尔，而是最紧密的同谋者……男人不是我的同类，他们是观察我和评判我的人；我的同类是爱我而不注视我的人，他们爱我，胜过一切，爱我而对抗失势、庸俗、叛变，爱我而不是爱我做过的事或要做的事，他们将非常爱我，以至我将爱我自己，一直到包括自杀。"② 使乔的态度变得人道和令人感动的是，它牵涉到相互性，他要求梅爱真正的他，而不是要奉承的好感。在许多男人身上，这个要求降格了：他们不要求准确的印象，而是在一双活泼的眼睛深处寻找充满赞叹和感激的神圣化形象。女人往往被比做水，主要因为她是如那

---

① André Malraux (1901—1976)，法国作家、政治家，曾任法国文化部长，著有《征服者》、《王家大道》、《人的状况》、《希望》、《反回忆录》等。
② 见《人的状况》。——原注

喀索斯① 一般的男性自我端详的镜子：他真诚地或者自欺地俯身向着她。无论如何，他要求她的是，在他身外成为他不能在自身把握的一切，因为生存者的内在只是虚无，为了达到自身，他必须投射到一个对象身上。对他来说，女人是最高的补偿，因为女人是在他可能占有其肉体的外在形式下出现的他自己的神化。当他把那个对他而言概括了世界、他强加自己的价值和法则的人紧抱在怀里时，他抱紧的是这个"无可比拟的魔鬼"本身。于是，他同这个他使之变成自身的他者结合时，他希望达到自身。女人作为财富、猎物、游戏、危险、缪斯、向导、法官、中介、镜子，成为他者，主体在其中自我超越，不受限制，他者反对主体，又不加以否定；她是他者，让人合并，但仍然始终是他者。因此，她对男人的快乐和他的胜利是这样必不可少，可以说，如果她不存在，男人也会把她创造出来。

他们已经创造出她。② 可是没有男人的创造，女人也存在。因此，她既是他们梦想的体现，又是梦想的失败。没有一个女人的形象不马上产生相反的形象：她是生与死，自然与人造，光明与黑夜。在我们观察她的某些方面，由于非本质必然反转为本质，我们总是看到同样的波动。在圣母和贝雅特里齐的形象中，残存着夏娃和喀耳刻。

"通过女人，"克尔恺郭尔写道，"理想性进入生命，没有她，男人会成为什么？许多男人依仗某个少女成为天才……但他们之中没有一个人因为与之结婚的少女而成为天才……"

"女人正是在否定的关系中，使男人在追求理想时充满活

---

① Narcissus，希腊神话中的美少年，只爱水中自己的倒影。
② "男人创造了女人，用的究竟是什么？用他的神、他的理想的一根肋骨。"（尼采《偶像的黄昏》）——原注

力……同女人的否定关系能使我们变成无限……同女人的积极关系使男人从总体来看变得有限。"① 这就是说，当女人是一个概念时，她是必不可少的；而男人把自己的超越性投射到这概念中；但也是说，女人作为客观的、自为存在的、限于自身的实体是不祥的。克尔恺郭尔认为在拒绝娶他的未婚妻时，同女人建立了唯一有效的关系。他在这个意义上是对的：将女人确立为无限他者的神话，随即带来了它的反面。

因为她是虚假的无限，无真实性的理想，所以她是有限和平庸，同时是谎言。她就是这样出现在拉福格②的作品中，他在自己的全部作品中表达了对欺骗的怨恨，他认为男人同女人一样应受谴责。奥菲莉亚、莎乐美③事实上都只是"小女人"。哈姆雷特想："奥菲莉亚之所以爱我，因为她得到的'恩惠'，因为我在社会上和精神上都比她的女朋友们优越。掌灯时，她会对舒适安逸发出平庸的议论！"女人使男人遐想，她想的却是舒适、浓汤；人们和她谈论灵魂，而她只是一个身体。情人以为在追逐理想，其实却是自然的玩偶，自然利用所有这些神秘性为生育的目的服务。事实上，她代表日常生活；她是愚蠢、谨慎、平庸、无聊。这是一首题为《我们的小妻子》的诗歌所表达的意思：

> ……我掌握所有学校的技艺
>
> 我有适应一切趣味的心灵
>
> 请将我脸上的花朵一一采摘

---

① 见《酒的真理》。——原注
② Jules Laforgue（1860—1887），法国诗人，著有《悲歌集》、《月亮圣母的模仿》等。
③ Salome（? —约72），犹太人公主，希罗底的女儿，她为国王跳舞，代价是要将施洗约翰的头盛在银盘里。

请吮吸我的嘴，而不是我的声音
不要再进一步寻觅：
谁也看不清里面，甚至我自己。
我们的爱情有差异
为了让我向你伸出手来
你只消是天真的男子
我是永恒的女性！
我的目的在繁星里消失！
我就是伟大的伊希斯！
谁也没有撩起我的面纱
请只将我的绿洲留在记忆……

　　男人成功地奴役女人，但在这种情况下，占有她却失去了吸引力。女人的魔力融合到家庭和社会中，与其说变形，不如说消失了；她下降到女仆的地位，不再是不可制服的猎物，不再象征大自然的所有财宝。自从骑士之爱产生以来，婚姻扼杀爱情已是老生常谈。妻子受到太多的蔑视或者太多的尊敬，变得太过日常，不再是肉欲的对象。婚礼原本是用来保护男人的，对抗女人的；女人变成男人的财产，但我们拥有的一切却反过来拥有我们；婚姻对男人来说也是一种奴役；这时，他落在自然设下的陷阱里：为了追求一个艳若桃李的少女，男人一辈子要供养一个臃肿的主妇、一个干枯的老妪；用来美化他的存在的精细首饰，变成可恶的累赘；克桑蒂佩是这类女性典型之一，男人提起她总是谈虎色变。[①] 甚至在女人年轻时，婚姻中也有欺骗，因为要将性爱社会化，只有扼杀性爱。性爱

---

① 可以看到，在希腊和中世纪，这是许多诉苦的题材。——原注

要求瞬间，反对时间，要求个体，反对群体；它肯定分离，反对沟通；它反叛一切规章；它包含敌视社会的准则。风俗从来不屈服于制度和法律的严厉：爱情在任何时代都与它们相悖。在希腊和罗马，它以肉欲的形象向年轻人或妓女说话；骑士之爱既是肉欲的又是柏拉图式的精神恋爱，总是献给另外一个男人的妻子。特里斯坦的故事是描写通奸的史诗。一九〇〇年左右重新创造女人神话的时代，是通奸变成整个文学的题材的时代。有些作家，例如伯恩斯坦①，他们不遗余力地为资产阶级制度辩护，竭力将肉欲和爱情重新融入婚姻中，但波托-里什② 在《恋女》中指出这两种价值不相容，却更为真实。通奸只能随同婚姻本身一起消失。因为婚姻的目的可以说让男人对他的妻子免疫，但在他看来，其他女人保留令人眼花缭乱的魅力；他转向她们。女人使自己成为同谋。因为她们反抗想要剥夺她们所有武器的秩序。为了让女人脱离自然，为了通过仪式和契约让男人奴役女人，人们赋予她一个人该拥有的尊严，人们赋予她自由。而自由正是摆脱了一切奴役；如果让一个原本身上就有魔力的人有自由，自由就变得很危险。尤其男人采取权宜措施后就止步，自由便变得特别危险；他只有把女人变成一个女仆，剥夺她的超越性，才肯接受女人进入男性世界；人们给予她的自由只有否定用途；女人用它来拒绝；女人只有被囚禁，才变得自由；她放弃这种人类特权是为了找回自然客体的威力。白天，她阴险地扮演顺从女仆的角色，而晚上，她变成牝猫、母羊，她重新扮演塞壬的角色，或者跨上一把扫帚，逃往魔鬼的舞池。有时，她对丈夫施展她的夜间魔力，但更谨慎的是对丈夫掩盖她的变形；她选择外来

---

① Henri Bernstein（1876—1953），法国剧作家，著有《雅克兄弟》、《以色列人》等。
② Georges de Porto-Riche（1849—1930），法国剧作家，著有《恋女》、《老人》等。

人作为猎物；他们对她没有权利，对他们来说，她仍然是植物、泉水、星星、女巫。因此她注定不忠实：这是她的自由所能具有的唯一的具体面孔。她甚至越过欲望、思想、意识，变得不忠实；由于人们把她看作一个客体，她被献给选择夺取她的任何一个主体；她被关在闺房，藏在面纱底下，人们还是不能肯定她是否没有引起任何人的欲望：让一个外人产生欲望，已经是冒犯她的丈夫和社会。另外，她常常让自己成为这种命运的同谋；仅仅通过谎言和通奸，她才能证明，她不是别人的东西，才能否认男性的意图。因此，男人的嫉妒迅速被唤醒了，可以在传说中看到，女人无缘无故受到怀疑，稍有疑点就受到惩罚，例如热纳维耶芙·德·布拉班特和苔丝狄蒙娜①；格丽泽尔达② 甚至在受怀疑之前，已经忍受过最严酷的考验；如果女人事先不被怀疑，这个故事就会是荒唐的；不必指出她的错误：要由她来证明她的纯洁。因此，嫉妒也是难以满足的；我们已经说过，占有从来不能积极实现；即使禁止别人来汲水，也不能占有解渴的泉水：爱嫉妒的男人很清楚这一点。从本质上说，女人是水性杨花的，就像水是流动的一样；任何人类力量都不能违背一种自然真理。在所有的文学中，如在《一千零一夜》和《十日谈》中，可以看到女人的诡计战胜了男人的谨慎。男人不仅出于个人主义的意愿当了狱卒：社会作为父亲、兄弟、丈夫，让他负责自己妻子的品行。出于经济和宗教原因，命令她守节，每个男公民都应该被证实是自己父亲的儿子。同样重要的是，强迫女人同社会赋予她的角色相一致。男人有这样一种双重要求使得女人口是心非：

---

① Geneviève de Brabant，据中世纪的民间传说，她是布拉班特公爵的女儿，婚后，丈夫去打仗，但她已怀孕。管家无法引诱她，便诬陷她通奸。她在仆人的帮助下带着孩子逃到森林。后来真相大白。她被看做受到迫害但最后胜利的美德的化身。Desdemona，《奥赛罗》的女主人公，受到奥赛罗的怀疑而被杀死。
② Griselda，《十日谈》的女主人公，顺从和忠诚的象征。

他希望女人属于自己，又希望她仍然是外人；他梦想她同时是女仆和女巫。他公开表明的仅仅是第一个愿望；另一个愿望是一个狡猾的要求，他隐藏在心底和身上；这个愿望否认道德和社会；它像他者，像反叛的自然，像"坏女人"一样坏。男人没有完全投身于他设立的想强加于人的善；他同恶保持可耻的勾结关系。然而，凡是恶敢于无耻地显露面目的地方，他都去同恶战斗。在夜晚的黑暗中，男人怂恿女人去犯罪。但在大白天，他抛弃罪恶和女罪人。女人作为床笫秘密的罪人，只会以更多的热情公开崇拜德行。同在原始人中一样，男性是世俗的，而女性负责宗教和魔术的功能，在更现代的社会中，男人的错误只是不严重的小过错；人们常常宽容地对待它；即使男人不服从共同体的法律，仍继续属于它；他只是一个闯祸的孩子，并不深深地威胁着集体的秩序。相反，如果女人逃离社会，返回自然和魔鬼那里，她就在集体内部释放不可控制的和邪恶的力量。在放荡的行为引起的责备之中，总是掺杂了恐惧。如果丈夫不能成功地强迫妻子遵守妇道，他就和她一起犯下过错，他的不幸在社会看来是一个耻辱，有的文明非常严厉，他必须杀死犯罪的女人，使自己洗脱她的罪。在其他文明中，人们通过嘲弄来惩罚可怜兮兮的丈夫，或者让他赤裸裸地骑在一头驴上游街。共同体负责代替他惩罚有罪的女人，因为她不仅触犯了他，而且触犯了整个集体。这些习俗在迷信而神秘的、肉欲的却恐惧肉体的西班牙，以特别激烈的方式存在。卡尔德隆·德·拉·巴尔卡、加西亚·洛尔卡、巴列-因克兰① 将这些习俗变成许多悲剧的题材。在洛尔卡

---

① Pedro Calderón de la Barca (1600—1681)，西班牙剧作家，著有《人生是梦》等。Federico García Lorca (1898—1936)，西班牙诗人、剧作家，著有《吉卜赛谣曲集》、《贝尔纳达·阿尔瓦的家》等。 Ramón María del Valle Inclán (1866—1936)，西班牙作家，著有《四季奏鸣曲》、《波希米亚之光》、《暴君班德拉斯》等。

的《贝尔纳达·阿尔瓦的家》中，村里的长舌妇想惩罚受引诱的少女，用炽热的炭火"在她犯罪的地方"烧死她。在巴列－因克兰的《神圣的话》中，通奸的女人像一个同魔鬼跳舞的女巫一样；她的过错被发现之后，全村人聚集起来，要扒掉她的衣服，然后淹死她。有许多传统叙述，人们就是这样剥光女罪人的衣服；然后用石头砸死她，就像《福音书》中所记载的那样，人们活埋她，淹死她，烧死她。这些酷刑的意义是，在剥夺她的社会尊严之后，再把她这样归还自然；她由于自己的罪，释放出邪恶的自然气息：赎罪是在一种神圣的狂欢中完成的，女人们脱光女罪人的衣服，殴打她，杀死她，轮到她们释放神秘的、但有利的气息，因为她们与社会一致。

这种野蛮的严厉，随着迷信减弱、恐惧消失而消逝。但在农村里，人们不信任地注视着不信天主、飘泊无定的吉卜赛女人。自由地施展自己魅力的女人：女冒险家、以色相骗取钱财的女人、有无法抵御的诱惑力的女人，仍然是令人不安的类型。在好莱坞电影的坏女人身上，残留着喀耳刻的形象。有些女人像女巫一样被烧死，仅仅因为她们漂亮。在外省对美德假正经的惊叹中，面对生活放荡的女人，有一种古老的恐惧延续下来。

对一个爱冒险的男人来说，正是这些危险使女人成为一种迷人的玩物。他放弃丈夫的权利，拒绝依靠社会法律，试图在一对一的单挑中战胜她。他力图占有抗拒的女人；他在她要逃避他的自由中追逐她。可是枉然。不能分享自由：自由的女人往往要用这种自由来反对男人。即便睡美人也可能醒来时很不快，她也可以不承认唤醒她的人就是白马王子，她可以不微笑。这正是公民凯恩的情况，他所保护的女人显得像个受压迫者，他的仁慈暴露出强权和暴虐的意志；英雄的妻子无动于衷地听着他叙述自己的业绩，诗人所梦想的缪斯一面听他朗诵诗歌一面打哈欠。亚马孙可以厌烦地拒绝战斗；她也可以从战斗中胜出。衰落时期的罗马女人，今日的许多美国女人，把她们的任性或者她们的法律强加给男人。灰姑娘在哪里？男人希望赠与，而女人夺取。这不再是游戏，而是在自卫。一旦女人自由了，除了自由地创造，她没有别的命运。两性的关系于是成为斗争关系。对男人来说，她变成了同类，和她被看成是陌生的自然的时代一样可怕。养育孩子的、忠诚的、耐心的雌性，反过来成为一头贪婪的吃人野兽。坏女人也将她的根伸进大地，伸进生活，但大地是壕沟，生命是一场无情的战斗：人们以凶残的昆虫——螳螂、蜘蛛——代替勤劳的蜜蜂、孵蛋的母鸡；女人不再哺育孩子，而是吃掉男人；卵子不再是丰产的谷仓，而是惰性物质的陷阱，精子被去势，淹死在里面；子宫这个温暖的、平静的、稳妥的洞穴，变成吸食的章鱼、肉食植物、抽搐痉挛的黑洞；一条蛇呆在里面，无法餍足地吞没男性力量。同样的辩证逻辑把肉欲对象变成一个邪恶的女魔法师，把女仆变成一个叛徒，把灰姑娘变成一个吃人魔女，把一切女人变成敌人：这是男人带着自欺把自己确立为独一无二的主体而要支付的代价。

然而，这敌对的面孔也不是女人最后的面孔。更确切地说，善恶二元论渗入到女性的体内。毕达哥拉斯将善的本原比作男人，将恶的原则比作女人。男人在吞并女人的时候，力图战胜恶；他们部分成功了；基督教引进赎罪和得救思想的同时，给罚下地狱这个词以充分的意义，同样，正是面对变得神圣的女人，坏女人更显突出。从中世纪延续至今的这场"女人之争"中，有些男人只想看到他们梦想的受祝福的女人，另外一些男人只想看到否定他们梦想的受诅咒的女人。事实上，如果男人可以在女人身上找到一切，这是因为她同时有两副面孔。她以肉体的和活生生的方式，表现出生命由此获得意义的一切价值和反价值。善与恶泾渭分明，二者在忠诚的母亲和负心的情人的特征下互相对立；在英国的古老谣曲《兰达尔，我的儿子》中，一个年轻的骑士被他的情人下毒，死在他母亲的怀里。黎施潘① 的《讨厌的人》以更加动人、但品位更差的方式重复同一个题材。天使般的米沙埃拉与邪恶的嘉尔曼相对照。母亲、忠实的未婚妻、耐心的妻子，自告奋勇地包扎以姿色骗取钱财的女人和负心女人在男人心上造成的伤口。在这些清晰地确定的两极之间，还存在一系列模棱两可的形象，她们是可怜的、可恨的、犯罪的、受害的、卖俏的、虚弱的、天使般的、魔鬼般的女人。由此，一系列品行和感情吸引着男人，充实男人。

女人这种复杂性本身使他着迷：这是使他用很少的花费便能感到目眩神迷的美妙仆人。她是天使还是魔鬼？难以确定这一点，于是她成了一个斯芬克司② 。巴黎最有名的妓院之一就托庇于它。在女性的兴盛时代，在穿紧身衣的时代，在保罗·布尔热、亨利·巴塔耶③ 、法国康康舞盛行的时代，斯芬克司的题材在戏剧、诗歌和歌曲中长盛不衰："你是谁，你从哪里来，古怪的斯芬克司？"人们还没有结束对女性神秘的梦想和讨论。正是为了保卫这种神秘，男人长期恳求女人不要放弃长裙、衬裙、面纱、长手套、高帮皮鞋：凡是在他者身上强调区别的东西，都使她更加诱人，因为男人想据为己有的正是这个他者。可以看到阿兰-傅尼埃④ 在信中指责英国女人的 shake-hand⑤ 太过男孩子气：正是法国女人腼腆的保留

---

① Jean Richepin (1849—1926)，法国作家，著有《乞丐之歌》、《讨厌的人》等。
② Sphinx，希腊神话中女首狮身长有翅膀的怪物。
③ Paul Bourget (1852—1935)，法国小说家、批评家，著有《弟子》、《离婚》等。
　 Henri Bataille(1872—1922)，法国诗人、剧作家，著有《白色房间》、《旅行》等。
④ Alain-Fournier (1886—1914)，法国小说家，著有《大个子莫尔纳》等。
⑤ 英文，握手。

使他心情紊乱不安。女人必须是神秘的，不为人知的，使人能够像爱一位远方公主那样爱她；傅尼埃看来并不对跟他有过来往的女人特别尊重，但童年、青年时代的一切美好，对失落的天堂的一切思念，他都体现在一个女人身上，这个女人的首要品德便是显得不可接近。他描画出伊沃娜·德·加莱纯白无瑕、金光闪闪的形象。但是，如果女性的错误会产生神秘感，那么男人甚至会喜爱这些错误。一个男人威严地对一个有理智的女人说："一个女人应该任性。"任性是难以预料的；它赋予女人水波的妩媚；谎言以迷人的闪光装饰她；卖俏、甚至放荡给她醉人香气。靠不住、不可捉摸、难以理解、表里不一，这样她就最好地迎合男人的矛盾欲望；她是有无数变形的玛雅。以少女的面容呈现斯芬克司是一个常见现象：童贞是男人、尤其是他们放荡时感到最撩人的秘密之一；少女的纯洁使人产生放荡的希望，在她的纯洁中不知隐藏着怎样的堕落；她仍然接近动植物，却已经对社会礼仪表示驯服，既不是孩子，又不是成年人；她胆怯的女性身份不引起恐惧，而只是稍微引起不安。人们明白，她是女性奥秘的特殊形象之一。当"真正的少女"消失了的时候，对她的崇拜变成有点过时。相反，在冈蒂荣①取得辉煌成功的一出戏里，他赋予玛雅以妓女的形象，保留了她的许多威望。这是最富有造型美的女性典型之一，它最出色地表现了恶习与美德的伟大游戏。对于胆小怕事的清教徒来说，她体现了恶、羞耻、疾病、罚入地狱；她引起了恐惧和厌恶；她不属于任何男人，而是人尽可夫，以这种交易为生；由此，她又找到了原始的淫荡的母亲—女神那种可怕的独立，她代表了未被男性社会神圣化的、仍

---

① Charles Gantillon(1909—1967)，法国戏剧导演，将乔治·费多、让·科克托的作品搬上舞台。

然拥有不祥能力的女性；在性行为中，男性不能设想占有她，他仅仅出卖给肉体这个魔鬼，盎格鲁-撒克逊人尤其感到这是一种屈辱、一种玷污，在他们看来，肉体多少是受诅咒的。相反，肉体吓不倒的男人，在妓女身上喜欢的是对肉体宽容的、粗俗的肯定；他在妓女身上看到对女性的颂扬，任何道德都没有使之黯然失色；他在她的身体上重新找到这种魔力，以前这种魔力使女人与繁星和大海相连：米勒[①] 如果同一个妓女睡过觉，便以为探测到生命、死亡、宇宙的深渊本身；他在舒适的阴道潮湿的黑暗深处与天主会合。因为在虚伪地崇奉道德的世界的边缘，妓女是一种贱民，而"失足的姑娘"也可以被看做否定一切官方品德；她的可耻使她与真正的圣女相似；因为沉沦会受到赞美；基督看好抹大拉的马利亚，罪人更容易打开天堂之门，胜过虚伪的道德。因此，拉斯柯尔尼科夫在索尼娅[②] 的脚下，献出引导他犯罪的男性狂妄的骄傲，他由于杀人，将存在于一切人身上的分离意志扩大了：一个忍辱负重、被大家抛弃的卑微的妓女才能真正地认可他的退让。[③] "失足的姑娘"一词引起了令人不安的反响，许多男人梦想堕落；这不是那么容易的，人们不容易以积极的形象达到恶；甚至恶魔式的人物也害怕作恶多端；女人容许不冒太大的风险做黑弥撒，在黑弥撒上，撒旦虽然没

---

① Henry Miller（1891—1980），美国小说家，著有《北回归线》、《南回归线》、《在玫瑰色的十字架上受刑》等。

② Raskolnikov, Sonia，陀思妥耶夫斯基的小说《罪与罚》中的男女主人公。拉斯柯尔尼科夫杀死了一个放高利贷的老太婆，受尽内心斗争的折磨，在无边苦难的化身索尼娅的感化下投案自首。

③ 马塞尔·施沃布在《莫内尔卷》中诗意地阐述这个神话："我要对你谈到那些小个子妓女，你会了解开始的情况……你看，她们对你发出怜悯的喊声，用她们瘦骨嶙峋的手抚摸你的手。她们只有在你十分不幸时才理解你；她们同你一起哭泣，安慰你……你看，她们当中没有一个人能同你呆在一起。她们会过于忧伤，当你不再哭泣时，她们呆下去会感到羞耻，不敢看你。她们告诉你要让你知道的教训，然后才走开。她们不顾寒冷和下雨，前来吻你的额角，擦拭你的眼睛，而可怕的黑暗重新夺走她们……用不着去想她们在黑暗中能干些什么。"——原注

有受到邀请，却被提及；女人处在男性世界的边缘：与她有关的行为不会真正引起严重后果；然而她是一个人，因此，人们能够通过她完成对人类法律可怜的反抗。从缪塞到乔治·巴塔耶，形象丑陋而又迷人的放荡，就是经常接触"妓女"。萨德和马索克①在女人身上满足纠缠着他们的欲望；他们的弟子和大多数要满足"恶习"的男人，通常都去找妓女。她们在女人中是最顺从男性的，然而却更能摆脱他们；这就使得她们具有那么多各种各样的含义。然而没有任何一种女性形象：处女、母亲、妻子、姐妹、女仆、情人、大贤大德的女子、笑盈盈的后宫女奴，能够概括男人反复无常的愿望。

心理学——特别是精神分析——应当揭示个体对千变万化的神话某一方面特别感兴趣的原因；为什么他以这样特殊的形式来体现神话。这神话与一切情结、顽念、偏执有关。特别有很多神经官能症患者，其病根是源于禁忌的头脑混乱：这种情况在禁忌确定在先的情况下才会出现；外界的社会压力不足以解释它的存在；事实上，社会禁忌不仅是成规；它们具有——其中有各种含义——一种本体论的意义，每个个体都要经历这种特殊的体验。比如，审察一下"恋母情结"是很有意思的；人们过多把它看做由于本能的倾向和社会禁忌之间的斗争而产生；但首先这是主体本身内在的冲突。孩子对母亲怀抱的依恋，首先是以直接的形式、在普遍性和内在性中与生命相联；拒绝断奶，就是拒绝这种个体一旦与一切分离，便注定要遭受的遗弃；正是从这时起，而且随着个体化和进一步分离，人们将他对今后脱离的母体保留的兴趣称做"性"；他的肉欲

---

① Marquis de Sade（1740—1814），法国作家，著有《闺房中的哲学》、《索多玛一百二十天》等；Leopold von Sacher-Masoch（1836—1895），奥地利作家，著有《穿裘皮的维纳斯》等。

于是间接化了，它变成趋向异体的超越性。孩子越是迅速和越是坚决地成为主体，否认他的自主性的肉体联系便变得越发令他讨厌了。于是他摆脱抚摸，母亲施加于他的权威、她对他拥有的权利、有时是她在场本身，使他感到一种羞耻。尤其他觉得，把她当做肉体是尴尬和淫秽的表现，便避免想到她的身体；在他对父亲或者她的第二个丈夫，或者她的情人所感到的憎恶中，耻辱多于嫉妒：使他想起他的母亲是一个肉身，就等于使他想起他的出生，他全力去摒弃这件事，或者至少他希望给予此事以重大宇宙现象的庄严；他的母亲必须概括了自然，自然产生了所有人，却不属于任何人；他憎恶她成为猎物，并非因为——像人们常常认为的那样——他自己想占有她，而是因为他希望她超越一切占有而存在：她不应该有妻子或者情人的庸俗维度。在青春期他的性欲趋向男性化时，母亲的身体终于使他慌乱了；但她使他想到一般的女性；时常看到一条大腿、一只乳房而唤醒的欲望，在小男孩确定这肉体是母体时便熄灭了。有不少乱伦的情况，因为青少年处于不安的年龄，也是表现反常的年龄，这个年龄段中，厌恶引起亵渎行为，禁忌产生诱惑。但是不应当认为，儿子天真地想同母亲睡觉，来自外界的禁忌介入其中，压迫着他；相反，正由于这种在个体心中形成的禁忌，使欲望产生。这种禁忌是最正常、最普遍的反应。但它不是来自掩盖本能欲望的社会的禁忌。更确切地说，尊重是最初厌恶的升华；年轻人不肯将他的母亲看成肉体；他使她变形，让她等同于社会向他提供的神圣化的女人纯洁的形象之一。由此，他力图强化母亲的理想形象，以利于下一代。但下一代只有受到个体的辩证法的召唤时，才具有强大的力量。既然每个女人体内都有女人的，因而是母亲的一般本质，可以肯定的是，对待母亲的态度在同妻子和情人的关系中重现；不过没有人们通常想象的那么简单。具体地、肉欲地想得到母亲的青少年，可能想在她身上得到一般而言的女人：他的狂热在无论哪个女人身边都会平息下来；他不是注定陷于乱伦的思念中。① 反过来，一个年轻人如果对他的母亲有过温柔的、不过是柏拉图式的精神恋爱的倾慕，也可能希望无论如何女人具有母亲的纯洁。

人们相当清楚地知道性欲、一般说是对女性的性欲在病理行为和正常行为中的重要性。有时，其他的对象女性化了；既然女人大半是男人的创造，他可以通过一个男性身体来创造她：在男性同性恋中，保持着性别的区分。但一般说来，是在女人身上寻找女人。正是通过她，通过在她身上具有的最好和最坏的东西，男人最初尝到幸福、痛苦、恶习、美德、贪婪、舍弃、忠诚、暴虐，他初次认识了自己；她是游戏和冒险，但也是考验；她是胜利奏出的凯歌，更粗俗一点，是战胜失败奏出的凯歌；她是失落后的昏眩，对罚入地狱和死亡的惊诧。有一整个富有含义的世界，这些含义只通过女人而存在；她是男人的行动和感情的实质，期待着她们的自由的一切价值化身。人们明白，哪怕注定要忍受最残忍的沮丧，男人也不希望放弃包容所有梦的这个梦。

这就是为什么女人有双重的、骗人的面孔：她是男人所召唤的一切，又是他达不到的一切。她是慈善的自然和人类之间明智的中介；她是未被制服的自然对付一切智慧的诱惑。她在肉体上体现从善到恶一切精神价值及其反面；她是行动的实质和妨碍行动的东西，是男人对世界的掌握和他的失败；这样，她处于男人对他的存在的一切思索、他能给予这存在的一切表述的源头；然而，她千方百计要他离开自身，让他沉没到静默和死亡中。他期待她不仅是女

---

① 司汤达的例子引人注目。——原注

仆和妻子，也是他的观众和法官，她在她的存在中确定他；但她用无动于衷、嘲弄和讥笑否认他。他在她身上投射他的所愿、所惧、所爱、所恨。如果很难对此说点什么，这是因为男人在她身上寻找整个自我，还因为她是一切。只不过她是非本质事物的世界上的一切：她是整个他者。作为他者，她也不同于自身，不同于对她的期待。作为一切，她从来不是她应该成为的这个；她是永恒的欺骗，是存在的欺骗本身，这存在永远不能完成、也不能与全体生存者和解。

第二章

　　为了证实以上对普遍看法中存在的女性神话的分析，我们下面要考虑它在有些作家的作品中特殊的、混合诸说的形象。其中，我们觉得蒙泰朗、戴·赫·劳伦斯、克洛岱尔、布勒东、司汤达对女人的态度是有典型性的。

一　蒙泰朗或者厌恶的面包

　　男人重新捡起了毕达哥拉斯的傲慢的善恶二元论，为己所用，蒙泰朗可列入这个悠久的传统中。他在尼采之后认为，只有弱势时代才赞扬永恒的女性，英雄应该起来反对 Magna Mater[①]。这个精通英雄主义的专家，致力于把女人赶下台去。女人是黑夜、混乱、内在性。关于托尔斯泰夫人，他写道："这痉挛的黑暗，绝对是纯粹状态的女性。"[②] 据他看来，今日的男人赋予女性缺陷以积极形象，真是十分愚蠢和卑劣：人们谈论女人的本能、她们的直觉、她们的预言能力，本来却应该揭穿她们的缺乏逻辑、她们顽固的无知、她们无法把握真实的无能；事实上，她们既不是观察家，也不

273

是心理学家；她们既不会观察事物，也不理解人；她们的神秘是一个诱饵，她们不可探测的宝库具有虚无的深度；她们没有什么可以给男人的，只能损害男人。对蒙泰朗来说，母亲首先是大敌；在青年时期的一出戏剧《流亡》中，他搬上舞台的是一个母亲阻止儿子参军的故事；在《奥林匹克竞技者》中，那个想投身于体育运动的少年，被他母亲怯弱的自私"阻止"了；在《单身汉》和《少女们》中，母亲以引人憎恶的笔调描绘。她的罪恶就是想把儿子永远关在她肚子的黑暗中；她使他变成残废，为的是能够独占他，以此填满她的存在的虚空；她是最可恨的教育家；她切断孩子的翅膀，让他远离他向往的高峰，她使他变得愚蠢和卑劣。这些叱责不是没有根据的。但通过蒙泰朗对妻子——母亲的明确责备，显而易见，他憎恶她的是他自己的出生。他认为自己是神，他想成为神：因为他是男性，因为他是一个"高级的人"，因为他是蒙泰朗。神不是被生出来的；如果他有身体的话，他的身体是在既坚硬又柔顺的肌肉中铸成的意志，而不是生与死默默地栖息其中的肉体；这终有一死的、偶然的、脆弱的、他否认的肉体，他要母亲来承担责任。"阿喀琉斯身上唯一脆弱的地方，就是被他母亲捏住的地方。"③ 蒙泰朗从来不想承担人的状况；从一开始，他引以为豪的东西就是害怕地逃跑，逃避通过肉体介入世界的自由包含的危险；他想确认自由，可是拒绝介入；他没有牵挂又没有根底，却梦想自身是至高无上地封闭的主体；回忆自己肉体的起源，扰乱了这个梦，他凭借自己惯用的一个方法：他不是克服它，而是否认它。

在蒙泰朗看来，情人像母亲一样不祥；她妨碍男人在自己身上

---

① 拉丁文，伟大的母亲。
② 见《论女人》。——原注
③ 同上。——原注

复活神；他宣称，女人的命运就是在直接性中生活，她用感受来滋养自身，她沉醉于内在性中，她渴望幸福：她想把男人关在里面；她感受不到超越性的冲动，她没有崇高感；她喜欢处在衰弱中，而不是处在充盈力量中的情人，是受苦中而不是欢乐中的情人；她希望他解除武装和不幸，甚至想不顾事实让他相信自己不幸。他超越她，由此他摆脱她：她想把他限制在她自己的尺度内，以便攫住他。因为她需要他，她不能满足自己的需要，是一个寄生的人。通过多米尼克的眼睛，蒙泰朗让和拉纳拉格一起散步的女郎出现时，"宛若没有脊椎的生物，吊在她们的情人的手臂上，如同乔装打扮的大鼻涕虫一样"①；据他看来，除了女运动员，女人都是不完整的人，注定要受奴役；她们软绵绵的，没有肌肉，没有对世界的控制力；因此，她们想方设法要获得一个情人，最好是一个丈夫。据我所知，螳螂的神话蒙泰朗没有用过，但他用的是它的内涵：对女人来说，爱是吞噬；她号称献身，实则夺取。他举出托尔斯泰夫人的呼喊为例："我通过他而活。我为他而活；我要求他对我也一样。"他揭示这样一种疯狂爱情的危险，他感到《传道书》里的话真实得可怕："一个对你怀有恶意的男人，胜过一个对你有善意的女人。"他援引利奥泰②的经验："我的手下人结了婚，便成了半个男人。"尤其对"高级的人"来说，他认为结婚不妙；这是一种可笑的平庸化；试想能不能说：埃斯库罗斯夫人，或者"我要去但丁家里赴宴"？一个堂堂男子汉的威望要为此扫地；尤其婚姻破坏了主人公美妙的孤独，他"需要不让自己分心"③。我已经说过，蒙泰朗选择了一种没有对象的自由，就是说，他更喜欢自主的幻

① 见《梦》。——原注
② Hubert Lyautey（1854—1934），法国元帅，曾任法国驻摩洛哥总督。
③ 见《论女人》。——原注

象，而不是介入世界的真正自由；他想捍卫这种自由自在，对抗女人；女人拖累人，压抑人。"这是一个严酷的象征：男人不能笔直向前走，因为他所爱的女人挽着他的手臂。"① "我在燃烧，她却把我熄灭。我在水上行走，她拖住我的手臂，我沉了下去。"② 既然她仅仅是缺乏、贫困、否定，而且她的魔法是虚假的，那么她怎么会有那么大的威力呢? 蒙泰朗没有作解释。他仅仅骄傲地说："狮子理所当然害怕蚊蝇。"③ 但是回答显而易见：当只有一个人的时候，自然很容易自认为是君主，当小心翼翼不肯负重时，自然很容易自认为强有力。蒙泰朗选择了容易的办法；他宣称崇尚难以达到的价值，但他力图很容易就达到这些价值。《帕西法尔》中的国王说："只有我们给自己戴上的王冠，才是值得戴在头上的。"这是个方便的准则。蒙泰朗的额头上戴得太重了，他身穿紫红袍；可是，只要外人看一眼就可以发现，他的王冠是彩纸做的，他就像安徒生笔下的国王那样，全身赤裸。梦中行走在水上，比起真正走在陆地上远远不那么累人。因此，狮子蒙泰朗带着恐惧避开女性这蚊蝇：他害怕真实的考验。④

如果蒙泰朗真的使永恒的女性的神话破灭，那就应该祝贺他：否定了女人才能使女人成为人。但可以看到，他没有打碎偶像：他把她变成魔鬼。他自己也相信这种晦暗不明的、不可约减的本质：女性；他步亚里士多德和托马斯·阿奎那之后尘，认为她应从否定去界定；女人由于缺乏阳刚气而是女人；这就是一切女人应该忍受

---

① 见《少女们》。——原注
② 同上。——原注
③ 同上。——原注
④ 这个过程被阿德勒看做精神病的经典起源。在"追求优越"与"自卑情结"中感到分裂的个体，在社会和他之间建立尽可能大的距离，为的是不需要面对现实的考验。他知道，这会破坏他只能在自欺的阴影下保持的意图。——原注

276

而不能改变的命运。企图摆脱这命运的女人，处于人类阶梯的最低一级：她不能成功地变成男人，也放弃了成为一个女人；她只是微不足道的丑八怪、一个幌子；她是一个躯体和一个意识的事实不会赋予她任何实体：蒙泰朗不时是个柏拉图式的精神恋爱者，他似乎认为，只有阴柔和阳刚的概念才占有存在；不属于两者的个体，只是表面的存在。他无可挽回地谴责这些"半鸟半女人的吸血鬼"，她们胆敢作为自主的主体出现、思想和行动。他想通过勾画安德蕾·阿克邦的肖像，证明任何竭力把自己变成一个人物的女人，都会变成扮鬼脸的木偶。当然，安德蕾是丑陋的，没有风度，穿着不好，甚至肮脏，指甲和前臂脏兮兮的：给她灌输的一点点文化足以扼杀她的女性特征；科斯塔尔向我们保证，她是聪明的，但蒙泰朗描写她的每一页都表明她十分愚蠢；科斯塔尔声称对她抱着同情；蒙泰朗使我们感到她令人讨厌。通过这种灵活的模棱两可的描写，他证明了女性智力的愚蠢，并确定生得难看在女人身上败坏了她趋向的一切男性品质。

蒙泰朗想把女运动员算作例外；她们通过自主地锻炼身体，可以征服一个人的精神、心灵，但仍然很容易把她们从这高处拉下来；他热情地赞颂一个一千米赛跑的得胜女运动员，却悄悄地离开她；他不怀疑很容易勾引她，而他希望她能免于这种地位下降。多米尼克没有能够一直呆在阿尔邦叫她的高峰上；她爱上了他："那个曾是精神和灵魂的女人流着汗，发出香气，而且喘着气，小声地咳嗽。"[①] 阿尔邦生气了，把她赶走。可以认为，一个女人由于体育训练而扼杀了她身上的肉体；自主的存在注入女人肉体是丑恶可耻的；一旦意识进入了女人的肉体，它就是可憎恶的。女人最好成

---

① 见《梦》。——原注

为纯粹的肉体。蒙泰朗赞成东方人的态度：女性作为享乐对象，在人间有一个位置，无疑是卑微的但是有价值的位置；她在男性从中得到的乐趣中，并仅仅在这乐趣中找到生存的理由。理想的女人是完全愚蠢的和完全顺从的；她总是准备好接待男人，而对他一无所求。杜丝①就是这样的女人，阿尔邦不时赞赏她，"杜丝，愚蠢得可爱，随着愚蠢程度的增加，总是更加令人垂涎……在爱情之外一无用处，于是他坚定而又温柔地回避她。"②小个子的阿拉伯女人拉迪佳就是这样，她是沉静的爱情之兽，驯服地接受乐趣和金钱。可以想象，在一列西班牙火车上遇到的这样一头"雌兽"："她的神态是这样愚蠢，以至我开始想得到她。"③作者解释说："在女人身上令人恼火的是她们想有理智；她们夸大了她们的动物性，她们勾画出超人。"④

然而蒙泰朗决不是一个东方的苏丹；首先他缺乏肉欲。他远远没有毫无保留地在"雌兽"身上寻欢作乐；她们是"病态的、不健康的、从来不是绝对干净的"⑤；科斯塔尔告诉我们，小伙子的头发比女人的头发发出更强烈、更好闻的气味；他有时在索朗热面前，在"这种甜蜜蜜的，几乎令人恶心的气味和这没有肌肉、没有神经、像一条白色鼻涕虫的身体"⑥面前感到厌恶。他梦想与他更相称的、更对等的人之间的拥抱，温柔会从被战胜的力量中产生……东方人从女人身上得到肉欲的快乐，由此在情侣之间建立起肉体的相互性：这正是《圣经·雅歌》、《一千零一夜》的故事和

---

① Douce，这个词用做形容词意为温柔的。
② 见《梦》。——原注
③ 见《卡斯蒂利亚的小公主》。——原注
④ 同上。——原注
⑤ 见《少女们》。——原注
⑥ 同上。——原注

许多阿拉伯诗歌赞美意中人的热烈祈求所表达的东西；当然有坏女人，但也有妙不可言的女人，追求肉欲的男人信赖地投入她们的怀抱，而不感到屈辱。而蒙泰朗的主人公总是处于防守地位："夺取而不被夺取，这是高级的男人和女人之间唯一可以接受的公式。"① 他乐意谈到欲望来临的时刻，他觉得这是男性进攻的时刻；他回避享乐的时刻；也许他会发现，他也出汗、喘气、"发出他的香味"；但是不：谁敢呼吸他的气味，感觉到他湿漉漉的呢？他解除武装的肉体不为任何人存在，因为没有任何人面对着他：他是唯一的意识，透明的、至高的、纯粹的在场；如果快感是为了他的意识本身而存在的，那么他没有考虑到这一点：这会反过来作用于他。他得意地谈起他给人的快乐，从来不提他得到的快乐：获得，这就是依附。"我向一个女人要求的，是给她乐趣。"② 快感的热烈、鲜活是共同谋划的：他不容许任何共同谋划，他更喜欢控制人的高傲的孤独。他在女人身上寻找的不是肉欲的，而是精神的满足。

　　首先是一种骄傲的满足，它期待表现出来，而不冒危险。在女人面前，"就和走近马、公牛时的感觉一样：同样的不确定，同样的衡量自己的能耐的兴味"。③ 同别的男人衡量一下，这会是很大胆的；他们会加入比赛；他们会强加给你意料不到的计算方式，他们会让外人来裁决；面对一头公牛、一匹马，你自己做裁判，这是更有把握得多的事。女人也是这样，如果选择得好，便独自面对她："我不喜欢处于平等地位，因为在女人身上，我寻找的是孩子。"这种愚蠢的大白话什么也没有解释：为什么他寻找的是孩

---

① 见《少女们》。——原注
② 同上。——原注
③ 见《卡斯蒂利亚的小公主》。——原注

子，而不是对等的人呢？蒙泰朗如果宣称，他，蒙泰朗，没有对等的人，也许会更真诚；说白了，他不想有对等的人：他的同类使他害怕。在写作《奥林匹克竞技者》的时期，他赞赏运动中竞争的严格，竞争分出等级，不能作弊；但是他自己没有听取这教训；在他后来的作品和生活中，他的主人公像他一样不用作任何对抗：他们与动物、风景、孩子、孩子般的女人打交道，永远不同对等的人打交道。蒙泰朗不久以前热衷于运动的明晰、严谨，现在只接受这样的女人作为情人：他出于小心翼翼的傲慢，不需要担心她的任何评头论足；他选择的女人是"被动的和植物的"，幼稚的，愚蠢的，爱钱的。他一贯避免给予她们一种意识：如果他发现有某种意识的痕迹，他就勃然大怒，一走了之；他不同女人建立任何主体间关系：她在男人的王国中只应是一个普通的有生命的对象；他从来不把她当做主体来考虑；他从来不考虑她的观点。蒙泰朗的主人公是自大狂，这种伦理十分方便：他只关心同自身的关系。他喜爱女人——更确切地说他博得女人喜爱——不是为了享受她，而是为了享受自身：由于女人绝对低下，她的存在揭示了男性实质的、本质的和不可变更的优势；没有危险。

因此，杜丝的愚蠢使阿尔邦"从某种方面重构古代半神娶了一个神奇的鹅妈妈的感受"[1]。一旦科斯塔尔接触到索朗热，便变成一头壮美的狮子："他们刚刚坐在一起，他便把手放在姑娘的大腿上（在她的连衣裙上面），然后把她放在自己身体的当中，好像一头狮子把它的爪子放在猎获的肉块上……"[2] 这个动作，那么多的男人每天在电影院的黑暗中十分谦逊地完成了，科斯塔尔向他们宣

---

[1] 见《梦》。——原注
[2] 见《少女们》。——原注

称，这是"我主的原始动作"①。如果情人和丈夫像他一样有庄严感，在占有情妇之前拥抱她们，他们不用花很多代价便了解这些强有力的变形。"他朦胧地闻着这个女人的脸，像一头狮子撕咬着抓在爪子中的肉时不时停下来舔舔它。"② 这种食肉兽的骄傲，不是男性从女性身上获得的唯一乐趣；对他来说，她是用来自由体验自己心情的借口，而且总是不冒风险，做做试验。科斯塔尔有一夜甚至以忍受痛苦为乐，痛苦的滋味受够了，他轻快地扑向一只鸡腿。一般人只能难得允许自己这样任性。还有其他或强烈或微妙的乐趣。比如，纡尊降贵；科斯塔尔迁就到回复有些女人的信，有时甚至表示关心；他对一个有灵感的小农妇卖弄了一番博学之后，写道："我怀疑你能否理解我，但是，如果我降低到你的水平，那就更好。"③ 有时，他乐于按自己的形象去塑造一个女人："我希望你对我来说像一块缠头巾……我把你抬高到我的地位，就是希望你不要有别于我。"④ 他给索朗热制造一些美好的回忆，以此取乐。尤其当他同一个女人睡觉时，他着迷地沉浸于自己的挥霍：他是个给人快乐、平静、热情、力量、快感的人，他花费的这些财富使他满足。他丝毫不欠他的情人们；为了确定这一点，他常常付她们钱；即使性交是双方的，女人也是他的受恩者，而他不是：她什么也没有给予，他则是夺取。因此，他使索朗热失去童贞那天，把她打发到盥洗室去，觉得是绝对正常的；即使一个女人受到百般宠爱，男人对她感到局促不安总是不成的；他理所当然是男性，她理所当然是女性，注定要冲洗下身。在这里科斯塔尔的傲慢非常忠实地模仿

---

① 见《少女们》。——原注
② 同上。——原注
③ 同上。——原注
④ 同上。——原注

粗野行为，很难把他与没有教养的旅行推销员区分开来。

一个女人的首要责任，是顺从他的豪爽要求；当科斯塔尔设想索朗热不欣赏他的抚爱时，他大发脾气。他疼爱拉迪佳，是因为他插入她的身体时，她的脸闪出快乐的光芒。这时他感到既是食肉兽，又是高贵的王子的快意。我们不禁感到困惑，如果被占有和得到满足的女人只是一样可怜的东西，一堆跳动着意识代用品的平淡乏味的肉，那么占有和满足的迷醉又从何而来？科斯塔尔怎么能跟这些无用的造物浪费这么多时间呢？

这些矛盾心理显示出他的傲慢，这只不过是虚荣心而已。

比当强者、慷慨的人、主子更妙不可言的快乐，就是对女性的怜悯。科斯塔尔不时激动地在心里感到如许博爱的沉重和同情、如许"对女人的怜悯"。有什么比硬心肠的人意外的温柔更令人感动呢？当他俯身对着女人这些有病的动物时，他在自己身上复活了埃皮纳尔①画片的崇高形象。即使是女运动员，他也喜欢看到她们被战胜，受了伤，疲乏不堪，受到伤害；至于其他女人，他希望她们尽可能地解除武装。她们的月经令他厌恶，但科斯塔尔告诉我们："他总是喜欢女人来月经的那几天……"② 有时他向这种怜悯让步；他竟至许下诺言，虽然无法兑现：他许诺要帮助安德蕾，要娶索朗热。当怜悯从他心中退走时，这些诺言便烟消云散了：他没有权利食言吗？是他制定游戏规则，他只有一个对手，只同自己比试。

低下，可怜，这还不够。蒙泰朗希望女人是可鄙的。他有时认为，欲望和蔑视的冲突是一出动人的悲剧："啊！希望获得被蔑视

---

① Epinal，法国孚日省首府，以制作民间画片著名。
② 见《少女们》。——原注

的东西，多么动人的悲剧啊！……几乎在同一个动作中要吸引过来又推拒出去，点燃又赶快扔掉，像划一根火柴那样，这就是我们与女人的关系的悲剧！"① 事实上，只有从火柴的角度来看才是悲剧，而这是可以忽略的角度。至于划火柴的人，考虑的是不要烧到自己的手指，显而易见，这种操练使他高兴。如果他的乐趣不是"希望获得被蔑视的东西"，他就不会一直拒绝希望得到他敬重的东西：阿尔邦就不会推拒多米尼克；他会选择"在平等中去爱"；他可以避免如此蔑视他所希望得到的东西：毕竟，在理论上看不出一个年轻、漂亮、热情、简单的小个子西班牙舞女如此可鄙；是因为她贫穷，出身低贱，没有文化吗？恐怕在蒙泰朗看来，事实上这并非缺点。他看不起她尤其是因为她天经地义是女人；他说得很清楚，并非女性的神秘引起男性的遐想，而是这些遐想创造了这种神秘；但他也把自己主观性要求的东西投入到客体中：并非因为她们是可鄙的，他才蔑视女人，是因为他想蔑视她们，他才觉得她们卑劣。尤其在她们和他之间距离越大，他就越是感到自己栖息在高傲的峰顶；这就解释了为何他为自己的主人公们选择了一些如此差劲的女人：他用来同大作家科斯塔尔相对照的，是一个受到性欲和无聊折磨的外省老处女，还有一个极右的、愚蠢的、自私的小资产阶级女子；这是用非常卑微的尺度去衡量一个优秀个体：这种笨拙的谨慎使我们觉得他非常渺小。但没有关系，科斯塔尔自以为伟大。女人最微不足道的弱点足以培育他的傲慢。《少女们》的一段文字特别能说明问题。索朗热在同科斯塔尔睡觉之前，先打扮一下。"她上盥洗间，而科斯塔尔回想起，他有过一匹母马，它这样骄傲、这样讲究，他骑在它的背上时它从来不小便，也不大便。"这

---

① 见《卡斯蒂利亚的小公主》。——原注

里显示出对肉体的厌恶（人们想到斯威夫特：西莉亚在大便），想把女人等同于一头家畜，拒绝承认她有任何自主，哪怕是小便的自主；尤其当科斯塔尔愤怒时，他忘了他也有膀胱和结肠；同样，当他对一个浑身汗水、发出气味的女人感到恶心时，他抹掉了自己所有的分泌物：他是一个由结实的肌肉和性器官组成的纯粹的精神。蒙泰朗在《致欲望之泉》宣称："蔑视比欲望更高贵。"而阿尔瓦罗说："我的面包是厌恶。"[①] 当他自我沉醉时，蔑视是多么好的借口啊！由于沉思和判断，人们感到完全不同于被判决的另一个人，不花代价便洗刷掉受到指责的污点。蒙泰朗在他整个一生多么陶醉地发泄对世人的蔑视！他仅仅揭露他们的愚蠢，便自以为聪明，仅仅揭露他们的怯弱，便自以为勇敢。在德军占领法国初期，他对被打败的同胞嗤之以鼻：他自己既不是法国人，又不是战败者；他超然物外。总之，委婉地说，他呀，蒙泰朗，发出指责，却和别人一样没有预见到败北；他甚至不同意当军官，马上又开始火冒三丈地指责起来[②]。他假装为自己的厌恶而抱歉，是为了更真实地感受厌恶和更进一步以此消遣。事实上，他感到乐在其中，千方百计引导女人做卑劣的事。他乐于用金钱和首饰去引诱贫穷的姑娘：她们接受他不怀好意的礼物，他就快活。他以同安德蕾玩性虐待狂的游戏来取乐，不是让她痛苦，而是看着她堕落。他怂恿索朗热犯下杀婴罪；她同意这样做，科斯塔尔的感官便欲火炎炎：他在蔑视的快活中占有了这个可能的杀人凶手。

这种态度的关键，是那篇毛虫的寓言给我们提供的：不管里面隐藏着什么意图，它本身已相当能说明问题[③]。蒙泰朗往毛毛虫身

① 见《圣地亚哥的主人》。——原注
② 见《夏至集》第301页。——原注
③ 同上，第286页。——原注

上撒尿，放过一些毛毛虫，弄死另外一些，以此取乐；他开玩笑地怜悯那些竭力想活的毛毛虫，宽容地让它们碰碰运气；这种游戏使他着迷。没有毛毛虫，小便就只是一种分泌物；它变成生与死的工具；面对爬行的虫子，放松膀胱的人体验天主的专横和孤独；不会受到报复的威胁。因此，面对雌兽，这雄兽在台座上时而残酷，时而温柔，时而公正，时而任性，给予、夺回、给人满足、怜悯、发怒；他只服从自己的乐趣；他是至高的、自由的、独一无二的。这些牲畜必须是牲畜；人们有意选择它们，恭维它们的弱点，把它们看成牲畜，如此穷追猛打，它们最后都接受各自的地位。路易斯安那州和佐治亚州的白人就是这样着迷于黑人的小偷小摸和谎言：他们因此更坚信自己的肤色给予他们的优越地位；如果其中一个黑人固执地要保持正直，白人就进一步虐待他。在集中营里，人就这样有步骤地变坏：庄园主的子孙在这种卑劣行为中找到证明，他们有超人的本质。

这种巧合并不偶然。众所周知，蒙泰朗赞赏纳粹的意识形态。他着迷地看到卐字形成为太阳十字，在一个太阳节日里取胜。"太阳十字的胜利不仅是太阳的胜利，异教的胜利。它是代表一切旋转的太阳原则的胜利……我看到，在这一天，充满我的、我歌唱的、我全身心都感到主宰我一生的原则胜利了。"① 同样，众所周知，在德国人占领法国期间，他怀着何种合情合理的崇高感，向法国人提议学习这些"散发出力量的伟大风格的"② 德国人。使他在旗鼓相当的对手面前如惊弓之鸟的那种恐惧感，让他跪在胜利者面前：他相信通过这跪拜，他能同他们等同；他也成了胜利者，这是他始

---

① 见《夏至集》第308页。——原注
② 同上，第199页。——原注

终盼望的，不管是与一头公牛搏斗，与毛毛虫搏斗，还是与女人搏斗，与生命本身和自由搏斗。这样说是不错的：在胜利之前，他已经焚香礼拜过了"极权的魔术师们"①。像他们一样，他一直是虚无主义者，他总是憎恨人。"人甚至不值得被引导（人类不需要对你做什么就让你如此憎恨）。"②像他们一样，他相信，有些人，不管种族、民族还是蒙泰朗他本人，掌握一种绝对特权，使他们对他人有一切权利。他的整个道德观呼吁进行战争和迫害，并为之辩解。为了判断他对女人的态度，有必要仔细考察这种伦理观。因为毕竟需要知道她们以什么名义受到谴责。

纳粹的神话有一种历史的基础结构：虚无主义表达了德国的绝望；英雄崇拜为几百万士兵为之捐躯的积极目的服务。蒙泰朗的态度没有任何积极的对立面，它只表达他自己的存在选择。事实上，这个英雄选择了恐惧。在所有人的意识中，都有一种要达到至高无上的企图，但这种意图只能通过冒险得到确认；任何优越地位从来不是恩赐的，因为人约减到他的主观性中，便什么也不是；等级是在人的行为和作品中才能建立的；业绩要不断地去获得：蒙泰朗知道这一点。"人只有对准备为之冒险的东西才有权利。"可是，他从来不愿意在自己的同类中冒自己的险。正是因为他不敢面对人类，才取消它。《死了的王后》中的国王说："人的障碍是使人愤怒的障碍。"这是因为他们揭穿了有虚荣心的人在自己周围创造的迷惑人的"仙境"。必须否认他们。值得注意的是，蒙泰朗的任何一部作品都不曾给我们描绘人与人的冲突；和平共处是生动的伟大戏剧：他回避它。他的主人公总是独自站在动物、孩子、女人、风

① 见《秋分集》第57页。——原注
② 见《致欲望之泉》。——原注

景面前；他忍受着自己的欲望的折磨（就像《帕尔齐法尔》中的王后）或者忍受他自己的要求的折磨（像《圣地亚哥的主人》），但他的身边永远没有人。甚至《梦》中的阿尔邦也没有同伴：普里内生前，他憎恨普里内，他只对普里内的尸体激动。蒙泰朗的作品就像他的生平一样，只接受一种意识。

同样，一切感情都从这个世界消失；如果只有一个主体的话，不可能有主体间关系。爱情是微不足道的；并非以友谊的名义，爱情遭到蔑视，因为"友谊缺乏内脏"①。人与人的一切团结都被高傲地拒绝了。英雄没有塑造出来，它没有受到空间和时间的限制："我看不出有任何合理的理由，要去关心对我而言是同时代的外界事物，而不是无论过去哪一个年代的事。"② 别人发生的任何事对他来说都不重要："说真的，对我来说，事件毫不重要。它们在我身上照射的光芒掠过我时，我才喜欢它们……因此，它们愿意怎样就怎样吧……"③ 行动是不可能的："有热情、能量、胆量，却由于不相信任何与人有关的东西，便不能用来支配它们！"④ 就是说，一切超越性都是被禁止的。蒙泰朗承认这一点。爱情和友谊是无意义的，蔑视妨碍行动；他不相信为艺术而艺术，他不相信天主。剩下来只有乐趣的内在性："我唯一的雄心就是比别人更好地利用我的感官，"⑤ 他在一九二五年这样写道。还有："总之，我想要什么呢？占有这样的人：他们在平静和诗意中令我喜欢。"⑥ 一九四一年，他写道："我这个不停指责的人，我在这二十年中做

---

① 见《致欲望之泉》。——原注
② 见《掌握自己》第13页。——原注
③ 见《夏至集》第316页。——原注
④ 见《致欲望之泉》。——原注
⑤ 同上。——原注
⑥ 同上。——原注

了些什么呢？这些年是一个使我充满欢乐的梦。我各种生活都体验过，沉醉于我喜欢的东西：我嘴对嘴地接触生活！"① 不错。但女人不正是因为躺在内在性中，才被人践踏吗？蒙泰朗以何种更高的目的、何种更伟大的意图，去反对母亲和情人占有的爱呢？他自己也在寻求"占有"；至于"嘴对嘴地接触生活"，许多女人都超过了他。确实，他古怪地品味奇特的感受：从动物、小伙子、未到青春期的小姑娘那里得到的感受；一个热烈的情人竟没有考虑过把她十二岁的女儿放到他的床上，他为此感到愤怒：这是一种缺少热情的平庸。难道他不知道女人的肉欲也像男性的肉欲一样折磨人吗？如果是根据这个标准去给两性分等级，她们也许占优势。说实话，在这一方面，蒙泰朗惊人地前后不一。他以"交替"的名义宣称，由于任何东西都没有价值，因而一切具有同样价值；他接受一切，他想拥抱一切，他乐于让他的豁达吓坏母亲们；然而是他在德军占领法国期间要求对电影和报纸进行"严格调查"②；美国姑娘的大腿使他恶心，一头公牛发光的性器官却令他兴奋：各有所好；人人按照自己的方式重新创造"仙境"；这个爱饮酒作乐的人以什么价值的名义厌恶地唾弃别人的欢宴呢？因为这些欢宴不是他的欢宴吗？整个伦理观就在于成为蒙泰朗吗？

显然他会回答，享乐不是一切：必须要讲方式。必须让快乐成为弃绝的反面，必须让享乐者也感到拥有一个英雄和一个圣人的品质。但是许多女人精于把她们的乐趣与自己塑造的高大形象调和起来。为什么我们要相信，蒙泰朗的自恋梦，比她们的梦更有价

---

① 见《夏至集》第301页。——原注
② "我们要求一个有自由决定权的机构，阻止一切它认为会损害法国人优良品质的东西。以法国人优良品质的名义要求一种严格调查。"（《夏至集》第270页）——原注

值呢?

事实上，正因为这关系到梦。因为蒙泰朗拒绝一切客观的内容，所以他玩弄的词如伟大、神圣、英雄主义只是假象。蒙泰朗害怕拿他的优越地位放到人们当中去冒险；为了沉醉于这种令人兴奋的酒，他躲到云彩中：独一无二者必定是至高无上者。他把自己关在空中楼阁里：镜子无尽地把他的形象反射回来，他以为居住在土地上就够了，但他只是一个束缚于自身的隐居者。他自以为是自由的，却为了自我失去了自由；他根据从埃皮纳尔画片借用来的规格制作蒙泰朗的塑像。阿尔邦赶走多米尼克，是因为他在照镜子时发现一张傻瓜的脸表明了这种奴役状态：只有通过别人的眼睛才成为傻瓜。高傲的阿尔邦让自己的心屈从于他蔑视的这种集体意识。蒙泰朗的自由是一种态度，而不是一种现实。他没有行动的目的，自然不可能行动，他用手势来聊以自慰：这是一出滑稽剧。对他而言，女人是合适的对手；她们给他配戏，他夺取了头牌角色，他戴上桂冠，穿上紫红色衣服，但这一切是在他的私人舞台上进行的；来到公共广场，处在真正的灯光中，在真实的天空下，这个演员便什么也看不清了，再也站不稳，他跌跌撞撞，倒了下来。科斯塔尔在清醒时叫道："说到底，这些在女人身上得到的'胜利'是多么可笑啊！"[1] 的确，蒙泰朗给我们提供的价值、业绩是可悲的玩笑。使他沉醉的丰功伟绩也不过是手势，决不是业绩：他为佩雷格里努斯的自杀，帕尔齐法尔的大胆，那个让对手躲在自己的雨伞下、然后在决斗中劈死他的日本人的潇洒而激动。但他宣称："对手本人和他被认为要体现的思想，没有那么高的重要性。"[2] 这句

---

[1] 见《少女们》。——原注
[2] 见《夏至集》第 211 页。——原注

表白在一九四一年有弦外之音。他还说,凡是战争都是美的,不管结果如何;力量总是可赞叹的,不管它为什么服务。"如果我们想保持唯一可以接受的人的概念的话: 也即人同时是英雄和智者,那么我们必然走向没有信仰的战斗。"[1] 奇怪的是,蒙泰朗对一切事业高傲的漠然,不是倾向于抵抗运动,而是倾向于民族革命;奇怪的是,他最高的自由是选择了屈从;奇怪的是,他不是在游击队中,而是在战胜者中寻找英雄智慧的奥秘。这也不是偶然的。《死了的王后》和《圣地亚哥的主人》的假崇高导致的是这种欺骗。由于这些剧本想达到的意图更多,就更能说明问题,其中可以看到两个威严的男性,将只因是人而有罪的女人牺牲给他们空洞的骄傲;她们希望获得爱情和人间幸福: 为了惩罚她们,夺取了其中一个的生命,夺取了另一个的灵魂。如果我们要问以什么名义这样做? 作者会再一次高傲地回答: 什么名义也不要。他不希望国王以过于严厉的理由去杀死伊涅丝;这样杀人只是普通的政治罪行。他说:"我为什么要杀她? 无疑有一个理由,但我不去辨别。"理由是必须让太阳的原则战胜人间的平庸,但这个原则我们已经看到了,不阐明任何目的: 他要求毁灭,如此而已。至于阿尔瓦罗,蒙泰朗在一篇序言中告诉我们,他对当时的某些人感兴趣的是"他们不容置辩的信仰、他们对外界现实的蔑视、他们对毁灭的兴趣、他们动辄就要发火的愤怒"。圣地亚哥的主人正是把他的女儿牺牲给这种愤怒。他要给这种愤怒饰以神秘这个闪光的美好字眼。喜欢幸福超过喜欢神秘,难道不是平庸吗? 事实上,牺牲和舍弃只有一个目的、一个人类的目的,在这种情况下才是有意义的;超越特殊爱情和个人幸福的目的,只能在承认爱情和幸福的价值的世界上才能显现;

---

[1] 见《夏至集》第211页。——原注

"年轻女工的道德"比虚幻的仙境更为真实，因为它植根于生活和现实中：正是从这里喷发出更广泛的愿望。很容易设想一下伊涅丝·德·卡斯特罗在布痕瓦尔德[①]，国王以国家利益为托词向德国大使献殷勤。许多年轻女工在德国占领期间得到我们的尊敬，而蒙泰朗则不会。他满口的空洞词汇由于空洞无物而变得危险：超人的神秘容忍一切人间的破坏。事实是，在我们谈到的惨剧中，它由两种谋杀来确定，一种是肉体的，另一种是精神的，阿尔瓦罗很快便变成一个凶狠、孤独、让人认不出的宗教裁判所大法官；国王不被人理解，他被人抛弃，像希姆莱[②]一样，也很快变得和阿尔瓦罗一样。杀女人，杀犹太人，杀女性化的男人和受犹太人影响的基督徒，杀以这种高傲思想的名义去屠杀时感到兴味或乐趣的一切。只有通过否定，否定的神秘才能确立。真正的超越是积极迈向未来，人的未来。假英雄为了说服自己到达很远的地方，飞得很高，他总是向后看，向脚下看；他蔑视人、指责人、压迫人、迫害人、折磨人、屠杀人。他正是通过作恶向别人表示，他自认为高于别人。当蒙泰朗停止"嘴对嘴地接触生活"时，他用一只手指威严地向我们指点的，就是这样的高峰。

"如同拉阿拉伯戽斗水车的驴子一样，我旋转，我旋转，盲目地，无休无止地沿着自己的足迹重复走着。只不过，我没有抽上来清凉的水。"对于蒙泰朗在一九二七年做出的这个表白，没有什么可补充的。清凉的水从来没有喷射出来过。也许蒙泰朗不得不点燃烧死佩雷格里努斯的柴堆：这是最合乎逻辑的解决办法。他宁愿躲藏在自我崇拜中。他不但没有献身于他不会使之变得繁华的世界，

---

① Buchenwald，德国境内的集中营，靠近魏玛，建于1937年。
② Heinrich Himmler (1900—1945)，纳粹头目，建立党卫军，成为盖世太保首脑、内政部长，后被发现与盟军联系而被解职，最后被英国人抓住。

反而满足于在其中映出自己；他按照只有自己的眼睛能看到的海市蜃楼去安排自己的生活。他写道："君主们在任何情况下，甚至在溃败时也是自如的。"[①] 因为他在失败中自得其乐，所以自以为是国王。他从尼采那里学到，"女人是英雄的消遣物。"他相信，只要拿女人来取乐，就可以被奉为英雄。如此等等。正如科斯塔尔所说的："说到底，多么可笑！"

二 戴·赫·劳伦斯或者
男性生殖器的骄傲

劳伦斯与蒙泰朗正相反。对他来说，问题不在于确定男女的特殊关系，而在于将这两者重新置于生命的实体之中。这个实体既不是表现，也不是意志：它包含了动物性，人就植根于其中。劳伦斯激烈地反对性器官—大脑的对照；在他那里，有一种宇宙的乐观主义，与叔本华的悲观主义截然相反，表现在男性生殖器中的生存意志是欢乐：思想和行动的根源应该在男性生殖器中，否则就是空洞的、机械的、贫瘠的概念。纯粹的性欲周期是不够的，因为它回到内在性中：它是死亡的同义词，但这种割裂的实在：性和死亡，胜过与变成腐殖土的肉体相分离的存在。男人不仅仅像安泰俄斯一样，需要不时重新与土地接触；男人的生命应该全面表现出阳刚气，它直接提出和要求女人；女人既不是消遣，也不是猎物，她不是面对主体的客体，而是相反一极的存在所必不可少的一极。不了解这个真理的男人，例如拿破仑，错失了他们的命运：他们是失败

---

① 见《夏至集》第312页。——原注

者。个体不是通过确定其特殊性，而是通过尽可能激烈地实现普遍性才能得救： 不管是男性还是女性，都绝不应该在肉欲关系中寻找自身骄傲的胜利，或对自我的颂扬；像利用意志的工具一样利用性器官，是不可弥补的错误；应该粉碎自我的障碍，超越意识的限制本身，抛弃一切个人的至高无上。没有什么比表现一个正在分娩的女人的塑像更美的了："一个空虚得可怕、尖锐的、在感受的重负下变成抽象的，直至毫无意义的形象。"① 这种迷醉状态既不是牺牲，也不是舍弃；两性的任何一方都不让对方吞没；男人和女人都不应该像一对配偶的碎片那样呈现；性器官不是一个伤口；每一个都是完整的存在，是完美的一极；当一方确信其阳刚气时，另一方则确信其阴柔美，"每一方都成功地达到性别两极连通的完美"② ；性行为不是任何一方的吞并或投降，而是一方促成另一方的完美实现。当厄秀拉和伯金终于相遇时，"他们彼此间给予这种星体之间的平衡，唯有这种平衡才能称做自由……她对他的关系就是他对她的关系，这是神秘的、可触知的另一个实体自古以来就有的华美"③ 。一对情侣彼此进入到情欲的剧烈痛苦中，也就进入到他者，进入一切。保罗和克拉拉在产生爱情时也是这样④ ： 对他来说，她是"强有力的、古怪的、粗野的生命，与他的生命混合在一起。力量远远大过他们，以至他们陷于沉默。他们相遇了，在他们的相遇中，混合着无数根草的生命冲动和繁星的旋转"。查特莱夫人和梅勒斯达到了同样的宇宙般广大的欢乐： 他们彼此交融，同时与树木、阳光、雨水融汇。劳伦斯在《为查特莱夫人辩护》中进一

---

① 见《恋爱中的女人》。——原注
② 同上。——原注
③ 同上。——原注
④ 见《儿子与情人》。——原注

步发展了这个理论："婚姻如果不是持续地和彻底地崇拜男性生殖器，如果不是与太阳、大地、月亮、星辰、行星、岁月的节奏、季节和年份的节奏、五年祭和世纪的节奏联结在一起，那么婚姻就只是一个幻象。婚姻如果不是建立在血液的联系上，那么就什么也不是。因为血液是心灵的实质。""男女的血液是两条永远不同的河流，不能混同。"因此，这两条河流弯弯曲曲绕着整个生命流淌。"男性生殖器是一腔热血，充满女人的血谷。男性强大的血河在最深处围绕着女人的血河……但这两条河流的任何一条都不冲决堤坝。这是最完美的融合……这是最大的秘密之一。"这种融合是一种奇迹般的充实，但它要求取消"个人"的奢望。当个人力求互相到达又互不否认时，由于一般说来是在现代文明中，他们的企图便注定失败。于是有一种"个人的、清白的、冰冷的、神经质的、诗意的"性欲，这会使每个人的生命之流软弱无力。情侣把对方看成工具，这就在他们之间产生仇恨：查特莱夫人和迈克利斯就是这样；他们封闭在自己的主体性中；他们经历类似酒精或鸦片带来的那种狂热，但这种狂热是没有对象的：他们发现不了另一方的实体；他们什么也达不到。劳伦斯会把科斯塔尔判决为无药可救。他在杰拉德①身上描绘了这类骄傲而自私的男性中的一个；杰拉德要为他与古娟一起陷入的苦难负绝大部分责任。他爱动脑筋，意志坚强，在空洞地确定自我中自得其乐，顶住生活的艰难：为了驯服一匹烈性母马的乐趣，他把这匹母马硬顶在栅栏上，一列火车在栅栏后面轰隆隆驶过，他把母马难对付的腹部都卡出血来，沉醉于自己的能耐中。这种控制的意志，贬低女人，对女人施加压力；她由于软弱，变成了奴隶。杰拉德俯身对

---

① 见《恋爱中的女人》。——原注

着米内特："这个被奸污的奴隶的存在理由，就是持续不断地被奸污，她简单的目光使杰拉德的神经颤动……他的意志是唯一的意志，她是他的意志的被动实质。"这是一种可悲的主宰欲；如果女人只是一种被动实质，男性主宰的东西就什么也不是。他以为在夺取，在充实自己：这是一种诱饵。杰拉德把古娟紧抱在怀里："她是他的存在所宠爱的丰富实质……她融化在他身上，他达到完美。"一旦他离开她，他便重新变得孤独和空虚；第二天，她不来幽会。如果女人是强有力的，男性的企图在她身上会激起对称的企图；她受到迷惑，又桀骜不驯，时而变成受虐狂，时而变成虐待狂。当古娟看到杰拉德将发狂的母马腹部夹紧在大腿之间时，她惶惶然不知所措；当杰拉德的奶娘向她叙述从前"她捏他的小屁股"时，她也感到惶惶然。男性的狂妄自大激发了女性的反抗。厄秀拉被伯金性欲的纯洁所征服和挽救，就像猎场看守人对查特莱夫人所做的那样，杰拉德却把古娟拖进一场没有出路的斗争中。一天夜里，不幸的他被丧事压垮了，倒在她的怀抱里。"她是生活的大浴场，他爱她。她是一切事物的母亲和实质。她的乳房温柔的、奇迹般的分泌物，像有治疗奇效的淋巴液，像能使人镇静的生命之流，渗入他干枯的、有病的脑子，他像重新沐浴在母亲怀抱中一样感到完美无缺。"这一夜，他预感到跟女人结合是什么样的，但是太晚了，他的幸福变质了，因为古娟并没有真正地出现；她让杰拉德睡在她的肩上，而她始终未合眼，很不耐烦，心已离去。这是对折磨自身的人的惩罚：他不能独自除去他的孤独；在竖起自我的障碍的同时，他竖起了他者的障碍：他永远不会同他者汇合。最后，杰拉德死了，是古娟和他自己害了他。

因此，两性中任何一个一开始都没有特权。任何一个都不是主体。女人不是一个猎物，更不是一个普通的借口。马尔罗^① 指出，和印度人不同，对劳伦斯来说，女人和风景不同，并不是与无限接触的机会： 这是以另一种方式把她变为一个客体。她像男人一样是真实的；必须达到的是真正的结合。因此，劳伦斯赞同他的主人公对他们的情人所要求的不止是献身： 保罗不接受米丽安以温柔的牺牲方式献身给他；伯金不愿意厄秀拉仅仅在他的怀抱里寻求乐趣；封闭在自身中的女人，不管是冷漠的还是热烈的，都让男人处在孤独中： 他应该赶走她。两个人必须身心相许。如果这献身完成了，他们就应该永远对对方忠实。劳伦斯是一夫一妻制的拥护者。只有在关注人的特殊性的情况下，他才在其中寻找多样性，但崇拜男性生殖器的婚姻是建立在普遍性的基础上的。当阴阳的沟通确立时，任何改变的愿望都是不可想象的： 这是一种完美的、自我封闭的、确定的沟通。

　　互相献身，互相忠实，就真的是互相承认占据统治地位了吗？远非如此。劳伦斯狂热地相信男性至高无上。"崇拜男性生殖器的婚姻"这个词本身，在性和男性生殖器之间划等号，便足以证明这一点。在神秘地结缔的两股血流中，男性生殖器的血流占据优势。"男性生殖器用做这两条河流的纽带： 它把两种不同的节奏结合成只有一条河流。"因此，男人不仅是夫妻关系中的一方，而且是他们的关系；他是他们的超越： "通往未来的桥梁就是男性生殖器。"劳伦斯想以男性生殖器的崇拜代替母亲—女神的崇拜；当他想阐明宇宙的性别本质时，他提出的不是女人的肚子，而是男人的阳刚特征。他几乎从来不描绘被女人弄得神魂颠倒的男人，但他上百次指出女人受到男性热烈的、微妙的、暗示的召唤，暗地里心潮

---

① 《〈查特莱夫人的情人〉序》。——原注

澎湃；他的女主人公是漂亮和健康的，但不会令人神魂颠倒；而他的男主人公是令人不安的动物。是雄性动物体现生命局促不安的和强有力的神秘；女人受到它的诱惑：这一个女人受到狐狸的引诱，那一个女人爱上一头种公马，古娟狂热地向一群年轻的公牛挑战；她被一只兔子倔强的活力弄得心神不安。社会特权加入到这种宇宙特权之中。无疑是因为男性生殖器的血流是狂热的，咄咄逼人的，因为它跨至未来——劳伦斯对此只做了不完全的解释——"举着生命的旗帜向前"① 的正是男人；他趋向于目的，他体现超越性；女人沉溺于自己的情感，她整个是内在的；她注定属于内在性。男人不仅在性生活中扮演积极的角色，而且正是通过他，性生活才被超越；他扎根于性欲世界中，但他从中逃逸出来；她却封闭在其中。思想和行动植根于男性生殖器中；缺少男性生殖器，女人对思想也好，对行动也好，都没有权利了：她可以扮演男人的角色，甚至扮演得很出色，但这是一种不真实的游戏。"女人的吸力往下，往地心。她的深邃的极性是朝下流动，是月亮的引力。相反，男人的极性是往上，往太阳和白天活动。"② 对女人来说，"最深邃的意识潜伏在她的腹部和腰部……如果她转身向上，一切都会崩溃。"③

在行动方面，男人应该是倡导者，积极的一方；女人在情感方面是积极的一方。因此，劳伦斯恢复了博纳尔、奥古斯特·孔德、克莱芒·沃泰尔的资产阶级传统观点。女人应该将自己的生存依附于男人的生存。"她应当相信你身上的、你趋向于的深邃目的。"④ 于是男人会给予她无限的温存和感激。"啊！当女人信任你，接受让

① 见《下意识的想象》。——原注
② 同上。——原注
③ 同上。——原注
④ 同上。——原注

你的意图超越她的时候，回到家里呆在妻子身边是多么温馨啊……你会对爱你的女人感到无尽的感激……"① 劳伦斯还说，为了对得起这忠诚，男人必须真正地怀有一个杰出的意图；如果他的计划只是一个骗局，夫妻便陷入可笑的欺骗中，还不如封闭在女性的循环中：爱情和死亡，就像安娜·卡列尼娜和沃伦斯基，嘉尔曼和唐何塞那样，而不要像皮埃尔和娜塔莎那样互相欺骗。除了这一点保留，劳伦斯所宣扬的是按照蒲鲁东、卢梭的方式实行一夫一妻制，女人从丈夫那里证实她的存在的合理性。劳伦斯反对期待颠倒角色的女人，口吻像蒙泰朗一样充满仇恨。她要放弃扮演伟大的母亲，放弃掌握生活的真理；她夺取和吞噬，将男性割裂，使他重新陷入内在性之中，偏离他的目的。劳伦斯远远没有诅咒母性，恰恰相反；他很高兴有肉身，他接受自己的出生，他敬爱他的母亲；在他的作品中，母亲以真正女性的光辉榜样出现；她们是纯粹的忘我，绝对的宽宏，她们的全部活力都放在孩子身上：她们乐意让孩子变成一个男人，她们为此而骄傲。但必须警惕这样的自私情人，她想把男人重新拖回到童年去；她毁掉男性的冲动。"作为女性行星的月亮，把我们向后拖去。"② 她不断谈论爱情，但对她来说，爱是攫取，是填满她在自己身上感到的空虚；这种爱接近仇恨；赫曼尼就是这样，她忍受着可怕的缺陷的痛苦，因为她从来不知道献身，却想吞并伯金；她失败了；她想杀死他，她打他时感到的肉欲迷醉，与快感的痉挛相同。③ 劳伦斯憎恨现代女性，认为她们是要求意识的赛璐珞和橡胶的合成物。当女人有了性的觉醒时，她便"行

---

① 见《下意识的想象》。——原注
② 同上。——原注
③ 见《恋爱中的女人》。——原注

走在生活中，以完全理智的、服从机械意志的命令的方式行动"①。他不让她具有自主的性欲；她生来是为了献身，而不是为了夺取的。通过梅勒斯的口，劳伦斯发出了对女同性恋者的憎恨。他也谴责面对男人保持超脱或咄咄逼人态度的女人；当米丽安抚摸保罗的胁部，对他说"你很漂亮"时，保罗感到被伤害，十分气愤。古娟像米丽安一样，当她迷醉于情人的俊美时，也犯了错误：这种凝视使他们分离，就像冰冷的女知识分子的讽刺一样，她们认为阴茎微不足道，或者男人的这种运动可笑；狂热地追求快感也同样要受指责：有一种激烈的孤独的性快感也导致隔阂，女人不应该追求它。劳伦斯描绘了许多独立的、有统治欲的女人肖像，她们错过了女性的使命。厄秀拉和古娟属于这一类人。开始，厄秀拉是一个缠住男人不放的女人。"男人应该献身于她，不留一丝一毫……"②她要学会控制自己的意志。古娟则很固执；她喜欢思考，是个艺术家，强烈地羡慕男人的独立和行动自由；她坚持要将自己的个性保持原封不动；她想为自己活着；她爱讽刺人，占有欲强，会永远封闭在自己的主体性中。最能说明问题的形象是米丽安，因为她最少矫揉造作。③杰拉德要为古娟的失败负部分的责任；面对保罗，米丽安独自扛着不幸的重负。她也想成为一个男人，而她憎恨男人；她不能忍受自己处在普遍性之中；她想"特立独行"；生活的广阔潮流没有从她身上越过，她可以像一个女巫或者像一个女祭司，从来不像一个酒神的女祭司；只有当她在心灵中重新创造出某些事物，给予它们一种宗教的价值时，她才被它们所感动：这种狂热本身使她与生命分

---

① 见《下意识的想象》。——原注
② 见《恋爱中的女人》。——原注
③ 见《儿子与情人》。——原注

离；她是富有诗意的、神秘的、不适应环境的。"她过分努力，反而作茧自缚……她不笨拙，但她从来做不出得体的动作。"她寻求内心的欢乐，现实使她害怕；肉欲使她害怕；当她同保罗睡觉时，她的心独自呆在一边，处在恐惧中；她始终是意识，而不是生命；她不是一个女伴；她不同意与情人融合；她想把他吸收到自己身上。他对这种意愿感到气愤，当他看到她抚摸花朵时，他开始大发雷霆；可以说她想夺走花的心；他侮辱她："你是一个爱情的乞丐；你不需要爱，但需要被爱。你想充满爱，因为你缺少某样东西，我不知道是什么。"性不是为了填满空虚；它应该是一个完美的人的表现。女人称之为爱情的东西，是在她们希望夺取的男性力量面前她们的热望。保罗的母亲对米丽安做了这样清晰的思考："她想要他的一切，她想从他身上抽取出他，把他吞掉。"当她的朋友生病时，她很高兴，因为她能够照料他；她想服侍他，但这是一种将她的意志强加给他的方式。因为她仍然与他分隔开，她在保罗身上激起"一股如同发烧一般的热情，就像鸦片所起的作用"，可是她不能给他带来快乐和平静；从她的爱情中，在她的内心，"她憎恨保罗，因为他爱她，控制着她"。因此，保罗离开她。他在克拉拉那里寻找平衡；克拉拉漂亮、活跃、像只小动物，毫无保留地献身；一对情人达到超越彼此的迷醉时刻，不过克拉拉并不懂得这个事实。她以为这种欢乐归于保罗本人，归于他的特殊性，她希望把他据为己有；她无法留住他，因为她也希望他的一切全部属于她。一旦爱情个体化，它就变成自私、贪婪，性爱的奇迹消失了。

女人必须抛弃个人的爱；无论梅勒斯还是西普里亚诺，都不愿意对他们的情人说情话。泰蕾莎是个典范的女人，当凯特问她，她爱不爱雷蒙时，她愤怒了。① 她回答："他是我的生命。"她同意向他献身，这跟爱情是两码事。女人应该像男人一样，去掉一切骄傲和一切意志；如果她对男人来说体现了生命，他对她而言也体现生命；查特莱夫人只有在认识到这个真理时，才找到平静与欢乐："她会放弃女性严厉而耀眼的权力，这种权力使她疲乏和严酷无情，她会投入到生活的新沐浴中，投入到发出恋爱的无声之歌的内脏深处"；这时，她沉浸在酒神女祭司的迷醉中；她盲目地顺从她的情人，在他的怀抱中忘却自身，同他构成和谐的一对，与风雨、树木、春天的花朵融洽无间。同样，厄秀拉在伯金的手中舍弃了她的个性，他们达到"繁星之间的平衡"。《羽蛇》尤其反映了劳伦斯完整的理想。因为西普里亚诺是"举着生活的旗帜向前"的人之一；他有一个全身心投入的使命，在他身上，阳刚气自我超越和自我颂扬，直至神化：如果他把自己尊为神，这不是欺骗；这是因为凡是十足的男子汉都是神；因此，他值得一个女人绝对忠诚。凯特充满西方人的偏见，先是拒绝这样的从属地位，她坚守自己的个性和有限的存在，但逐渐地她让生活的广阔潮流渗入体内，她把身心都献给了西普里亚诺。这不是奴隶的投降：在做出与他呆在一起的决定之前，她要求他承认他需要她；他承认了，因为事实上，女人对男人是必不可少的；于是她同意今后只做他的女伴；她接受他的目的、他的价值、他的天地。这种顺从表现在情欲本身之中；劳伦斯不希望女人在寻求快乐时显得拘谨，不希望由于使她颤动的痉挛而与男性分开；他故意不让她有性高潮；当西普里亚诺感到在她身上这种神经性的性欲高潮快要来临时，他便与凯特分开；她自己也放弃了这种性欲的自主。"她的女人的强烈意志和她的欲望，在她

① 见《羽蛇》。——原注

身上平息下来，烟消云散，让她感到十分温馨和顺从，就像温泉从地底无声地涌出，然而其暗藏的力量又是这样积极和强大。"

我们明白为什么劳伦斯的小说被看做"女子教育"了。女人比起男人来说，服从宇宙秩序要无比困难得多，因为男人是以自主的方式服从，而女人需要男性做中介。当他者采取外来意识和外来意志的面目时，确实有投降的成分；相反，自主的顺从，尤其酷似权威的决定。劳伦斯的男主人公要么一开始受谴责，要么一开始，他们便掌握智慧的秘密。① 他们对宇宙的顺从早就完成，他们从中获得那么强的信心，以至他们显得像高傲的个人主义者那样狂妄；有一位神灵通过他们的口在说话：这就是劳伦斯本人。而女人应该在她们的神的面前俯首听命。即令男人是男性生殖器而不是脑子，具有阳刚气的男人仍然保持其特权；女人不是恶，她甚至是善的，但要从属于男人。劳伦斯给我们提供的仍然是"真正的女人"的理想，就是说毫无保留地接受他者身份的女人的理想。

三　克洛岱尔和主的女仆

克洛岱尔的天主教独创性，在于这是一种极其执著的乐观主义，甚至使恶本身转成了善。

> 同样的恶
> 包含着不容任其失去的善。②

---

① 除了《儿子与情人》中的保罗，他是最生动的人物。但这是唯一向我们展示男性成长的小说。——原注
② 见《正午的分界》。——原注

克洛岱尔自然采用造物主的观点——因为人们设想造物主是无所不能的、无所不知的和仁慈的——赞成一切创造；要是没有地狱和罪恶，便不会有自由和得救；当天主让这个世界从虚无中出现时，已经预先设想了犯罪和赎罪。在犹太人和基督徒看来，夏娃不听话导致她的女儿们处于不利的状况中：众所周知，教父们是多么恶劣地对待女人。相反，如果承认她为神的意图服务，那么她便得到谅解。"女人啊！过去，在人间乐园，她用不听话为天主效劳；在她和天主之间建立了这种深深的和睦；她通过堕落以肉体去赎罪！"① 无疑，她是罪恶之源，正是因为她，男人失去了天堂。但是，人们的罪被赎回了，这个世界重新得到祝福：

> 我们根本没有离开天主起先安置我们的天上乐园。②
> 整个大地是乐土。③

凡是出自天主之手、被施予的东西，自身不会是坏的："我们正是以天主的全部作品向天主祈祷！凡是他创造的东西，都不是无用的，不会与别的东西格格不入。"④ 甚至没有任何东西是不必要的。"他创造的所有东西都相通，同时彼此是必不可少的。"⑤ 因此，女人在宇宙的和谐中有她的位置，但这不是随便哪个位置；有一种"古怪的激情，在撒旦眼里，这是引诱人犯罪的激情，它将永恒和虚无这朵短暂开放的花联结起来"⑥。

---

① 见《索菲的艳遇》。——原注
② 见《三声部大合唱》。——原注
③ 见《在卢瓦一谢尔的谈话》。——原注
④ 见《缎子鞋》。——原注
⑤ 见《向圣母报信》。——原注
⑥ 见《索菲的艳遇》。——原注

女人无疑会是毁灭性的：克洛岱尔在勒希[1]身上表现了把男人引向毁灭的坏女人；在《正午的分界》中，伊泽毁掉她在自己爱情的陷阱中捕获的男人的生活。但如果没有这种毁灭的危险，也就不存在得救。女人"是天主故意引入自己神奇创造中的危险因素"[2]。男人经历肉体的诱惑是好事。"正是我们身上的这个敌人，给予我们的生命戏剧性的因素，这是刺激性的因素。如果我们的心灵不是受到这样激烈的打击，它就会沉睡，而现在它扑扑乱跳……这一斗争正是胜利的初习阶段。"[3] 不仅通过精神的道路，而且通过肉体的道路，男人受召唤去意识到自己的心灵。"为了告诉男人，还有什么肉体比女人肉体更加强有力呢？"[4] 凡是让他摆脱睡眠和安全的东西，对他都是有用的；爱情不管以什么形式呈现，都具有这种品性，它出现在"我们个人的小天地中，这个天地是由我们平庸的理性安排的，就像一个极端的捣乱因素"[5]。往往女人只是一个靠不住的幻想供给者：

> 我是不会被遵守的诺言，我的恩惠就在其中。
> 我是带着不存在事物的遗憾而存在的温柔。我是带着错误面孔的真理，谁爱我都根本不用考虑要分清这两者。[6]

但是幻想也起到作用；这正是守护天使对普鲁埃兹夫人所宣布的：

---

① 见《交换》。——原注
② 见《索菲的艳遇》。——原注
③ 见《朝阳中的黑鸟》。——原注
④ 见《缎子鞋》。——原注
⑤ 见《立场和建议》。——原注
⑥ 见《城市》。——原注

"甚至罪孽！罪孽也能效劳。"

"因此，他爱我是好的喽？"

"你教会他有欲望是好的。"

"幻想的欲望吗？总是离他而去的影子般的欲望吗？"

"对存在事物的欲望，对不存在事物的幻想。通过幻想，欲望是通过不存在事物的存在事物。"①

通过天主的意志，普鲁埃兹以往对罗德里格来说就是：

穿过他的心的一把长剑。②

但女人不仅仅是天主手里的这把剑，这种灼伤；这个世界的善不是命定地遭到拒绝的：它们也是一种养料；男人必须统统接受，并据为己有。对他来说，心爱的女人体现了世间一切可以感触的美；她在他的嘴唇上是一首崇拜的赞歌。"您多么美啊，维奥莱娜，您所在的这个世界是多么美啊。"③

站在我面前的这个女人是什么样的？她比风的气息更温柔，宛若穿过嫩叶的月光……看，她如同新生的蜜蜂，展开还很嫩弱的翅膀，如同一只高大的牝鹿，如同一朵不晓得自身多么美丽的鲜花。④

让我呼吸你的香气，当大地闪闪发亮，像祭坛被水洗过，

---

① 见《缎子鞋》。——原注
② 同上。——原注
③ 见《向圣母报信》。——原注
④ 见《少女维奥莱娜》。——原注

长出黄色和蓝色的花朵时，你的香味就像大地的芬芳，

　　有如夏天发出麦秸和草的香气，有如秋天的香气……①

　　她概括了整个大自然：玫瑰和百合、星星、果实、鸟儿、风、月亮、太阳、喷泉，"在正午的阳光下大港口轻微的嘈杂声"②。她有过之而无不及：是个同类。

　　然而，这一回，对我来说，在黑夜的流沙中，这个亮点完全不同于一颗星星，

　　像我一样的某个人……③

　　你将不再是单独一个人，但是在你内心，同你在一起，总是那个忠诚的女人。有个永远属于你的人，再也不会被夺走，她是你的妻子。④

　　有个人倾听我说的话，并且信赖我。

　　一个嗓音低沉的伙伴把我们抱在怀里，向我们保证，他是一个女人。⑤

　　男人全心全意把她搂在自己的心房上，在这片土地上找到他的根，自我实现。

　　我获得这个女人，这就是我的尺度和我的那一部分

---

① 见《城市》。——原注
② 见《缎子鞋》。——原注
③ 同上。——原注
④ 见《城市》。——原注
⑤ 见《硬面包》。——原注

土地。①

她抱起来不轻，但男人生来就不受约束：

　　瞧，愚蠢的男人看到这个荒诞的人，这个沉甸甸的、笨重
的大家伙同他在一起感到很吃惊。
　　那么多的衣服，那么多的头发，干什么用的？
　　他再也不能，他再也不想摆脱她。②

这是因为这个负担也是一个宝库。维奥莱娜说："我是一个巨
大的宝库。"
　　相应地，女人正是通过献身给男人，完成了她在人间的命运。

　　因为做一个女人，如果不是为了被采摘，那么还有什么
用呢？
　　这朵玫瑰如果不是为了被吞噬，有什么用呢？她一旦生
出来，
　　如果不是属于另外一个人，成为一头强壮雄狮的猎物，又
有什么用呢？③
　　我们只有在他的怀抱里才是一个女人，只有在他的心里才
是一杯美酒，我们能做什么呢？④
　　但是你——我的心灵说：我不是生来无用的，那个被召

---

① 见《城市》。——原注
② 见《正午的分界》。——原注
③ 见《三声部大合唱》。——原注
④ 同上。——原注

唤来采摘我的人是存在的！

　　啊，这颗等待着我的心！对我来说，充满它是多么快乐啊。①

　　当然，男女的结合，应该在天主的面前完成；它是神圣的，处在永恒中；它应该获得意志的深层运作的赞同，不会被个体的任性所打断。"爱情，两个自由人给予彼此的赞同，在天主看来是一件非常重大的事，以至他使这结合成为神圣的事。处处都一样，圣事使仅仅是心灵的崇高愿望成为现实。"② 还有：

　　婚姻不是快乐，而是牺牲快乐，这是两颗心灵的考察，它们为了自身之外的一个目的，而且今后永远
　　要互相满足。③

　　通过这个结合，男女要互相给予的不仅是快乐，而且每个人将拥有他（她）的存在。"这个在我心灵内的心灵，他会找到它！……是他来到我身边，向我伸出了手……他是我的爱好！怎么说呢？他是我的起源！因为他和为了他，我才来到世上。"④

　　我自身的一部分，我原以为它并不存在，因为再说我心有旁骛，没有考虑过它。啊，天主，它是存在的，它可怕地活着。⑤

------

① 见《三声部大合唱》。——原注
② 见《立场和建议》第二卷。——原注
③ 见《缎子鞋》。——原注
④ 见《托比和萨拉之书》。——原注
⑤ 见《受辱的父亲》。——原注

对于那个他使之变得完整的人来说，他显得是必不可少的，他存在的合理性得到证明。普鲁埃兹的天使说："你在他身上是必不可少的。"罗德里格则说：

因为死亡如果不再是必要的，那么该称作什么？

她什么时候能够不需要我呢？我什么时候对她来说不再是这样的人：没有我，她不能成为自身呢？①

据说，在生活以及同他人的神秘关系之外，不会形成心灵。

但我们俩，超过这一点，随着你说话，我存在；在这两个人之间有同样的回应。

当别人为我们做准备时，奥里昂，我想，在你身上还储存着一点物质，我正是由这些你缺少的东西做成的。②

在这种必要的美妙结合中，天堂重新找到了，死亡被战胜了：

这个人由男人和女人重新合成，这个曾存在于天堂的人。③

我们俩只能通过彼此才能成功地摆脱死亡。

紫色如果同橘黄色融合，就能得出纯正的红。④

最后，每个人以别人的面目达到完全状态的他者，即天主。

---

① 见《缎子鞋》。——原注
② 见《受辱的父亲》。——原注
③ 见《圣徒之页》。——原注
④ 见《缎子鞋》。——原注

我们互相给予的，是不同形式的天主。①

如果起初你没有在我的眼睛里看到他，你会那么盼望上天吗？②

啊！不要再做女人，让我在你的脸上终于看到这个天主，你是无法容纳他的。③

对天主的热爱在我们身上召唤着生物那种本能，召唤着这种感觉：我们本身是不完美的，我们获得的至善，是在我们身外的某个人。④

因此，每个人在别人身上都找到人世生活的意义，还有这种生活贫乏的无可争辩的证明：

既然我不能给予他天堂，至少我能让他摆脱大地。只有我能够根据他的欲望给他提供部分东西。⑤

我向你要求的是，我想给你的是，不是暂时的东西，而是永恒的东西。⑥

然而，女人的作用和男人的作用不是恰好对称的。在社会方面，男人有明显的优势。克洛岱尔相信等级制，尤其是家庭中的等级：丈夫是家长。安娜·韦科尔主宰着她的家。唐佩拉热自认为是园丁，被赋予照管这棵脆弱的植物，即普鲁埃兹夫人的任务；他给

---

① 见《圣徒之页》。——原注
② 同上。——原注
③ 见《缎子鞋》。——原注
④ 见《立场和建议》第一卷。——原注
⑤ 见《缎子鞋》。——原注
⑥ 见《受辱的父亲》。——原注

她一个使命，她想不到要拒绝。仅仅作为男性这一事实，便给以特权。西涅问道："我是谁，可怜的姑娘，竟敢跟我家族的男性相比？"[1] 是男人在耕种田地，建造大教堂，用剑战斗，探索世界，征服土地，行动和做事。天主在人间的意图通过他来完成。女人只作为助手出现。她要安分守己，耐心等待，维持现状：

> "我安于现状，长守于斯，"西涅说。

她保卫库封塔纳的遗产，当他在远方为事业而战时，她誊清账目。女人给战斗者带来希望："我带来不可抗拒的希望。"[2] 还有怜悯：

> 我怜悯过他。因为当他转身寻找他的母亲时，和转向受侮辱的妻子不同，
> 处在一种信赖和耻辱的精神状态中。[3]

金头临死时喃喃地说：

> 这是受伤者的勇气，衰弱者的支持，
> 垂死者的陪伴……

不管女人是否了解处在虚弱状态中的男人，克洛岱尔也没有责备她；相反，他感到在蒙泰朗和劳伦斯的男性骄傲是亵渎行为。男

---

① 见《人质》。——原注
② 见《城市》。——原注
③ 见《交换》。——原注

人自知有肉欲和可鄙，并没有忘却自己的来源和与此相应的死亡，这是好的。凡是妻子都能说出玛尔特的这番话：

> 不错，不是我生出了你。
> 但我在这里是为了向你重新要求生命。由此，男人面对女人，产生
> 这种意识的混乱，就像面对债主一样。①

但这种弱点要在力量面前屈服。在婚姻中，妻子献身给丈夫，丈夫要为她负责：拉拉面对克弗尔躺在地上，他把脚踩在她身上。妻子对丈夫的关系，女儿对父亲的关系，姐妹对兄弟的关系，是从属的关系。西涅在乔治掌握中所起的誓，是骑士对君主所起的誓。

> 你是头儿，而我呢，是看守火堆的可怜的女预言者。②
> 让我像一个新骑士那样起誓吧！我的老爷啊！我的兄长啊，让我在你的掌握中
> 像一个发愿的修女那样起誓吧，
> 我的家族的男性啊！③

忠实、光明磊落，是封臣最重要的品德。作为女人，温柔、谦卑、忍让，她以家族、子孙的名义而自豪、百折不回；骄傲的西涅·德·库封塔纳和金头的公主就是这样，后者肩上扛着她被暗

---

① 见《交换》。——原注
② 见《人质》。——原注
③ 同上。——原注

杀的父亲的尸体，接受孤独和粗俗生活的悲苦，以及耶稣受难般的痛苦，在金头临终时帮助他，然后死在他身边。因此，在我们看来，女人时常是调停人、中介人：她是听从末底改命令的以斯帖①，是服从司祭的犹滴；她的体弱、她的胆怯、她的羞耻心，她都能通过对自己的事业的忠诚去克服，因为这事业是她的主人的事业；她在自己的忠诚中汲取力量，使她成为最宝贵的工具。

在人性这方面，她仿佛是从附属本身汲取她的尊严。但是在天主看来，她是完全自主的人。对男人来说，存在是超越，而对女人来说，存在是维持，这只是从人间的角度看来，才在他们之间建立起差异：无论如何，超越不是在人间，而是在天主那里完成的。女人和天主的联系，就像与她的伴侣那样直接的，甚至更加亲密、更加秘密的联系。正是通过男人——还是一个教士——的声音，天主对西涅说话；维奥莱娜在她孤独的心中听到天主的声音，而普鲁埃兹只同守护天使打交道。克洛岱尔最崇高的形象是女人：西涅、维奥莱娜、普鲁埃兹。在他看来，部分是由于神圣在于遁世。女人不那么投入到人类的计划中，她少一点个人的意志：她生来是为了献身的，不是为了夺取的，更接近完美的忠诚。对人间欢乐的超越正是通过她进行的，这种欢乐是合法的，美好的，但牺牲这种欢乐更加美好。西涅做出牺牲是出于一个确定的理由：救出教皇。普鲁埃兹先是逆来顺受，因为她对罗德里格的爱是被禁止的：

> 你想让我将一个通奸的女人重新投入到你的怀中吗？……
> 我可能只不过是不久后将死在你的心窝上的一个女人，而不是

---

① Esther，《圣经》中的人物，犹太美女，她嫁给国王，使犹太人免遭大臣哈曼的威胁，并让她的堂兄弟末底改取代哈曼。

你渴望的那颗永恒的星星。①

但当这爱情可以解除禁忌时，她却不想做任何尝试，要在这个世界上实现爱情。因为天使对她喃喃地说：

普鲁埃兹，我的姐妹，你是沐浴在天主光辉中的孩子，我向你致敬，

这个天使们注视的普鲁埃兹，不知道他在注视着她，你塑造出来是为了把她给予他。②

她是人，她是女人，她不会逆来顺受而没有反抗：

他不会经历我具有的这种爱好！③

但是她知道，她同罗德里格真正的婚姻只有在她拒绝的情况下才能实现：

当再也没有任何办法逃遁的时候，当我要永远固定在这不可能成功的婚姻中的时候，当再也没有办法摆脱我强有力的肉体发出的喊声和这无情的空虚的时候，当我向他证明他的虚无和我的虚无的时候，当他的虚无中再也没有我的虚无不能够证实的秘密的时候。

正是这时，我把赤裸的和心碎欲裂的他献给天主，让天主

---

① 见《缎子鞋》。——原注
② 同上。——原注
③ 同上。——原注

在雷霆中充实他的身体，正是这时，我将拥有一个丈夫，将一个神抱在我的怀里。①

维奥莱娜的决心更加神秘，更加无目的；因为当她有可能和她所爱的、也爱着她的男人合法结合时，她选择了麻风和失明。

　　雅克，也许
　　我们过于相爱，以至我们互相属于反而不对，互相属于反而不好。②

女人这样古怪地献身于神圣的英雄主义，主要是因为克洛岱尔仍然是以男性的观点去看待她们。当然，从性别互为补充的观点看来，两性都体现他者；但从他的男性观点看来，无论如何，女人往往显得像绝对的他者。有一种神秘的超越，"我们知道，我们通过自身是无能为力的，由此，女人对我们具有的这种魅力，相当于天恩的力量"③。我们在这里只代表男性，而不是人类，面对男人的不完美，女人是无限的召唤。在某种意义上，这里有一种从属的新准则：通过与圣人结合，每个人都是其他所有人的工具；但女人更确切地是男人得救的工具，而不会出现相反的情况。《缎子鞋》是描写罗德里格得救的史诗。悲剧以他的兄弟为他向天主所做的祈祷开始，以普鲁埃兹引导罗德里格达到神圣的死而结束。从另一种意义上说，女人由此获得最高的自主：因为她的使命内化于她身上，她让男人得救，或者充当男人的榜样，在孤独中实现自己

---

① 见《缎子鞋》。——原注
② 见《少女维奥莱娜》。——原注
③ 见《缎子鞋》。——原注

的得救。皮埃尔·德·克拉翁向维奥莱娜预言她的命运，他在她心里采集她的牺牲的美妙果实；他当着大教堂里男人的面赞美她。维奥莱娜没有别人援助就实现了得救。在克洛岱尔的作品中，有一种女人的神秘主义，与但丁面对贝雅特里齐的神秘主义、与诺斯替教派的神秘主义、与圣西门传统将女人称做生殖者的神秘主义相似。由于男人和女人同样是天主的创造物，天主也给女人自主的命运。因此，女人由于成为他者——我是天主的使女——而成为主体；她在自为存在中作为他者出现。

《索菲的艳遇》中有一篇文字几乎概括了克洛岱尔所有的观点。我们读到，天主给予女人"这副面孔，不管这面孔多么遥远和变形，它是女人某种完美的形象。他让它具有魅力。他将结束和起点放在一起。他让她拥有他的意图，能给男人具有创造力的睡眠，她也在这睡眠中被孕育。她是命运的支柱。她是赠与。她是占有的可能性……她是不断地把造物主与他的作品联结起来的这种感情纽带的基石。她包含着他。她是观察和行动的灵魂。可以说，她同他分享耐心和创造的能力"。

在某种意义上，女人似乎不能得到更多的赞美了。但说到底，克洛岱尔只是诗意地表达稍稍现代化的天主教传统。人们一直认为，女人的人间使命丝毫无损于她超自然力的自主权；但是反过来，天主教徒承认她有这种自主权的同时，也认为自己被允许在这个世界上保留男性的特权。男人在天主身上赞美女人，而在人间把她当做女仆来对待：甚至越是要求她完全顺从，就越是使她走向得救的道路。忠于孩子、丈夫、家庭、领地、祖国、教会，这是她的命运，资产阶级总是给她指定这个命运；男人贡献他的主动性，女人贡献她本人；以神意的名义使这等级神圣化，这一点没有改变等级，相反，是企图让等级永远固定不变。

四　布勒东或者诗歌

尽管在克洛岱尔的宗教世界和布勒东的诗歌天地之间隔开一个深渊，但他们给女人所指定的角色却有相同点：女人是一个干扰因素；她把男人从内在性的睡眠中拉出来；入口、钥匙、门、桥梁，这是启迪但丁到天国去的贝雅特里齐。"如果我们稍微观察一下感情世界，那么会发现男人对女人的爱情，坚持以巨大的、浅黄褐色的花朵填满天空。对于总是感到需要相信自身呆在可靠之地的人来说，爱情始终是最可怕的绊脚石。"对另一个女人的爱情导致对他者的爱情。"对于这样一个人来说，正是在有选择性的爱情的最高阶段，人类之爱的闸门大开……"对布勒东来说，天堂不是一个陌生的地方：它就在这里；它向善于撩开日常普通事物之幕的人打开；其中，肉欲消除了虚假认识的圈套。"今日，性的世界……据我所知，不断地以它坚不可摧的黑夜核心来对抗我们洞察宇宙的意志。"与神秘相撞，这是了解神秘的唯一方法。女人是谜，并提出了谜；叠加的各种各样的面孔组成"唯一的存在，我们在里面有可能看到斯芬克司最后的化身"；因此，她是启示。布勒东对他爱上的一个女人说："你是秘密的形象本身。"稍后又说："你带给我的启示，甚至在知道它可能是什么之前，我已经知道这是一个启示。"这就是说，女人是诗歌。她在热拉尔·德·奈瓦尔的作品中也起着这种作用，但在西尔维和奥蕾莉亚身上，她有着回忆或者幻象的可靠性，因为梦比现实更真实，同现实不完全重合；对布勒东来说，两者完美地重合：只有一个世界；诗意是客观地存在于事物之中的，而女人毫无疑义是有血有肉的存在。人们不是在半梦半醒中遇到女人，而是非常清醒地在普通的大白天遇到她，这一天像日历上的其他日子一样有准确的日期——四月五日，四月十二日，十月四日，五月二十九日——在一个普通的地点：一个咖啡馆，或者街角。但她总是因某个奇异的特点而与众不同。娜嘉"高高仰着头，跟其他所有的行人不一样……妆化得很古怪……我从来没有见过这样的眼睛。"布勒东走近了她。"她在微笑，不过十分神秘，怎么说呢，就像很知道底细一样。"在《疯狂的爱情》中："这个刚走进来的少妇，好像被一片烟雾围绕着——火包裹着她吗？……我可以说，一九三四年五月二十九日，在这个广场上，这个女人漂亮得出奇①。"诗人马上意识到，她要在他的命运中起作用；有时，这只是转瞬即逝的、次要的作用；就像《连通器》中大利拉眼中的孩子；甚至当时在她周围产生了一些小小的奇迹：在跟这个大利拉幽会之前，布勒东看到一篇善意的文章，署名的是一个很久没有见面的朋友，名叫参孙。有时，奇迹接二连三地发生；五月二十九日的那个陌生女人，水神一样在一个杂耍歌舞剧场表演一个游泳节目，她已被在一家餐厅里听到的一个双关语"Ondine, on dîne"② 所提及；她同诗人第一次出远门，曾在十一年前他所写的一首诗中被详细描写过。这些女巫中最异乎寻常的是娜嘉：她预言未来，从她的嘴中说出与此同时她朋友在脑海中浮现的字句和意象；她的梦和意图都是神谕，她说："我是游荡的灵魂"；她走向生活是"以奇特的方式，这种方式只建立在纯粹的直觉上，不断地产生奇迹"；在她周围，客观的偶然产生大量的奇特事件；她是这样奇迹般地摆脱表面现象，以至她藐视规律和理性：她最后进了

---

① 字体变化为布勒东所加。——原注
② 意为水神，吃晚饭，两者谐音。

疯人院。这是"一个自由的天才，犹如空气中的精灵一样，实施某些魔术能暂时缚住它，但无法使之屈服"。正因如此，她未能充分完成她女性的角色。她是通灵者，预言者，受到神灵启示，过于接近访问过奈瓦尔的虚幻造物；她打开超现实世界的大门，但她不能献出这个世界，因为她不会献身。女人是在爱情中自我实现的，她真正受到伤害；既是特殊的，又接受特殊的命运——并非无根地飘泊在世界上——这时她概括一切。当她的美丽达到最高阶段的时刻，是在黑夜的这一刻："那时，她是完美的镜子，在这面镜子中，一切曾经存在、一切曾经受到召唤存在的东西，都完美地沐浴在这一次就要存在的东西里。"对布勒东来说，"找到地方和方式"，与"在身心中占有实体"混同在一起。这种占有只是在互相的爱，即肉欲的爱中才有可能。"被爱女人的肖像不仅应该是人们对之微笑的形象，而且应该是人们询问的神谕"；但是，只有女人本身不同于概念或者形象时，这肖像才会是神谕；她应该是"物质世界的基石"；对通灵者来说，这个世界本身就是诗歌，他必须在这个世界上真正占有贝雅特里齐。"只有互相的爱情才能产生完全的、不受任何东西控制的磁化作用，它使肉体成为太阳，给肉体留下光辉的印记，使精神成为永远喷水的、永不枯竭的、始终鲜活的源泉，它的水一劳永逸地奔向金盏花和欧百里香之间。"

这种不可摧毁的爱情只能是独一无二的。这是布勒东的态度存在的悖论，从《连通器》到《秘术17》，他执着地给予不同的女人独一无二的永恒爱情。据他看来，正是社会环境妨碍了男人选择的自由，将他导向错误的选择；另外，通过这些错误，他实际上寻找一个女人。如果他记起被爱女人的面孔，他"同样会在所有这些女人面孔中只发现一张面孔：最后①一张所爱女人的面孔"。"再说，多少次我可以看到，在这些截然不同的外貌中，从这一张面孔到另一张面孔，最异乎寻常的共同特点在竭力确定下来。"他对《疯狂的爱情》中的水神问道："这个女人最后就是你吗？你仅仅应在今天到来吗？"而在《秘术17》中："你很清楚，第一次看到你时，我没有丝毫犹豫就认出了你。"在一个完美的、改造过的世界里，由于互相的、绝对的赠与，夫妻是不可分离的：既然被爱的女人是一切，另外一个女人怎么会有容身之地呢？她也是这另一个；她越是成为自身，就越是会这样。"奇特与爱情不可分离。因为你是独一无二的，对我而言，你必然是另一个，另一个你自己。走过千姿百态的群芳丛，我爱穿红衬衫、不断变化的你，爱穿灰衬衫、赤裸裸的你。"提到一个不同的、但同样是独一无二的女人时，布勒东写道："互相的爱，就像我考虑的那样，是一种多面镜子组成的装置，它把我从千百种不同的角度反映出来，对我来说，陌生人会显出我所爱的女人的形象，总是因为将我本人欲望神圣化而格外令人惊讶，也格外充满生命力。"

这个独一无二的女人，既有血有肉又是人造的，既是自然的又是有人性的女人，与超现实主义者喜爱的朦胧对象有着同样的诱惑力：她像诗人在跳蚤市场发现、或者在梦幻中创造的调羹—鞋子、桌子—狼、大理石般的糖；她深入到突然显示出真实性的熟悉对象的秘密中；深入到植物和石头的秘密中。她是一切事物：

> 我的妻子有薪火的头发
> 有热力闪电的思想

---

① 字体变化为布勒东所加。——原注

有沙漏的身材

……我的妻子有海藻和古老糖果的性别

……我的妻子有草原的眼睛

但她尤其是美。对布勒东来说，美不是一种自我欣赏的概念，而是一种只通过激情显现出来——因而存在——的现实；只有通过女人世上才有美。

正是在这里，在人类熔炉的深处，在这个悖论区域，两个真正互相选择的人的融合，将古老太阳的时代失去的价值归还一切事物，但孤独通过自然的幻想之一强烈表现出来；大自然在阿拉斯加火山口周围使冰雪保存在灰烬下面，正是在这儿，多年以前，我要求人们去寻找新的美，专门带着充满激情的目的去看待美。

抽搐的美将是色情的，隐晦的，既爆发又凝固的，既有诱惑力，又视环境而定的，或者将不是这样的。

一切生存者都是从女人那里得到意义的。"正是通过爱情和只有通过爱情，才能实现最高程度的本质和存在融合。"这融合是为情侣，同时越过全世界而实现的。"世界在仅仅一个人身上的重新创造、重新染色，就像它们通过爱情实现的那样，射出千百道光，照亮人间。"对一切诗人——或者几乎所有诗人——来说，女人体现了大自然；但是，据布勒东看来，女人不仅仅表现了自然，她还解放了自然。因为自然不讲明晰的语言，必须深入到秘术中，才能把握它的真相，这真相与它的美是同一回事：诗歌不单单是它的反映，更是开启它的钥匙；在这里，女人与诗歌没有区别。因此，她是不可缺少的媒介，没有她，整个大地就要沉默："对我来说，只有在爱情、唯一的爱情、一个人的爱情这家庭炉火忽而升腾忽而降低时，自然才会自行发亮和自行熄灭，才能为我所用或妨害我。我在缺乏这种爱情时，才了解到真正空虚的天空。只缺少一个来自我的火的巨大彩虹，以便给存在事物以价值……我注视着我们刚刚点燃的、旺盛的树枝篝火上面我张开的手，直至头昏目眩，你的手是有魔力的，你的手是透明的，翱翔在我的生命之火上面。"对布勒东来说，每个被爱的女人是一个自然的奇迹："一棵难以忘怀的蕨，在一口古井内壁上攀爬。""……我不知是什么耀眼的、如此沉重的东西，以至她只能记得……自然的肉体的巨大需求，同时更加温柔地令人想起某些正在开放的挺拔花朵懒洋洋的姿态。"反过来，一切自然奇迹同被爱的女人混同起来，当他因一个岩洞、一朵花、一座山而激动时，他赞美的是她。在泰德的支座上捂热双手的女人和泰德本人之间，一切距离都被取消了。诗人只在一首祈祷文中提到这两者："出色的泰德！夺走我的生命吧！我既是天堂入口，又是地狱入口，因此我更喜欢你像谜一样，能够将自然之美托上云霄，又吞没一切。"

美超出了美；它与"认识的深沉黑夜"混同；它是真理和永恒、绝对；女人解放的不是世界暂时的和偶然的面貌，而是世界必然的本质，不是像柏拉图设想的凝固本质，而是"爆炸性的—固定的"本质。"我在自身没有发现别的宝库，只有给我打开这片无边草地的钥匙，自从我认识你以来，这片草地总是由仅仅一种不断长高的植物组成，这种植物不断扩大的摆锤，把我导向死亡……因为一个女人和一个男人直到世界末日都应当是你和我，会轮到他们永不回头地滑向无尽的小径，滑向视觉的光芒，滑向生命和生命遗忘的边缘……最大的希望，我指的是所有其他希望都概括在里面的希望，是对所有人来说都是这样，是对所有人来说这可以延续下去，是从一个人到另一个人的绝对献身，它只能相互存在，在大家看来，这是在生活上面架设的唯一一座自然的和超自然的天桥。"

因此，女人因为自身激发和分享的爱情，对每个男人来说是唯一可能的得救。在《秘术17》中，她的使命扩大了，也更明确了：她应该拯救人类。布勒东任何时候都沿袭傅立叶的传统，傅立叶要求给肉体恢复名誉，把女人作为肉欲的对象来赞扬；他很自然地形成了将女人作为生殖者的圣西门主义观念。在当下的社会中，是男性在统治，以至在古尔蒙的口中，说兰波"女里女气的"是一种侮辱。然而，"这样的时代将会来临：贬低男人，看重女人；男人现在濒临垮台……是的，在男人的想象中歌唱的、失足的女人，在经过对两者的考验后，也将成为新生的女人。首先，女人必须重新找到自己，她必须从男人的目光在她周围建成的地狱中学会重新认识自己。"

她应该起到的作用，首先是安抚的作用。"我总是目瞪口呆，听不到她的声音，她不想从天生的、两种不可抵御的、无价的声调转变中得到尽可能多的利益、广大的利益，这一种声调对男人说话，另一种声调是让她得到孩子的充分信任。女人的拒绝和惊恐的巨大喊声，这种总是强有力的喊声，什么样的奇迹和未来都可以创造……一个普普通通的女人什么时候要制造另一种奇迹呢，即把手臂伸到要争斗的男人中间，对他们说：你们是兄弟。"如果女人今日显得不适应环境，失去平衡，这是男性的暴虐对女人产生的后果；但是，她保留着神奇的能力，因为她扎根于生命的活泉水中，而男人已失去它的秘密。"梅吕齐娜，险些被惶惶不安的生活攫住的梅吕齐娜，依附于碎石、水草或黑夜绒毛的底层的梅吕齐娜，我正是向她祈求，只有她能消解野蛮时代。她是完整的女性也是今日的女性，失去了人的地位，成了自己漂浮的根基的囚徒，但也是通过这根，她同自然界的基本力量进行神圣的沟通……因为男人的浮躁和嫉妒，神话便剥夺了女人身为人的地位。"

因此，今日应当为女人仗义执言；在期待她能恢复生活中真正价值的同时，"在艺术上毫不含糊地宣布反对男人和支持女人"的时刻来到了。"女人—孩子。艺术应该有条不紊地为她来到一切感觉的王国做准备。"为什么是女人—孩子？布勒东给我们解释说："我选择女人—孩子，不是用这个来反对另一个女人，而是因为在她身上，并且仅仅在她身上，有另一个①棱镜，对我来说，好像处于绝对透明的状态……"

在女人简单地等同于一个人的情况下，她像男人一样，不能够拯救这个沉沦的世界；是女性将他者这个因素引入文明；他者是生命和诗歌的真谛，唯有他者才能解放人类。

布勒东的观点只限于诗歌方面，女人仅仅是作为诗歌，因而是作为他者才得到考察的。在人们思索女人的命运时，会牵涉相互爱情的理想：女人除了爱情，没有别的天职；这不会降低她的身份，因为男人的天职也是爱情。然而，人们也许想知道，对女人来说，爱情是否人世的关键、美的显露；她在情人身上会找到这种美吗？或者会在她自己的形象中找到这种美吗？她是否能进行这种诗歌活动，通过一个有感觉的人实现诗意，或者她只局限于赞同她的情人的事业？她本身是诗歌、眼前的诗歌，也就是对男人而言的诗歌；布勒东没有对我们说，对自身而言，她是否也是诗歌。布勒东谈到女人时，不把她作为主体。他也从来不提坏女人的形象。在他的全部作品中——尽管在几篇宣言和小册子中，他抨击了人的丑类——

---

① 字体变化为布勒东所加。——原注

他并不关心理清对外界表面的抗拒，而着力于显示隐秘的真相：他只因为她是有特权的"嘴"而对她感兴趣。她深深地扎根于自然中，接近大地，显得像彼世的关键。在布勒东身上，有着诺斯替神秘教派的作品一样对自然难以理解的论述，诺斯替教派在索菲亚身上看到赎罪、甚至创造的准则，就像但丁那样把贝雅特里齐选作向导，又像彼特拉克那样被劳拉的爱情所启迪。因此，最深地扎根于自然的人，最接近大地的人，也是彼世的关键。作为真理、美、诗歌，她是一切：再一次是在他者的形象中的一切，除开自身的一切。

五　司汤达或者真实的传奇性

我离开当代，如今回到司汤达身上，是因为走出女人被轮流打扮成泼妇、水仙、晨星、美人鱼的狂欢节，接近一个生活在有血有肉的女人中间的男人，那是令人愉悦的。

司汤达从童年时代起就带着肉欲爱过女人，他把青少年时代的热望投射到女人身上：他乐于设想把一个陌生的美女从危险中救出来，获得她的爱情。来到巴黎时，他最渴望的是得到"一个迷人的女子；我们相爱，她了解我的心灵"……年老时，他在尘土中写下他最热爱的女人们的姓名首字母。他告诉我们："我想，梦幻曾是我超过一切最喜欢的东西。"正是女人的形象孕育了他的梦想；回忆起她们使得眼前的景象生色。"我相信，对我来说，从多勒通过大路接近阿尔布瓦时，岩石的线条是梅蒂尔德①的心灵可感触到

---

① Métilde，《吕西安·娄万》中的人物。

的、明显的形象。"音乐、绘画、建筑,他所珍爱的一切,他都带着一个不幸的情人的灵魂去热爱;哪怕他是在罗马漫步,在每一个拐角,都出现一个女人;在被她们在他身上挑起的遗憾、欲望、忧愁和欢乐中,他感受到自己心灵的爱好;他愿意将她们作为自己的审判官; 他常常走访她们的沙龙,竭力要在她们的眼中表现得光彩夺目;他把他最大的幸福、最大的痛苦归于她们,她们是他主要的关注对象;他希望得到她们的爱情,胜过得到一切友谊,希望得到她们的友谊,胜过得到男人的友谊;女人启迪了他写书的灵感,女人形象充满了他的书;他多半是为她们而写书的。"一九〇〇年,我热爱的心灵——罗兰夫人们、梅拉妮·吉尔贝们……会有可能看我的书。"她们是他的生命的实质。她们的这种特权从何而来?

　　女人的这个温柔朋友,正是因为喜欢女人的真实,不相信女性的神秘;任何本质都不能一劳永逸地界定女人;"永恒的女性"的概念,在他看来是学究气的、可笑的。"学究们两千年来一再对我们说,女人思想更加活跃,男人更为稳重;女人思想更加细腻,男人注意力更集中。过去有个在凡尔赛花园里漫步的巴黎人给他所见到的一切下结论,说是树木长出来时就像修剪过了。"在男女之间的不同,反映了他们处境的不同。比如,女人怎么会不比她们的情人更浪漫呢? "一个女人有一件活儿要刺绣,这是乏味的事,只是件手工活,她在思念着情人,而他在平原骑马奔驰,带着他的骑兵队,如果他有个闪失,就会被禁闭起来。"同样,人们指责女人缺少理性。"女人更喜欢情感而不是理智;这非常简单: 由于我们平庸的习惯,女人在家庭中不承担任何事务,对她们来说理智从来没用……你让妻子和你两块土地上的佃农了结事务吧,我敢打赌,账册会比你料理得更好。"如果在历史上找到的女性天才那么少,那

326

是因为社会剥夺了她们的一切表达方法。"一切生来是女人① 的天才，为了公众的幸福而毁灭了；一旦她们偶然有办法显露自己，请看她们会表现出最了不起的才能。"她们要承受的最恶劣的不利条件，就是使她们变得愚笨的教育；压迫者总是力图压抑被压迫者；男人有意拒绝给予女人机会。"我们让她们身上最出色的，对她们和对我们都最有利的品质闲置不用。"十岁的小姑娘比她的兄弟更活跃、更细腻；二十岁时，顽童变成有才干的男人，而姑娘变成"大傻瓜、笨拙、胆小、害怕蜘蛛"；错误在于她接受的培养。需要给女人同给男孩一样多的教育。反女性主义者反驳说，有教养和聪明的女人是魔鬼：一切恶都来自她们始终是异常的；如果她们都能够和男人一样自然地接触文化，她们会同样正常地加以运用。在把她们变得残缺不全以后，便迫使她们接受反常的法则；人们让她们违反自己的心意去结婚，期待她们忠实，甚至离婚也被责备为无行。人们迫使大量女人无所事事，而在工作之外是没有幸福可言的。这种情况使司汤达感到愤慨，他从中看到责备女人的一切缺陷的根源。她们既不是天使、魔鬼，也不是斯芬克司：愚蠢的风俗把她们变成半奴隶状态的人。

正是因为她们是被压迫者，所以她们当中最优秀的人不会沾染压迫者的污点；她们自身既不低于也不高于男人；但通过一种古怪的颠倒，她们不幸的处境有利于她们。众所周知，司汤达多么痛恨严肃的精神：金钱、荣誉、地位、权力，在他看来是最不屑一顾的崇拜对象；绝大多数男人都不惜一切追名逐利；学究、显要、资产者、丈夫，在自己身上压制生命和真实迸发的一切火花；他们满脑子现成的思想和学来的感情，服从社会惯例，精神空虚；这些没有

---

① 字体变化为司汤达所加。——原注

灵魂的人麇集的世界，是一个无聊的荒漠。不幸的是，有许多女人滞留在这些阴郁的沼泽中；这是一些具有"巴黎人狭隘思想"的木偶，或者是假虔诚的女人；司汤达感到"对正派女人和她们不可避免的虚伪有一种难以忍受的厌恶"；她们对无所事事也采取严肃的态度，使得她们的丈夫呆若木鸡；教育使她们愚蠢、好嫉妒、有虚荣心、爱说闲话、由于百无聊赖而变得恶毒、冷漠、无情、自命不凡、心眼儿坏，这样的女人遍布巴黎和外省；可以看到她们挤在德·雷纳尔夫人、德·沙斯特莱夫人[①] 的高贵面孔后面。司汤达以仇恨的态度细心刻画的女人，无疑是格朗台夫人，他把她写成罗朗夫人[②]、梅蒂尔德的反面。她漂亮，但毫无表情，倨傲，缺乏魅力，以"遐迩闻名的美德"使人恐惧，但不了解来自心灵的真正的羞耻心；她自炫其美，自以为了不起，只知道从外表去模仿庄重；说到底，她是庸俗和卑劣的；"她没有性格……她使我厌烦，"娄万先生想道，"工于心计，一心考虑她的计划成功。"她的全部野心在于让她的丈夫成为大臣；"她的头脑缺乏想象力"；她谨慎小心，墨守成规，总是避免爱情，不会做出豪爽的行动；当这冷漠的心灵泛起激情的时候，她便把它燃烧掉，不让它发出闪光。

只消把这个形象颠倒过来，就可以发现司汤达对女人的所求：首先是不要让自己落入严肃的陷阱；由于所谓重大的事都超出她们的能力范围，她们不像男人那样冒险，在其中异化；她们有更多的机会保持这种自然状态、这种纯真、这种宽容，那是司汤达置于其他一切价值之上的；他在她们身上所欣赏的是，我们今日称之为本真性的东西：这是他喜欢或者带着热情创造的所有女人的共同特

---

① Madame de Rênal，《红与黑》中的人物。Madame de Chasteller，《吕西安·娄万》中的人物。
② Madame Grandet, Madame Roland，《吕西安·娄万》中的人物。

点；她们都是自由的和真实的人。她们的自由在她们之中的某些人身上以夺目的方式表现出来：安杰莱·彼得拉加，"意大利式、卢克雷齐亚·博尔吉亚式的卓越妓女"，或者阿聚尔夫人，"杜巴里夫人式的妓女……我遇到的最有头脑的法国女人之一"，她们公开抨击风俗。拉米埃尔[①] 嘲笑习俗、风俗、法律；桑塞维利纳[②] 热情地投身于阴谋中，在罪行面前不后退。其他女人由于她们的精神活力上升到平庸之上：诸如孟塔、玛蒂尔德·德·拉莫尔[③]，她们批评、否定、藐视周围的社会，想与之区别开来。在其他女人身上，自由具有否定的面目；在德·沙斯特莱夫人身上出色的地方在于她对一切次要的东西漠不关心；她屈服于父亲的意志，甚至屈服于他的观点，但仍然通过这种无动于衷否定资产阶级的价值，人们责备她的无动于衷是一种幼稚，而这是她无忧无虑的快乐的源泉；克莱莉娅·康梯[④] 也以矜持别具一格；舞会、姑娘们通常的娱乐，让她无动于衷；她好像"要么出于蔑视周围的事物，要么出于惋惜某些消失的幻想"，总是显得很冷漠；她评判世界，对世界的卑劣感到愤怒。正是在德·雷纳尔夫人身上，心灵的独立最深地隐藏起来；她本人并不知道她难以忍受自己的命运；正是她的极端细腻、她强烈的敏感，表现出她对周围人的庸俗的厌恶；她毫不虚伪；她保留了一颗宽容的心，会产生强烈的情感，她对幸福有感受力；在她身上孕育的这种热情，人们几乎从外面感受不到它的热力，但只要吹一口气，就足以使她整个儿燃烧起来。这些女人干脆说是活生生的；她们知道，真正价值的源泉不在外界事物中，而在心中；这正

---

① Lamiel，司汤达的同名小说的主人公。
② Sanseverina，《帕尔马修道院》中的人物。
③ Mathilde de La Mole，《红与黑》中的人物。
④ Clélia Conti，《帕尔马修道院》中的人物。

是她们生活圈子的魅力所在：她们仅仅由于带着梦想、欲望、欢乐、激动、创造，出现在这个世界上，便驱赶了无聊。桑塞维利纳夫人，这个"积极的心灵"害怕无聊超过害怕死亡。滞留在无聊中，"这只是不死，"她说，"这不是活着"；她"总是为某种事激动，总是很活跃，也很快乐"。所有的女人要么轻率、幼稚，要么深沉，要么快乐，要么庄重，要么大胆，要么隐秘，不接受人类陷入的深沉的睡眠。这些懂得保持真空自由的女人，一旦遇到与她们相称的对象，便因热情上升到英雄主义；她们的心灵力量，她们的能量，则表现为全部介入的深度纯粹。

但只有自由还不足以使她们具有如此多的浪漫吸引力：纯粹的自由，人们是在尊重中而不是在激动中承认它；感动人的是她的努力，排除刁难她的障碍，充分发挥她的才干；在女人身上，斗争越是艰难，就越是动人。对外界束缚取得的胜利，已经足以使司汤达着迷；在《意大利遗事》中，他把笔下的女主人公禁闭在修道院深处，或者把她们关在爱嫉妒的丈夫的宫殿里：她们必须设想出千百种诡计，才能与情人相会；隐蔽的门、绳梯、血迹斑斑的箱子、劫持、非法监禁、暗杀、激情的发泄和死不服从，都得到巧妙的运用，施展出各种手段；死亡、咄咄逼人的折磨，使得他给我们描绘的狂热心灵表现出来的大胆更光彩夺目。甚至在他更成熟的作品中，司汤达仍然对这种明显的传奇性很敏感：这种传奇性是发自心灵的显豁形象；两者不能区分开来，就像嘴巴和微笑不能分开一样。克莱莉娅发明了用字母同法布利斯[①] 通消息的办法，同时也重新塑造了爱情；桑塞维利纳夫人被描绘成"一个总是真诚的心灵，她从来不会谨慎从事，而是整个儿投入眼前的印象中"；当她制造

---

① Fabrice，《帕尔马修道院》的男主人公。

阴谋，要毒死亲王和淹没帕尔马时，这颗心灵展现在我们面前：她就是自己选择要进行的崇高而疯狂的行动。玛蒂尔德·德·拉莫尔靠在窗子上的梯子，完全不同于戏剧中的道具：这是她的骄傲的不谨慎行为、她追求异乎寻常的兴趣、她撩人的大胆可以触摸到的形式。这些人物要不是周围有敌人：监狱的墙壁、君主的意志、家庭的严厉，她们的品质是不会显现的。

最难以克服的束缚，则是人人在自己身上遇到的束缚：正是这时，自由的历险最危险，最激动人心，最有刺激性。显而易见，司汤达笔下的女主人公越是被严密地禁闭起来，他对她们的好感也就越发强烈。诚然，他欣赏妓女，不管她们高尚与否，她们彻底将习俗践踏在脚下；他更温柔地喜欢出于审慎和羞耻心而行动有所顾忌的梅蒂尔德。吕西安·娄万喜欢呆在德·奥坎库夫人这个生活放荡的女人身边，但他热烈地爱着的是贞洁的、有保留的、犹豫不决的德·沙斯特莱夫人；法布利斯欣赏桑塞维利纳夫人的整个心灵，她在无论什么面前都从不退让，但他更喜欢克莱莉娅，是这个姑娘获得了他的心。德·雷纳尔夫人受到她的骄傲、偏见和无知的束缚，也许是司汤达创造的所有女性中最令他惊讶的一个。他乐意把他笔下的女主人公安放在外省一个狭小的环境里，在丈夫或者愚蠢的父亲的控制之下；他乐于让她们没有文化，甚至满脑子错误思想。德·雷纳尔夫人和德·沙斯特莱夫人都是执著的正统派①；前者胆怯，没有任何人生经验，后者绝顶聪明，但她不了解自己聪明的价值；因而，她们对自己的错误不能负责任，更确切地说，她们是社会体制和风俗的受害者；传奇性就从错误中产生，就像诗意从失败中产生一样。在充分了解情况之下，思想明晰，决定自己的行动，

---

① 法国历史上波旁王朝嫡长系的拥护者。

这种头脑得到读者的赞许，或者受到无情的责备；而读者怀着恐惧、怜悯、讽刺和热爱，赞赏在黑暗中寻找道路的宽容心灵表现出的勇气和使出的诡计。因为她们受到蒙蔽，读者在她们身上看到像羞耻心、骄傲、极度的细腻这样既迷人又无用的品质充分展现，从某种意义上说，这些是缺点：它们产生谎言、敏感、愤怒，但它们足以通过女人所处的处境来解释；她们在小事情上，或者至少在"只有从感情来说才有重要意义的事情"上，表现出骄傲，因为一切"所谓重要"的事都在她们能力范围之外；她们的羞耻心源于她们要忍受的从属地位：因为她们被禁止在行动中发挥才干，所以她们对她们的存在本身提出怀疑；她们觉得，别人的意识，尤其她们情人的意识，显示出她们的真实面目：她们感到恐惧，竭力摆脱这意识；在她们的逃遁、犹豫和反抗中，甚至在她们的谎言中，表现出对价值的真正思虑；正是这一点使她们变得可敬；不过，这表现得很笨拙，甚至带着自欺，正是这一点使她们动人，甚至有点可笑。当自由陷入自身的圈套，跟自己弄虚作假时，它最深刻地具有人情味，在司汤达看来，是最动人的。司汤达笔下的女人，在她们的心向她们提出意想不到的问题时，她们是动人的：任何法则、任何方法、任何论证、任何来自外界的榜样，都不再能引导她们；她们必须独自做决定：这种孤单是自由的极端时刻。克莱莉娅是在开明的思想中长大的，她很明智和理智，但她接受的观点，不管正确的还是错误的，在道德的冲突中却根本救不了她；德·雷纳尔夫人不顾她的道德观，爱上于连，克莱莉娅不顾自己的理智去救法布利斯：在这两种情况中，都有着对一切公认价值的超越。使司汤达兴奋的正是这种大胆；尤其它几乎不敢表露出来，它就格外动人：它表现得更加自然、更加自发、更加真实。在德·雷纳尔夫人身上，胆量是被淳朴掩盖着的：她不了解爱情，不知道辨认爱情，毫无抵抗地向爱情让步；可以说，因为度过了黑夜，所以面对激情闪闪发亮的光芒时毫无抵抗之力；她迎接光芒，目眩神迷，哪怕是对抗天主，对抗地狱；当这热情之火暗淡下来时，她重又落入丈夫和教士控制的黑暗中；她不相信自己的判断，但明显的事实压倒了她；她一旦重见于连，又重新把自己的心灵交给他；她的悔恨、听她忏悔的神父让她写下的信，让人衡量出这颗热烈而真诚的心灵要越过多少距离，才能摆脱社会把她禁闭起来的监狱，到达幸福的天堂。在克莱莉娅身上，冲突更自觉；她在对父亲诚实和爱情的怜悯中游移不定；她为自己寻找理由；司汤达所相信的价值的胜利，尤其在伪善的文明的受害者将它感受为失败时，令他觉得更加光彩夺目；他很高兴看到她们运用诡计和自欺，让激情和幸福得到承认，压倒她们相信的谎言：克莱莉娅答应圣母不再见法布利斯，却在两年内接受他的亲吻、拥抱，只不过闭上眼睛，她既是可笑的，又是动人的。司汤达以同样柔和的讽刺态度看待德·沙斯特莱夫人的迟疑不决和玛蒂尔德·德·拉莫尔的前后不一；那么多的迂回曲折、反反复复、审慎小心、掩盖起来的胜利和失败，为的是达到简单的和合法的目的，对司汤达来说，这是最令人着迷的喜剧；其中有着可笑的东西，因为女演员既是法官又是当事人，因为她自己欺骗自己，因为她在只消做一个决定、症结就能解开的地方，给自己设置了困难的道路；然而，这些道路表现出能够折磨一个高尚心灵的最可敬的思虑：这个心灵希望自己获得的尊敬名副其实；她将对自己的赞同看得高于别人的赞同，由此，她作为一种绝对达到自我完成。这些没有回响的独自争论，比内阁危机更加严重；德·沙斯特莱夫人思忖，她回应还是不回应吕西安·娄万的爱情，她对自己和别人是这样判断的：能够相信别人吗？能够相信自己的心吗？爱情和人的誓言的价值是什么？信赖和恋爱是愚蠢的还是宽容的？这些疑问对每个人和所有人的生活的意义本身提出了怀疑。所谓严肃的人，事实上是微不足道的，因为他接受现成的生活的理由；而一个热恋的、深沉的女人每时每刻都在修正既存的价值；她了解毫无支持的自由的持续紧张状态；因此，她感到自己不断处在危险中：她会在一刹那间获得一切，或者失去一切。正是这种在不安中承担的危险，给她的故事一种英雄冒险的色彩。赌注下得最高：这种生存的意义本身是每个人的份额，是她唯一的份额。米娜·德·万格尔[①]的恶作剧在某种意义上可能显得很荒唐，但也遵从一整套道德观。"她的生活是一场错误的算计吗？她的幸福持续了八个月。这是一个过于热烈的心灵，以至不能满足于生活的真实。"玛蒂尔德·德·拉莫尔没有克莱莉娅或者德·沙斯特莱夫人真诚；她按照为自己编造出的设想，而不是按照爱情和幸福的显著事实去安排自己的行动：洁身自好与失身相比，在所爱的人面前自惭形秽与抗拒他相比，更值得骄傲、更加崇高吗？在怀疑中，她也是独自一人，她以自尊来冒险，她把这个看得比生命还重要。这是穿过无知、偏见、欺骗的黑暗，在爱情摇曳的炽热光芒中热烈地寻找真正的生活理由，这是幸福或死亡、崇高或羞耻的无尽冒险，而这种冒险给女人命运以传奇般的光荣。

女人当然不知道她释放出的诱惑力；自我赞赏，扮演一个人物，这总是一种非本真的姿态；格朗台夫人与罗朗夫人相比之下，证明她不像后者；玛蒂尔德·德·拉莫尔引人注目，是因为她在自己的戏剧中变得糊涂，当她以为控制住自己的心时，她往往忍受着心灵的折磨；在她摆脱自己意志的时候，她令我们感动。但最纯洁的女主人公都不会意识到自身。德·雷纳尔夫人不知道自己妩媚，

---

① Mina de Vanghel，司汤达的同名短篇小说的女主人公。

正如德·沙斯特莱夫人不知道自己聪明。作者和读者会与情人等同，情人感受到深深的喜悦之一就在这里：他是见证人，因为他，内心的丰富感情显露出来；德·雷纳尔夫人远离别人的目光展示的这种热烈，德·沙斯特莱夫人周围的人不知道的这种"热烈、不断变化、深沉的头脑"，只有情人能够欣赏；纵然别人赞赏桑塞维利纳夫人的头脑，最能深入到她心灵的人却是他。在女人面前，男人品味着欣赏的乐趣；他就像欣赏风景或一幅画那样沉醉其中；她在他的心中歌唱，使天空产生细微的色彩差别。这种展示是将男人展示给他自己：男人如果没有细腻、敏感、热烈的心灵，是不能理解女人的细腻、敏感和热烈的；女人的情感创造了一个变化微妙、要求多样的世界，发现这个世界会丰富情人的情感：在德·雷纳尔夫人身边，于连变成了另外一个人，不再是他早先决定成为的野心家，他重新做出选择。如果男人对女人只有一个浅薄的愿望，他就会觉得勾引她是乐趣。真正的爱情会改变他的生活。"维特①式的爱情向感情和对美的享受打开了心灵……不管它以什么形式出现，甚至是穿上棕色粗呢衣服。它让人找到幸福，即使没有财富也罢……""这是生活中的一个新目标，一切都与这个目标有关，它改变一切的面貌。爱情将整个大自然，连同它崇高的面貌，就像昨天创造出来的一件新玩意儿一样，投入一个男人的眼中。"爱情粉碎了日常常规，赶走了无聊，司汤达在无聊中看到一种深深的恶，因为它代表一切生或死的理由的缺席；情人有一个目标，这足以使每一天变成一场冒险：对司汤达说来，在孟塔的地窖里度过三天是何等的快乐！绳梯、血迹斑斑的箱子，在他的小说里表达的是这种对奇特事物的趣味。爱情，也就是说女人，使生存的真正目的显示

---

① Werther，歌德的小说《少年维特之烦恼》中的主人公。

出来： 美、幸福、感觉和世界的新鲜。它夺走人的心灵，也因此给人控制权；男人同他的情人经历同样的紧张、同样的冒险，比共同从事一门职业感到更加真切。当于连在玛蒂尔德竖起的梯子脚下踌躇不决时，他对自己的整个命运提出怀疑：正是在这时，他发挥出自己真正的能耐。于连、法布利斯、吕西安正是通过女人，在她们的影响下，对她们的品行做出反应，才初次认识世界和自身。在司汤达的作品中，女人作为考验、报偿、法官、朋友，真正是黑格尔曾经想把她们变成的东西： 这一他者—意识从他者—主体那里得到了真实，又在互相承认中，给予他同样的真实。在爱情中互相承认的幸福情侣，向宇宙和时间提出挑战；他们做到自足，实现了绝对。

　　这是假设女人不是纯粹的他性： 她本身是主体。司汤达从来不局限于根据男主人公去描写女主人公： 他给予她们自己的命运。他尝试做一件更罕见的，我想任何小说家还从来没有提出过的事业：他把自己投射在女性人物身上。他并不像马里沃俯身对着玛丽安娜，或者理查逊俯身对着克拉丽莎那样[1]俯身对着拉米埃尔：他支持拉米埃尔的命运，就像他支持于连的命运一样。由于这一点，拉米埃尔的形象有点概念化，但它具有特别的意义。司汤达在少女周围竖起各种各样可以想象的障碍： 她是贫穷的，是个农妇，无知，由充满各种偏见的人粗俗地培养；可是，一旦她明白了"真蠢"这两个字的全部含义，她便撇开自己道路上的各种道德障碍。她的思想的自由运作允许她将好奇、雄心、快乐的各种意念为己所用；面对这样坚定的心灵，物质障碍不会不被铲平；对她来说，唯一的问题将是在一个平庸的世界中安排一个适合她的命运。她要在犯罪和

---

[1] Pierre de Marivaux（1688—1763），法国作家，著有剧作《爱情偶遇游戏》、小说《玛丽安娜的一生》等；Samuel Richardson（1689—1761），英国作家，著有书信体小说《帕米拉》、《克拉丽莎》。

死亡中实现自我：这也是给于连指定的命运。对伟大的心灵来说，在一个这样的社会中是没有位置的：男女都同样处于困境。

司汤达既是这样深入地具有传奇性，同时又这样坚决地是个女性主义者，这是令人注目的；一般说来，女性主义者的头脑都是理性的，在各方面都采取具有普遍性的观点；但司汤达不仅以一般自由的名义，而且以个人幸福的名义，要求妇女解放。他认为，爱情没有什么可损失的；相反，对男人而言成为一个平起平坐的女人，能够更全面地理解爱情，爱情也就越真实。人们在女人身上欣赏的某些品质也许将会消失：它们的价值来自表现在女人身上的自由；自由会以其他面目表现出来；而传奇性不会从世上消失。处于不同处境的两个分开的人，在自由中对抗，其中一个通过另一个寻找存在的理由，两者总是要经历充满危险和机会的爱情。司汤达信赖真理；一旦离开了真理，人便会活生生地死去；凡是在真理闪闪发光的地方，美、幸福、爱情、自身有其理由的快乐，也闪闪发光。因此，如同拒绝严肃的欺骗性，他也拒绝神话的虚假诗意。人类现实对他来说已经足够了。据他看来，女人简单地说就是人：哪怕梦幻也不能创造出更令人迷醉的东西了。

六

通过上述例子，可以看到，在每一个特殊作家的作品中，反映出一些重要的集体神话：女人是作为肉体出现的；男性肉体是由母亲的肚子生出来的，在情人的拥抱中重生；因此，女人与自然类似，她体现了自然；她是野兽、血谷、开放的玫瑰、美人鱼、山冈的曲线，给予男人腐殖土、活力、可感触的美和世界的灵魂；她能掌握诗意的关键；她能作为这个世界和彼世的中介： 不管是女神还是女预言者，不管是星星还是女巫，她打开了超自然、超现实的大门；她注定是内在性；通过自身的被动性，她散布平静与和谐： 如果她拒绝这种作用，她就成为螳螂、吃人的女妖。无论如何，她像有特权的他者一样出现，主体通过它得以实现： 男人的尺度之一、他的平衡、他的得救、他的历险、他的幸福。

这些神话每一个都以不同的方式组成。他者是按照个体为确立自身而选择的特殊方式加以特殊界定的。凡是人都作为自由和超越性而确立，但男人并不都给予这两个词以同样的含义。对蒙泰朗来说，超越性是一种状态： 他就是超越，他翱翔在英雄的天空中；女人呆在地上，在他的脚下；他乐于测量他和女人之间隔开的距离；他不时将女人朝自己托起，抓住她，再把她掷到地上；他从来不下降到她黏糊糊的黑暗的范围内。劳伦斯将超越性置于男性生殖器中；男性生殖器只有靠了女人才有生命和力量；因而内在性是好的和必要的；宣称不接触地面、远非是半神的假英雄，不会成为一个男人；女人不是可鄙的，她是深埋地下的财富、滚烫的泉水；但她应该放弃一切个人的超越性，并限于孕育男性的超越性。克洛岱尔也要求给予男性同样的忠诚： 对他来说，女人维持生命，而男人通过行动延长生命的冲动；但对天主教徒来说，凡是在人间掠过的东西，都沐浴在徒劳的内在性中： 唯一的超越是天主；在天主看来，行动的男人和伺候男人的女人，是完全平等的；每个人都要超越人间的生存状况： 得救无论如何是一项自主的事。对布勒东来说，性别的等级颠倒过来；男性将他的超越性放入其中的行动和有意识的思想，他觉得是产生战争、蠢事、官僚、否定人性的乏味的欺骗；内在性、现实纯粹的不透明的在场才是真理；真正的超越性要通过返回内在性才能实现。他的态度与蒙泰朗的态度正好相反： 蒙泰朗喜欢战争，因为可以在战争中摆脱女人，布勒东尊敬女人，因为她带来安宁；前者将精神和主观性混同，拒绝既定的世界；后者认为精神在客观上存在于世界的中心；女人损害蒙泰朗，因为她粉碎了他的孤独；对布勒东来说，她是启示，因为她让他摆脱主观性。至于司汤达，可以看到，女人在他的作品中几乎具有一种神话的价值：他把女人也看做是一种超越性；对于这个人道主义者来说，自由正是在相互关系中完成的；他者仅仅是一个他人，这就够了，据他看来，生命是"有刺激性的盐"；他不寻找"星系的平衡"，他不吃厌恶的面包；他不等待奇迹出现；他不期待与宇宙或者诗歌打交道，而是与自由打交道。

这是因为他感到自身是半透明的自由。别人——这是最重要的一点——作为超越性而存在，但感到自身是心中一种不透明的存在的俘虏：他们把这个"黑夜打不碎的核心"投到女人身上。蒙泰朗有一种阿德勒式的情结，从中产生浓重的自欺：他在女人身上体现这一整套自命不凡和恐惧的想法；他对女人的厌恶，正是他担心对自己感到的厌恶；他企图在女人身上践踏他自身不足可能存在的证明；他求助于蔑视来拯救自己；女人是他把身上所有的魔鬼投进去的壕沟。① 劳伦斯的生平向我们表明，他忍受着相同情结之苦，不过这是更为纯粹的肉欲情结：在他的作品中，女人具有补偿性神话的价值，通过她，作家拿不稳的男子生殖力得到赞美；当他描绘凯特呆在西普里亚诺的脚下时，他以为对弗丽达取得了男性的胜利；他也不允许他的伴侣对他产生怀疑：如果她对他的目的提出质疑，他无疑会对他的目的失去信心；她的作用是使他放心。他要求她给

---

① 司汤达提前评判过蒙泰朗玩弄的残忍手段："无动于衷有什么用呢？品味爱情，不过没有憎恶。憎恶总是来自需要对自己的价值感到有把握的卑劣心灵。"——原注

他平静、休息、信赖，就像蒙泰朗要求女人确信他的优越：他们要求得到他们所缺乏的东西。克洛岱尔并不缺少自信：如果他胆小，这只是在天主的奥秘中。因此，在他的作品中没有任何性别斗争的痕迹。男人大胆地承担女人的重负：她是诱惑或者得救的机会。对布勒东来说，男人似乎只有通过存在于他身上的神秘才是真实的；他乐意让娜嘉看到这颗星星：他朝这颗星星走去，星星就像“一朵无心之花的心”；他的梦幻、他的预感、他的内心语言的自发展现，在这些摆脱意志和理智控制的活动之中他认出了自我：女人是这种被遮住的存在的可见形象，这种存在比他意识到的个性更为本质得多。

司汤达平静地与自身保持一致，但他需要女人，就像她需要他一样，为了让他分散的存在集中到一个形象和一个命运的统一之中；男人之成为男人，仿佛是为了他人，但还必须让他人赋予他意识：其他男人对他们的同类过于无动于衷；只有恋爱中的女人才向情人打开自己的心扉，整个儿为他遮蔽。除了在天主那里找到一个尊贵的见证人的克洛岱尔，我们考察过的所有作家，用马尔罗的话来说，都期待着女人珍惜他们身上这个只有他们了解的“无可比拟的魔鬼”。男人在合作或者斗争中，在普遍性中互相对抗。蒙泰朗是个为男性写作的作家，劳伦斯是个空谈理论的人，布勒东是一个流派的领袖，司汤达是个外交家或者是个才智之士；正是女人在蒙泰朗身上揭示出他是个出色的、残忍的王子，在劳伦斯身上揭示出他是个令人不安的农牧神，在布勒东身上揭示出他是个天神，或者太阳，或者像“在斯芬克司脚下被雷电击倒的那样黑乎乎和冰冷的人”[1]，在司汤达身上显示出这是个诱惑者、迷人的男人和情人。

---

[1] 见《娜嘉》。——原注

对于他们当中的每一位来说，理想的女人将是最准确地体现能够向他显示自己的他者。蒙泰朗具有太阳般的精神，在女人身上寻找纯粹的动物性；劳伦斯是男性生殖器论者，要求女人在普遍性上概括女性；克洛岱尔将女人界定为灵魂伴侣；布勒东喜欢扎根在自然中的梅昌齐娜，他把希望寄托在女人—孩子身上；司汤达期望他的情人聪明、有教养、思想自由和行为自由：一个平等的人。但是，给平等的人、女人—孩子、灵魂伴侣、女人—性、雌性动物保留唯一的人间命运的，总是男人。不管通过她寻找自身的"自我"是怎样的，只有她同意充当他的严酷考验，他才能发挥作用。无论如何，人们要求她忘却自身和献出爱情。蒙泰朗同意对这样的女人温柔一些：她能让他估计出自己男性的威力；劳伦斯向为他献身的女人唱出火热的赞歌；克洛岱尔赞美女附庸、女仆、屈从男性同时顺从天主的女信徒；布勒东希望女人是人类的救星，因为她能把最完整的爱给予孩子和情人；甚至在司汤达笔下，女主人公比男主人公更加动人心弦，因为她们更加狂热地投身于爱情；她们帮助男人完成他的命运，正如普鲁埃兹为罗德里格的得救做出贡献；在司汤达的小说中，她们往往把情人从破产、监狱或者死亡中救出来。女性的忠诚被蒙泰朗和劳伦斯要求作为一种责任；克洛岱尔、布勒东、司汤达不那么狂妄，把忠诚作为宽厚的选择来赞扬；他们希望不用宣称自己配得到忠诚就获得它；但是——除了令人吃惊的《拉米埃尔》——他们所有的作品都表明，他们期待女人具有这种利他主义，孔德赞赏女人的这种利他主义，并且强加给女人，据他看来，这同时构成明显的低劣和朦胧的优势。

我们可以再举例子，但总是使我们推出同样的结论。每个作家在界定女人的时候，也界定了他的一般伦理观和他对自身的特殊看法：他往往也在她的身上记录自己对世界的看法和自恋的梦想之间存在的距离。在一部作品中，自始至终女性元素的缺乏或者微不足道，本身是一种症状；当这种情况总体上概括了他者的一切方面时，正如在劳伦斯的作品中那样，就极其重要了；如果女人仅仅被看作另一个人，而作家关心的是她的生平的个人经历，就像司汤达所写的那样，它仍然很重要；在我们这样的时代，每个人的个人问题都退居第二位，这种情况就失去重要性。但在每个男人仍然需要意识到自身，哪怕是为了超越自身的情况下，女人作为他者仍然起作用。

第三章

　　女性神话在文学中起着巨大作用，但在日常生活中它起到何种作用呢？它在多大程度上影响着风俗和个人的品行呢？为了回答这个问题，必须明确它同现实保持什么关系。

　　有各种各样的神话。女性神话是一个静止的神话，它将人类状况不变的——即将人类"分为"两种个体的方面升华，女性神话把从经验中获得的现实或者根据经验概念化的现实，投射到柏拉图哲学的领域；在这一点上，它以超越的、超时间的、不变的、必然的概念取代价值、意义、概念、经验论的法则。这个概念是无可争议的，因为它处于既定之外；它具有绝对的真实。因此，神话思维以独一无二的、固定的永恒的女性去对抗女人分散的、偶然的和多样性的存在；如果对女性神话所作的界定与有血有肉的女人的行为相悖，那么这些行为就是错的：人们并非宣称女性是个实体，而是宣称女人不是女性。经验得出的相反结论丝毫不能否定神话。神话以某种方式植根于经验。因此，女人不同于男人是正确的，这种他性在欲望、拥抱、爱情中被具体感受到，但真正的关系具有相互性；只有如此，才会产生真正的戏剧：它通过肉欲、爱情、友谊以及失望、仇恨、竞争的交替，成为争当本质的意识斗争，它是对彼此确认的自由的承认，它是从敌意到合作的不确定的过渡。确立女人，就是确立绝对的他者，不需要相互性，罔顾经验，拒绝她是一个主体、一个同类。

在具体现实中，女人面目各异，但关于女人所建立起来的每一个神话，都企图整个儿概括她；每一个女人都自认为是独一无二的：结果是，存在互不相容的多种神话，男人面对女性这一概念奇特的不一致困惑不解；由于凡是女人都被列入多种原型说，每一种原型都认为囊括了唯一的真理，男人在他们的妻子面前重新感到以往智者派的惊讶，智者派不明白，人会同时是金发和褐发。社会现象已开始向绝对过渡：关系很容易凝固成阶级，职能凝固成类型，就像在幼稚的心态中，关系凝固成事物一样。比如，父权制社会集中表现在财产的保存上，必然地导致除了掌握和传承财产的个体，还存在从财产所有者手上夺取财产，并使之流通的男女；男人——冒险家、骗子、强盗、投机家——一般来说得不到集体的承认；运用自己色相的女人，有可能让年轻人甚至家长挥霍家产，而不用违法；她们把他们的财产据为己有，或者骗取他们的遗产；由于这种角色被看成是邪恶的，所以人们把扮演这种角色的女人称为"坏女人"。事实上，她们可以反过来作为守护天使出现在另一个家庭中——她们的父亲、兄弟、丈夫、情人的家庭中；正如掠夺富有的金融家的交际花，对画家和作家来说却是文艺的资助者。在实际生活中，阿斯帕西娅、蓬巴杜夫人这样的人物的两可作用，很容易得到理解。如果有人提出女人是螳螂、曼德拉草、魔鬼，同时发现女人也是缪斯、母亲—女神、贝雅特里齐时，就会摸不着头脑。

由于群体的代表和社会类型，一般是通过对立统一原则来界定的，双重意义好像是永恒的女性内在的属性。圣洁的母亲与残酷的后母互为关联、天使般的少女与邪恶的处女互为关联；人们也时而

344

说母亲相当于生命，或者母亲相当于死亡，时而说凡是处女都是一个纯洁的精神或者是一个注定属于魔鬼的肉体。

显然不是现实让社会或者个人在两种对立统一原则之间做出选择；在每个时代，每种情况下，社会和个人都根据各自需要做出决定。它们往往将制度和所依附的价值投射到所采用的神话中。因此，要求女人呆在家中的父权制，把女人界定为情感、内心、内在性；事实上，一切生存者同时是内在性和超越性；当人们没有向生存者提出目标，或者阻止它达到任何目标，剥夺它的胜利时，生存者的超越性便徒劳地陷入往昔，就是说重新陷入内在性中；这是在父权制下给女人指定的命运；但这决不是一种天职，正如奴隶状态不是奴隶的天职一样。在奥古斯特·孔德笔下，可以清楚地看到这种神话学的发展。将女人等同于利他主义，就是给男人保证他拥有忠诚于他的绝对权利，就是强迫女人要绝对地忠诚。

不应该把神话同某种意义的理解混淆起来；意义是内在于事物的；它在活生生的体验中向意识显示出来；而神话是一种超越的概念，摆脱了一切意识的控制。当米歇尔·莱里斯在《人的时代》中描绘他对女性器官的幻觉时，他告诉我们一些意义，却根本没有提到神话。对女人身体的赞叹，对月经流血的厌恶，都是对具体现实的感知。在发现女性肉体的肉欲性质的经验中，没有任何神秘的东西，当企图通过与花朵或宝石作对比表现这些性质时，也没有过渡到神话。要说女人就是肉体，要说肉体就是黑夜和死亡，或者说她就是宇宙的光辉，这无异于离开大地的真实，飞到虚无的空中。因为男人对女人来说也是肉体；而女人有别于肉欲对象；对每个人来说，在每次体验中，肉体具有特殊意义。同样确实的是，女人——像男人一样——是一个植根于自然的存在；她比男性更加受到物种的奴役，她的动物性更加明显；但是在她身上同在他身上一样，既定是由存在承担的，她也属于人类。把她等同于自然，这是一种简单的偏见。

很少有神话比这种偏见更有利于统治阶层：这种偏见为这个阶层的所有特权辩护，甚至允许它加以滥用。男人不需要考虑减轻女人的命运加诸其生理上的痛苦和负担，因为它们是"自然的意愿"；男人以此作为借口，使女性状况变得越发悲惨，例如拒绝给予女人一切性快感的权利，让她像一头役畜那样干活。①

在所有神话中，任何一个都不比女性之"谜"的神话更深地扎根于男性的心中。它有很多优势。首先，它让人不用花力气便能解释一切看来难以解释的现象；不"了解"女人的男人，很高兴将客观的抗拒去代替主观的缺陷；他不但不承认自己的无知，反而认为在他身外存在一种神秘：这是一个托词，同时取悦怠惰和虚荣心。一颗恋爱的心灵，会这样去避免失望：如果意中人的品行是任性的，她的言词是愚蠢的，神秘就用作托词。最后，依仗这神秘，这种否定关系才得以延续下去，在克尔恺郭尔看来，否定关系比起积极占有可取得多；面对活生生的这个谜，男人是单独一人：单独同他的梦想、希望、恐惧、爱情、虚荣在一起；这种可能从恶习发展到神秘的狂喜状态的主观游戏，对许多人来说，是一种比与人的真正关系更有吸引力的体验。那么，如此有用的幻想建立在什么样的基础之上呢？

在某种意义上，女人确实是神秘的，用梅特林克②的话来说，

---

① 参阅巴尔扎克《婚姻生理学》："不用担心她的怨言、喊叫、痛苦；大自然把她造就成为我们所用，为的是承担一切：孩子、烦闷、男人的殴打和惩处。不用自责严酷。在一切所谓文明国家的法规中，男人在这句血淋淋的题词中写下了妇女的命运：'Vae victis! 让弱者不幸！'"——原注

② Maurice Maeterlinck（1862—1949），比利时作家，诺贝尔文学奖获得者，著有《佩莱亚斯和梅利桑德》、《青鸟》等。

"像所有人一样神秘"。每个人只有对自身才是主体；每个人在他的内在性中能把握的只有自身；从这个观点看来，他者总是神秘的。在男人看来，自为存在的不透明在女性他者身上更为明显；他们不能通过任何感应的作用深入理解她特殊的经验；女人性快感的性质，月经带来的不适，分娩的痛苦，他们注定都不知道。事实上，神秘有相互性：女人作为他者、作为男性的他者，在一切男人的心中也有自我封闭的、女人不能捉摸的一种存在；她不知道男人的性欲是什么样的。按照我们论证过的普遍规律，男人用来思考世界的范畴是根据他们的观点建立的，被看成是绝对的：他们根本不知道相互性。由于女人对男人来说是神秘的，她才被看作本身就是神秘的。

说实在的，她的处境很容易令她被这样看待。她的生理特征十分复杂；她接受这种命运，就像接受一件怪事；对她来说，她的身体不是她本人的明晰显现；她感到在其中异化了；在一切个体身上，将生理生活和心理生活结合起来的纽带，或者不如说存在于个体的人为性和承受人为性的自由之间的关系，是人类状况带来的最难解开的谜；这个谜正是在女人身上以最令人困惑的方式显现的。

但所谓的神秘，并非是意识的主观孤独，也不是有机体生命的奥秘。这个词在交流的层次上获得它真正的意义：它不约减为纯粹的沉默、黑夜、缺失；它牵涉到无法表达出来的、处于开始阶段的存在。要说女人是谜，并非说她沉默，而是说她的语言没有被理解；她在那里，但是掩盖在面纱下；她越过这些不确定的显现而存在。她是谁？是一个天使，一个魔鬼，一个受神灵启示的人，一个演员？人们设想，要么这些问题没有答案，要么更确切地说，任何回答都不合理，因为彻底的模棱两可影响着女性；在她的心中，她难以界定自身：她是一个斯芬克司。

事实是，要确定她是谁，她会感到左右为难；问题不包含回答；并非隐藏着的真相过于变化多端，让人难以划定：这是因为在这方面没有真相。一个生存者除了所做的事，什么也不是；可能性不会超越真实，本质不会先于存在：人从纯粹的主体性上来说，什么也不是。人们根据其行动来衡量他。对于一个农妇，人们可以说，她是一个好的或者坏的劳动者，对于一个女演员，人们可以说，她有或者没有才能。但如果从内在性的存在去看待一个女人，就绝对没有什么话可说，她不在任何类别之内。在爱情或者夫妇关系中，在女人是从属、他者的一切关系中，人们恰恰是在她的内在性中把握她的。引人注目的是，女同学、女同事、女合作者并不神秘；相反，如果从属者是男性，如果一个年轻小伙子面对一个年长的、更富有的男人或女人，便显得是非本质的客体，他也被神秘包围着。这使我们发现女性神秘在经济方面的基础。感情同样什么也不是。"在感情方面，真实与想象混同，"纪德写道，"只需要设想，人是为了爱而爱，因此，只消这样去想：当一个人恋爱的时候，便想象在恋爱，马上就爱得少一点……"在想象和真实之间，只有通过行为才有区别。男人在这个世界上掌握一种享有特权的处境，只有他才能够主动地表达他的爱情；他往往维持女人的生活，或者至少帮助她；在娶她时，他给予她一个社会地位；他赠送她礼物；他的经济和社会独立，使他能够采取主动和手段：德·诺布瓦先生同德·维尔帕里西夫人[①]分开后，做了二十四小时的旅行，再同她会合；他经常很忙，而她无所事事：他同她一起度过的时间，是他给予她的；她获得了：是高兴、激动，还是仅仅为了消遣？她

[①] Marquis de Norpois, Marquise de Villeparisis，法国作家马塞尔·普鲁斯特的小说《追忆似水年华》中的人物。

出于爱情，还是出于利害关系接受这种恩惠？她爱丈夫还是婚姻？当然，男人做出的证明也是模糊不清的：他给予这样的赠与是出于爱情还是出于怜悯？通常说来，女人在同男人交易中得到大量好处，同女人的交易只是在男人爱她的情况下，对男人才有好处。因此，根据他的总体态度，差不多可以估计他爱她的程度。而女人没有什么办法测量自己的心；她根据他的脾气，对他的感情采取不同的看法，只要她是被动地承受这种感情，任何阐释都不是真实的。在她掌握经济和社会特权的罕见情况下，神秘性便颠倒过来：这清楚地表明，这不是同这一性别，或同另一性别，而是同一种处境联结在一起的。对于许多女人来说，超越性的道路是被阻塞的：因为她们什么事也不做，她们不让自己成为任何有作为的人；她们漫无边际地寻思自己本来可以成为什么样的人，这导致她们自问她们是什么：这是徒劳的询问；如果男人不能发现这秘密的本质，这是因为它干脆并不存在。女人呆在世界的边缘，不能在这个世界上客观地自我确定，她的神秘隐藏的只不过是虚无。

另外，就像一切被压迫者那样，有时她会故意隐蔽自己的客观面貌；奴隶、仆人、土著，凡是隶属于主人的人，都学会用不变的微笑或者谜一样的无动于衷去对付主人；他们真正的感情，他们真正的行为，都小心地隐藏起来。人们也教会女人从青少年时期起便向男人说谎，使诡计，采用迂回的手段。她带着虚假的面孔去接近男人；她是谨慎的、虚伪的，是在演戏。

但是神话思维所承认的女性的神秘，是一种更深刻的现实。事实上，它直接隶属于绝对他者的神话学。如果人们承认，非本质的意识也是一种半透明的、能够进行"我思故我在"的主体性，人们就会承认它事实上至高无上，返回到本质；为了让一切相互性显得不可能，必须让他者成为对自身的他者，必须让其主体性本身受到他性的影响；这种可能作为意识被异化的意识，在其纯粹的内在性的存在中，会明显地成为神秘；由于她对自身是神秘，她本身就成为神秘；她会成为绝对的神秘。正是这样，黑人和黄种人除了掩饰所带来的神秘外，还有另外的神秘，因为他们被看做绝对非本质的他者。必须指出，使一般欧洲人极感困惑的美国公民，却不被看做"神秘的"：人们更谦虚地认为不了解美国人；因此女人不总是"了解"男人，但不存在男性的神秘；这是因为富有的美国人、男人属于主人那一边，而神秘是奴隶的属性。

当然，只能在暧昧不明的自欺中猜想神秘的积极现实；这神秘就像某些处于边缘的幻觉，一旦想将它固定下来，它就消失了。文学总是不能成功地描绘"神秘的"女人；她们只能在小说开头作为古怪的、谜一样的人物出现；除非故事不结束，否则她们最终要透露自己的秘密，于是成为协调一致的、半透明的人物。例如，彼得·切尼的作品中的主人公不断地对女人意料不到的任性感到惊讶：读者永远猜不出她们会怎样行动，她们使一切估计落空；事实上，一旦将她们的行动动机向读者袒露出来，她们就显得像普通的机械一样：这一个是间谍，那一个是小偷；不管情节多么巧妙，总是有一个关键，不可能是别的样子，哪怕作者有读者所能期待的一切才能和想象力。神秘永远只是一种海市蜃楼，一旦想把它抓住，它便烟消云散。

因此，我们看到，神话大部分由男人的运用而得到解释。女人神话是一种奢侈品。它只能在男人摆脱了对它的需要的迫切控制时才能出现；人们所经历的关系越是具体，就越不会把它理想化。古埃及的农民、贝都因的农民、中世纪的手工业者、现代工人，在工作和贫困的需要中，同特殊的女人，即他们的妻子有非常确定的关系，不会用吉利或者不祥的光晕去装饰她。具有闲暇去梦想的时代和阶级才竖起女性的黑白两色塑像。但奢华也有一种用处；这些梦想是由利益专横地引导的。诚然，大多数神话的根源在于男人对自身存在和包围他的世界的自发态度，但是尤其在父权社会发生的经验对超越概念的超越，目的是自我辩解；父权社会通过神话以形象的和可以感觉的方式，给个体强加其法律和风俗；正是通过神话的形式，集体的命令才渗透到每个意识中。通过宗教、传统、语言、故事、歌曲、电影为中介，神话一直深入到最严格地屈从于物质现实的存在中。每个人都可以从中得到自己普通经验的升华：这个男人被所爱的女子欺骗了，他宣称她是一个丧失理智的子宫；那个男人受到男子性无能这个想法的缠绕，他宣称这是个螳螂女人；那个男人很高兴有妻子陪伴：她是和谐、休息、养育人的土地。在大多数男人身上可以看到的、对廉价的永恒和小小绝对的爱好，都通过神话获得满足。微小的激动和不高兴，变成超越时间的概念的反映；这种幻觉愉快地取悦虚荣心。

神话是虚假的客观性的陷阱之一，严肃的人会冒冒失失地中这圈套。这仍是用固定的偶像替代实际经验和这一经验所需要的自由判断。女性神话以一动不动地凝视幻景，代替同自主的生存者的真实关系。拉福格大声说："幻景！幻景！既然不能抓住她们，就必须扼杀她们；或者使她们安心，让她们了解信息，使她们放弃对首饰的爱好，使她们真正成为我们平等的伴侣、亲密的朋友、人间的合作者，给她们穿上不同的衣服，剪短她们的头发，对她们和盘托出……"如果男人不再将女人装扮成象征物，他没有什么损失，而是恰恰相反。当梦想纷至沓来、受到控制、变成陈词滥调时，它们比起活生生的现实是贫乏的、单调的：对于真正的梦想家和诗人来说，现实是比过时的神奇事物远为丰富的源泉。最真诚地重视女人的时代，不是骑士制的封建时代，也不是十九世纪对女子献殷勤的时代，而是这样的时期——比如十八世纪——男人把女人看成同类；这个时期，她们真正显得有传奇性：只要读一下《危险的关系》、《红与黑》、《永别了，武器》，就会明白了。拉克洛、司汤达、海明威的女主人公并不神秘：她们仍然是动人的。承认女人是人，并非使男人的经验贫乏化：如果男人的经验在主体间完成，它丝毫不失去多样性、丰富性和强烈程度；拒绝神话，并非摧毁两性之间的一切戏剧性关系，并非否认通过女性现实真正向男人显示的意义；并非取消诗歌、爱情、冒险、幸福、梦想：这仅仅是要求行为、感情、激情建立在真实之上。①

"女人不见了。女人在哪里？今日的女人不是女人"；可以看到，这些神秘口号的含义是什么。在男人看来——在大批通过男人的眼睛去观察的女人看来——为了成为一个"真正的女人"，拥有一个女人的身体、作为情人、母亲来完成女性的职能是不够的；通过性欲和母性，主体可以要求它的自主；"真正的女人"接受自己作为他者。今日男人的态度表里不一，它在女人身上制造一种剧痛；他们在相当大的程度上认为，女人是同类、平等的人；然而，他们继续要求她是非本质；对她而言，这两种命运是不可调和的；她在两者之间犹豫，不能准确地适应任何一种。她的失衡正是来自于此。在男人身上，在公共生活和私生活之间，没有任何断裂：他越是在行动和工作中肯定他对世界的控制，他便越是显得像男性；在他身上，人的价值和生命价值是一致的；而女人自主获得的成功是与女性身份相矛盾的，因为男人要求"真正的女人"变成客体，

---

① 关于女人，拉福格还说："由于人们让女人处于奴隶状态和怠惰中，无所事事，只有她的性别是她的武器，她把自己的性别过度发展，变成了女性……我们任其过度发展；她在世上是为了我们……那么，这一切都是虚假的……至今，我们同女人一起玩木偶游戏。这种情况延续得太久了！……"——原注

变成他者。在这一点上，男人的敏感和性欲本身很有可能改变。有一种新的美学已经产生了。即使流行平胸和瘦臀——男性化女人——只是昙花一现，往昔几个世纪喜欢丰满的理想至少不会卷土重来了。男人要求女性的身体是肉体，不过不引人注目；它应该瘦削，而不是肥胖臃肿；它应该有肌肉、灵活、强壮，必须表明超越性；男人喜欢它不是像温室的植物那样苍白，而是经历烈日的考验，像劳动者的身躯一样黧黑。女人的服装变得实用以后，并没有显得无性别：相反，短裙比以前更凸显了大腿和小腿。看不出为什么劳动会使她失去肉体的魅力。把女人同时看做一个社会的人和肉欲的猎物，可能令人困惑：在最近[1]发表的佩内的一系列绘画中，可以看到一个年轻的未婚夫反悔了，因为他受到漂亮的女市长的诱惑，而这位女市长正要主持他的婚礼；一个女人执行"男性的职务"，同时又激起别人的情欲，长期以来，这是一个多少有点下流玩笑式的话题；愤怒和讽刺逐渐减弱了，一种卖弄风情的新形式似乎正在产生：也许它会产生新的神话。

可以肯定的是，今日女人很难同时承担实现自主个体境况和女性命运；使她们有时被人看做"失落的性别"的愚蠢行为和苦恼，根源正在于此。无疑，盲目地忍受奴役，要比致力于解放自身更舒服：死人比活人更适应泥土。无论如何，回到昔日既不可能，也不值得期待。应该企望的是，男人从他们那方面毫无保留地接受正在出现的处境；只有这样，女人才能毫无痛苦地承受这种处境。那时，拉福格的愿望也就能满足了："少女啊，什么时候你们能成为我们的兄弟、肝胆相照的亲密兄弟？什么时候我们能真正地握手呢？"那时，"梅吕齐娜也不再忍受只有男人施加的命运之重负的

---

[1] 1948 年 11 月。——原注

压迫，解脱了的梅吕齐娜……"将重新找到"她作为人的位置"①。
那时，她将充分地成为人，"女人将会挣脱无限的奴役状态，她将
为自身和通过自身生活，男人——至今仍然是可恶的——将会让她
自由"②。

① 见布勒东《秘术 17》。——原注
② 兰波《给 P·德默尼的信》，写于 1872 年 5 月 15 日。——原注

图书在版编目（CIP）数据

第二性 I／（法）波伏瓦（Beauvoir, Simone de）著；
郑克鲁译.—上海：上海译文出版社，2011.9（2025.10重印）
ISBN 978-7-5327-4966-9

Ⅰ.第… Ⅱ.①波…②郑… Ⅲ.问题一研究一法国一现代
Ⅳ.C913.68

中国版本图书馆 CIP 数据核字（2010）第 009477 号

SIMONE DE BEAUVOIR
Le deuxième sexe I

本书根据伽里玛出版社 1949 年法文版译出
© Éditions Gallimard, 1949
All rights reserved.
All adaptations are forbidden.

Cet ouvrage a bénéficié du soutien des Programmes d'aide à la publication de l'Institut français／
ministère français des affaires étrangères et européennes.

封面照片来源：
© Cartier-Bresson／Magnum／东方 IC
© Elliott Erwitt／Magnum／东方 IC

图字：09-2004-496 号

第二性 I   SIMONE DE BEAUVOIR   出版统筹 赵武平
Le deuxième sexe I   西蒙娜·德·波伏瓦 著   责任编辑 缪伶超 周冉
   郑克鲁 译   装帧设计 陆智昌

上海译文出版社有限公司出版、发行
网址：www.yiwen.com.cn
201101 上海市闵行区号景路159弄B座
常熟市文化印刷有限公司印刷

开本 890×1240 1/32 印张 11.25 插页 2 字数 244,000
2011 年 9 月第 1 版 2025 年 10 月第 45 次印刷

ISBN 978-7-5327-4966-9
定价：52.00 元

本书版权为本社独家所有，未经本社同意不得转载、摘编或复制
本书如有质量问题，请与承印厂质量科联系，T：0512-52219025